easy Word 2003

D1829612

Unser Online-Tipp
für noch mehr Wissen ...

... aktuelles Fachwissen rund
um die Uhr – zum Probelesen,
Downloaden oder auch auf Papier.

www.InformIT.de

easy

Word 2003

Text in Bestform!

RAINER WALTER SCHWABE

Markt+Technik

→ leicht → klar → sofort

Bibliografische Information Der Deutschen Bibliothek
Die Deutsche Bibliothek verzeichnet diese Publikation in der
Deutschen Nationalbibliografie; detaillierte bibliografische Daten
sind im Internet über <http://dnb.ddb.de> abrufbar.

Die Informationen in diesem Produkt werden ohne Rücksicht auf einen eventuellen Patentschutz veröffentlicht.
Warennamen werden ohne Gewährleistung der freien Verwendbarkeit benutzt.
Bei der Zusammenstellung der Texte und Abbildungen wurde mit größter Sorgfalt vorgegangen.
Trotzdem können Fehler nicht vollständig ausgeschlossen werden.
Verlag, Herausgeber und Autoren können für fehlerhafte Angaben und deren Folgen weder eine juristische Verantwortung noch irgendeine Haftung übernehmen.
Für Verbesserungsvorschläge und Hinweise auf Fehler sind Verlag und Herausgeber dankbar.

Alle Rechte vorbehalten, auch die der fotomechanischen Wiedergabe und der Speicherung in elektronischen Medien.
Die gewerbliche Nutzung der in diesem Produkt gezeigten Modelle und Arbeiten ist nicht zulässig.

Fast alle Hardware- und Software-Bezeichnungen, die in diesem Buch erwähnt werden, sind gleichzeitig auch eingetragene Warenzeichen oder sollten als solche betrachtet werden.

Umwelthinweis:
Dieses Buch wurde auf chlorfrei gebleichtem Papier gedruckt.

10 9 8 7 6 5 4 3 2 1

06 05

ISBN 3-8272-6929-6

© 2005 by Markt+Technik Verlag,
ein Imprint der Pearson Education Deutschland GmbH,
Martin-Kollar-Straße 10–12, D-81829 München/Germany
Alle Rechte vorbehalten
Coverkonzeption: independent Medien-Design, Widenmayerstraße 16, 80538 München
Coverlayout: adesso 21, Thomas Arlt, München
Lektorat: Birgit Ellissen, bellissen@pearson.de
Herstellung: Kunigunde Huber, khuber@pearson.de
Satz: Conrad Neumann, München
Druck: Bariet, Ruinen
Printed in the Netherlands

Inhaltsverzeichnis

5 Speichern und Drucken 78

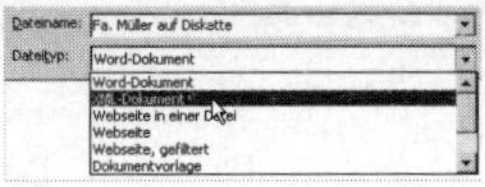

6 Dokumente öffnen, sichern und löschen 96

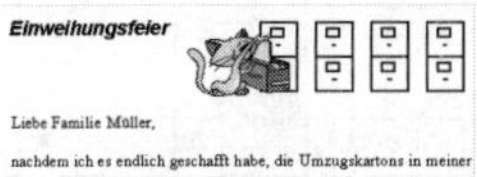

7 Texte bearbeiten 116

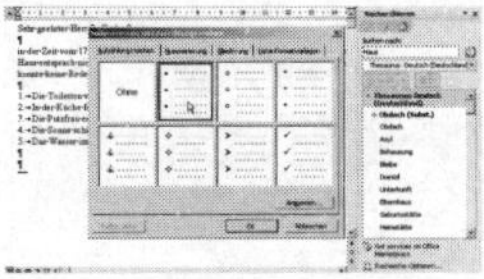

8 Vorlagen und Assistenten 138

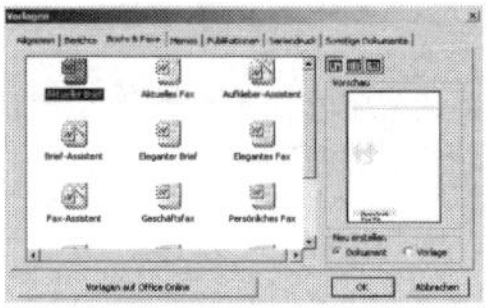

9 Der Serienbrief 158

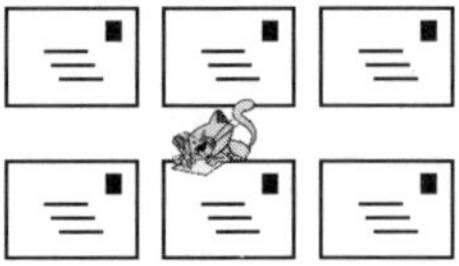

10 Stopp – einmal eingeben reicht! 184

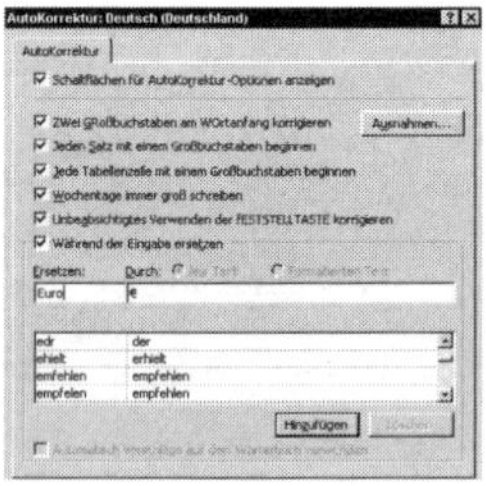

11 Grafiken mit Word 2003 — 202

12 Tabellen — 228

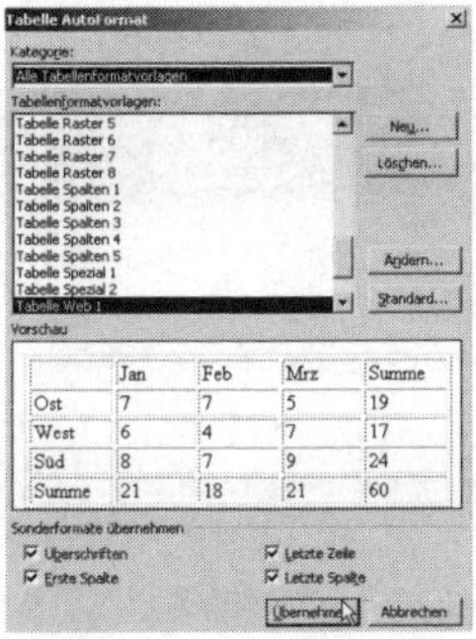

13 Ihr persönliches Word — 258

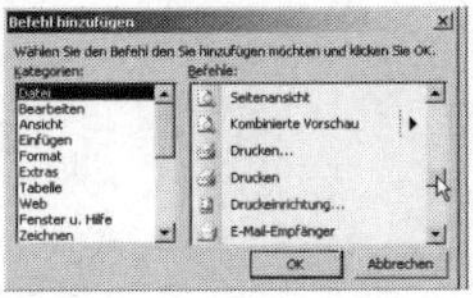

Liebe Leserin, lieber Leser!

Lernen Sie ganz easy Word 2003!

Einfach und präzise führt Sie das Buch Seite für Seite direkt zum Ziel. Nach jedem Kapitel biete ich Ihnen Tipps und Übungen an, damit Sie das, was Sie gelernt haben, erweitern und festigen können.

Als ich in meinen Word-Seminaren das Programm Schritt für Schritt erklärte, waren die Teilnehmer nicht nur begeistert, sondern hatten auch großen Spaß an der Software.

Diese erprobte Methode finden Sie auch in diesem Buch. Als langjähriger Word-Dozent habe ich außerdem große Erfahrung darin, wie man auf einfachste Art und Weise kurz und knapp erklärt.

Ich möchte mich bei allen Teilnehmern meiner Word-Kurse bedanken. Sie haben mir nicht nur gezeigt, welche Probleme Anfänger haben, sondern mich auch zum Schreiben dieses Buches motiviert.

Sollten Sie Fragen und Anregungen haben, können Sie mir gerne unter *rw.schwabe@mut.de* eine E-Mail schreiben. Es würde mich sehr freuen, von Ihnen zu hören!

Übrigens, wenn Ihnen das Buch gefällt und wenn Sie auch Excel 2003 lernen möchte, empfehle ich Ihnen Excel EASY.

Ihr

Rainer Walter Schwabe

Die Tastatur

Auf den folgenden drei Seiten sehen Sie, wie Ihre Computertastatur aufgebaut ist. Damit es für Sie übersichtlich ist, werden Ihnen immer nur bestimmte Tastenblöcke auf einmal vorgestellt.
Ein großer Teil der Computertasten funktioniert wie bei der Schreibmaschine. Es gibt aber noch einige zusätzliche Tasten, die auf Besonderheiten der Computerarbeit zugeschnitten sind.
Sehen Sie selbst …

Schreibmaschinen-Tastenblock

Diese Tasten bedienen Sie genauso wie bei der Schreibmaschine.
Mit der Eingabetaste schicken Sie außerdem Befehle an den Computer ab.

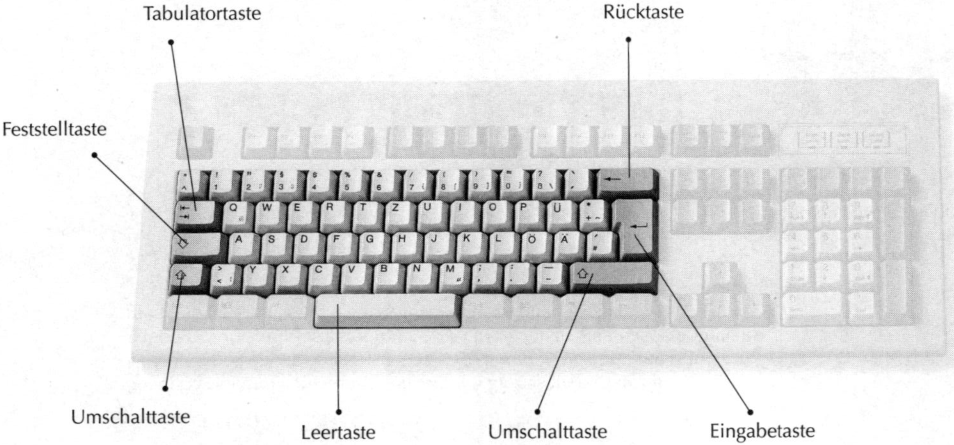

Sondertasten, Funktionstasten, Kontrollleuchten, Zahlenblock

Sondertasten und Funktionstasten werden für besondere Aufgaben bei der Computerbedienung eingesetzt. [Strg]-, [Alt]- und [AltGr]-Taste meist in Kombination mit anderen Tasten. Mit der [Esc]-Taste können Sie Befehle abbrechen, mit Einfügen und Entfernen u.a. Text einfügen oder löschen.

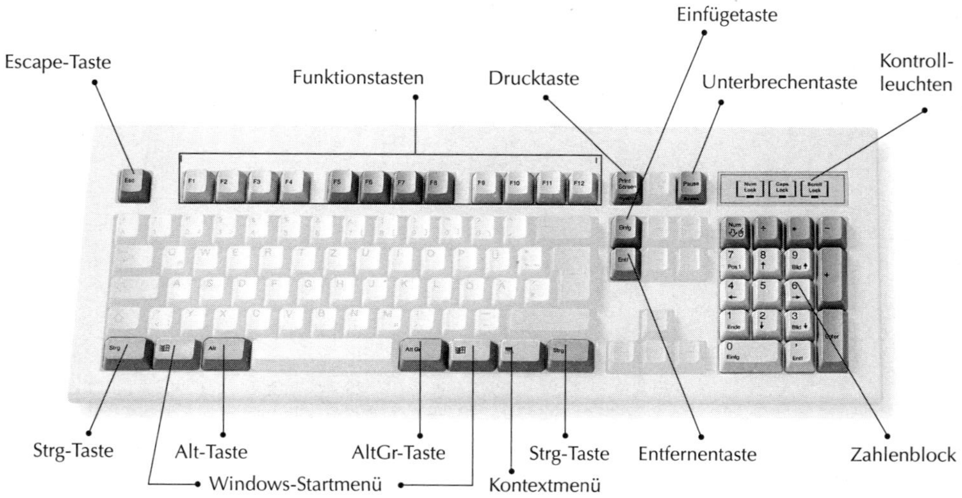

Navigationstasten

Mit diesen Tasten bewegen Sie sich auf dem Bildschirm.

Die Maus

»Klicken Sie ...«

heißt: einmal kurz
auf eine Taste drücken.

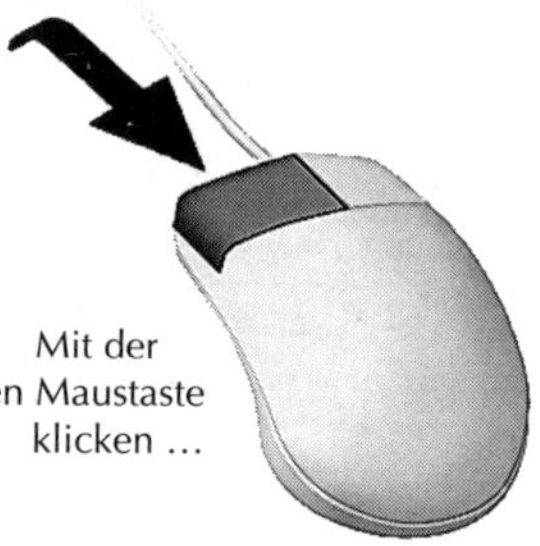

Mit der
linken Maustaste
klicken ...

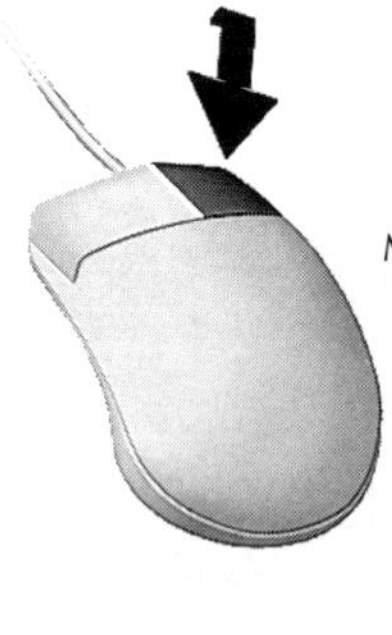

Mit der
rechten Maustaste
klicken ...

»Doppelklicken Sie ...«

heißt: die linke Taste zweimal schnell hintereinander ganz kurz drücken.

Doppelklicken

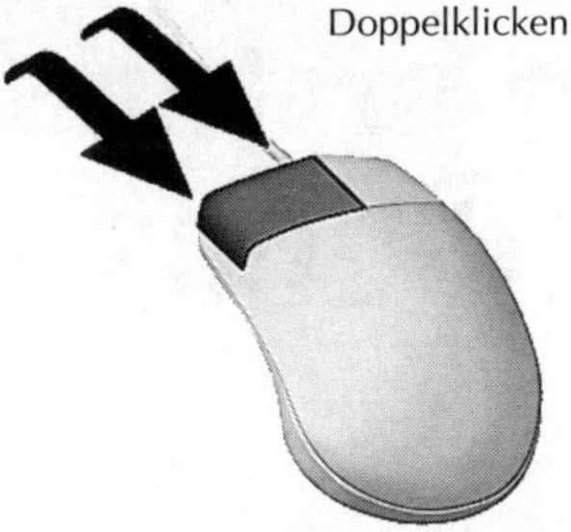

»Ziehen Sie ...«

heißt: auf bestimmte Bildschirmelemente mit der linken Maustaste klicken, die Taste gedrückt halten, die Maus bewegen und dabei das Element auf eine andere Position ziehen.

Ziehen

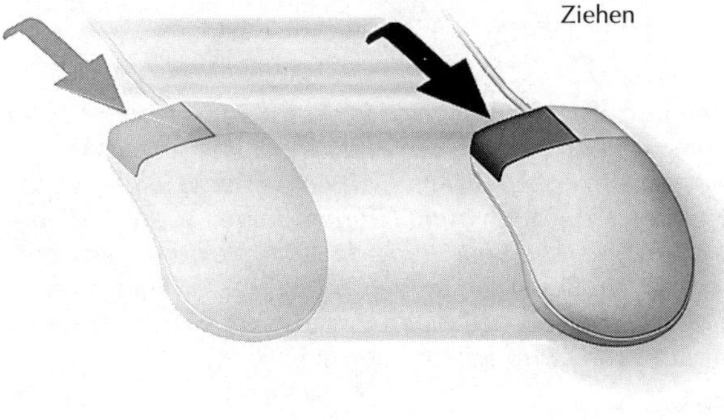

Kapitel 1

Zum ersten Mal: Word 2003

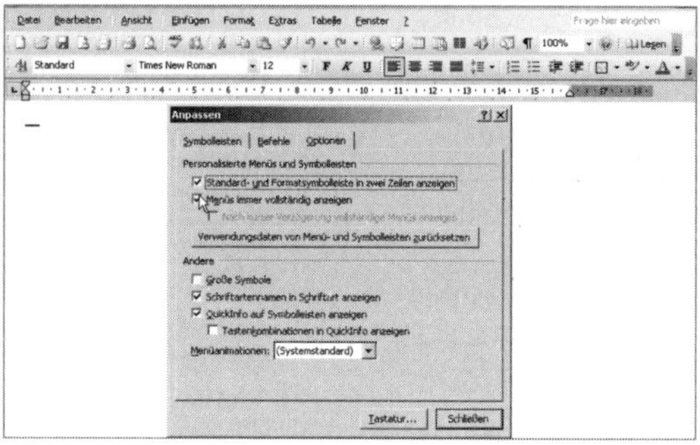

Sie gehen nun die ersten Schritte in Word! So wie in der ersten Fahrstunde können Sie sich bequem »ins Auto« setzen und ganz langsam im ersten Gang anfahren: »Es geht leicht bergauf!« Erfahren Sie – auch ohne Führerschein –, wie Word aufgebaut ist und welche Bedeutung die »Knöpfe« und »grauen Flächen« haben. Bevor Sie mit der Arbeit in Word beginnen, sollten Sie gewisse Einstellungen vornehmen, so, als ob Sie vor der Autofahrt »Sitz und Spiegel« einstellen.

Das lernen Sie zuerst:

Auf den ersten Blick

> **Was ist das?**
>
> *In Word bezeichnet man die Seiten, die Sie bearbeiten, als ein **Dokument**.*

Microsoft Word 2003 ist ein Textverarbeitungs-Programm, um z. B. Briefe zu schreiben, also Texte zu verarbeiten. Statt „Brief" verwenden Sie den Ausdruck »**Dokument**«.

Die Tastatur bedienen Sie wie bei einer Schreibmaschine. Word 2003 bietet Ihnen zahlreiche Möglichkeiten, die Sie im Laufe des Buches kennen lernen werden.

Der Word-Bildschirm ist in Bereiche gegliedert. Sie können nur dann die entsprechenden Befehle ausführen, wenn Sie wissen, wo Sie sich mit dem Mauszeiger befinden.

Der Befehlsbereich

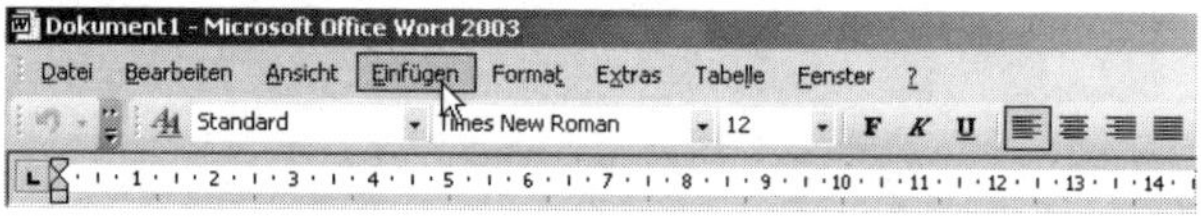

Ganz oben befindet sich der **Befehlsbereich**. Hier werden, wie der Name es bereits verrät, Befehle mit der **Maus** oder mit der **Tastatur** angesteuert und ausgeführt.

Der Arbeitsbereich

Des Weiteren erkennen Sie den **Arbeitsbereich**. Hier geben Sie Ihre Texte ein. Dort, wo der Strich (auch als Cursor oder Einfügemarke bezeichnet) blinkt, erscheint der Text.

Der Aufgabenbereich

Am rechten Bildschirmrand erkennen Sie den **Aufgabenbereich**. Sie lernen später im Laufe des Buches mit diesem zu arbeiten.

Was ist das?

*Der **Aufgabenbereich** soll Befehlswege verkürzen und Word 2003 bedienerfreundlicher machen. Er wird rechts am Bildschirm eingeblendet.*

Als Word-Einsteiger können Sie den Aufgabenbereich erst einmal ausblenden. Sie lernen die einzelnen Funktionen natürlich später kennen, wenn sie in der Praxis anfallen. Wenn Sie den einen oder anderen Befehl wählen, blendet sich der Aufgabenbereich automatisch dazu ein.

Wenn Sie auf das Kreuz innerhalb des Aufgabenbereichs klicken, schließen Sie diesen für die momentane Arbeitssitzung.

1 Blenden Sie den Aufgabenbereich aus.

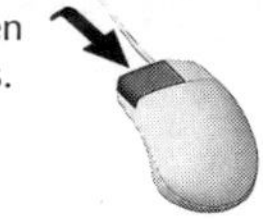

2 Der Aufgabenbereich verschwindet vom Bildschirm.

Tipp

*Sie blenden den Aufgabenbereich ebenfalls über die **Tastenkombination** Strg + F1 wieder ein.*

Über den Menübefehl *Ansicht/Aufgabenbereich* könnten Sie den Aufgabenbereich jederzeit wieder einblenden.

Beim nächsten Start von Word 2003 erscheint der Aufgabenbereich wieder.

Was ist das?

*Bei einer **Tastenkombination** drücken Sie zunächst die eine Taste (hier Strg) so lange, bis Sie die zweite Taste (hier F1) gedrückt haben. Danach wird die Funktion ausgeführt (hier das Einblenden des Aufgabenbereichs).*

Sie können jedoch festlegen, dass er beim nächsten Start von Word nicht sofort eingeblendet wird, sondern erst dann wieder erscheint, wenn Sie es möchten.

Hinweis

Viele Wege führen nach Rom! So gibt es auch in Word 2003 mehrere Möglichkeiten, um Einstellungen zu ändern. Auf den nächsten Seiten werden Sie die unterschiedlichsten Menüwege kennen lernen.

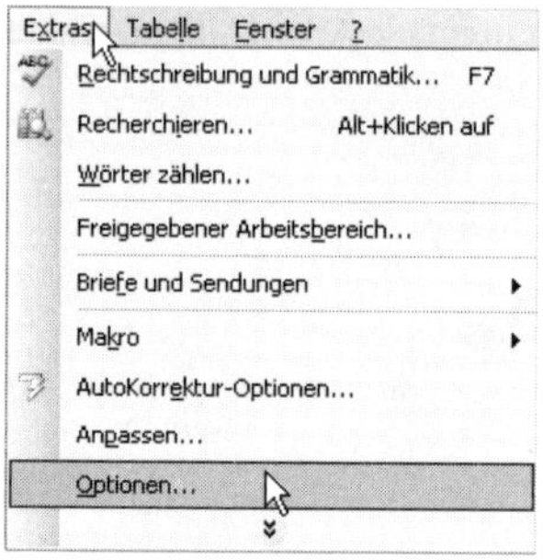

1 Öffnen Sie das Menü *Extras* und klicken Sie auf den Befehl *Optionen*.

Was ist das?

*Um ein Dialogfeld noch einigermaßen übersichtlich zu gestalten, sind viele als eine Art »Karteikasten« dargestellt, der verschiedene Karten (= **Registerkarten**) enthält.*

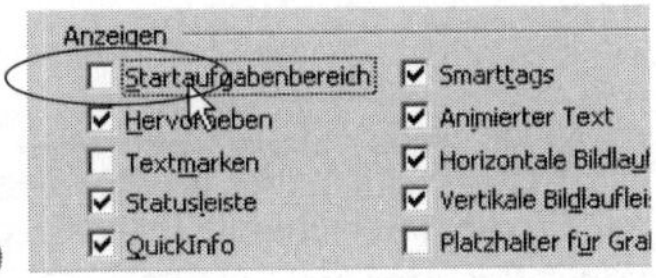

2 Blenden Sie auf der Registerkarte *Ansicht* den *Startaufgabenbereich* für zukünftige Starts von Word 2003 erst einmal aus, indem Sie das Häkchen durch Anklicken entfernen. Bestätigen Sie anschließend über die Schaltfläche *OK*.

Die Form des Mauszeigers

Der Mauszeiger zeigt Ihnen an, wo Sie sich gerade mit ihm befinden. Er spricht (in seiner Zeichensprache) mit Ihnen und gibt Auskunft darüber, was Sie gerade tun können: Befehle erteilen oder Eingaben durchführen.

Sein Aussehen ändert sich entsprechend seiner Position auf dem Monitor. Befinden Sie sich mit der Maus im **Befehlsbereich**, erscheint er als Pfeil. Jetzt könnten Sie Aktionen wie *Speichern* oder *Drucken* ausführen.

Wenn Sie dagegen den Mauszeiger im **Arbeitsbereich** positionieren, erhält er ein anderes Aussehen.

Kurzübersicht zum Mauszeiger	
Befehlsbereich (Menü-, Standard- und Formatleiste)	
Der Cursor für die Texteingabe	I
Der Mauszeiger im Arbeitsbereich	I

Die einzelnen Leisten

Im Befehlsbereich befinden sich die unterschiedlichsten (Symbol-)Leisten. Am häufigsten werden verwendet:

- das Menü
- die Standard-Symbolleiste
- die Format-Symbolleiste

Die Menüleiste

Über die Menüleiste führen Sie die unterschiedlichsten Befehle wie *Öffnen, Speichern, Drucken* oder *Beenden* aus.

Dazu klicken Sie zuerst mit der **Maustaste** auf eine Menüoption und wählen im anschließend geöffneten Menü den gewünschten Eintrag (Befehl).

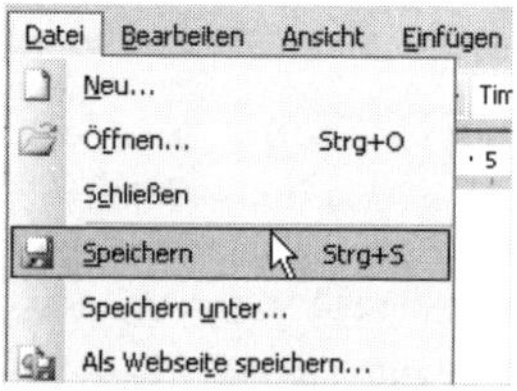

Beispiele:

Datei/Speichern

Bearbeiten/Kopieren

Ansicht/Symbolleisten

Tipp

Mit der Taste [Alt] *gelangen Sie ebenfalls in das Menü. Mit den Cursor-Tasten* [←] / [↑] / [↓] / [→] *bewegen Sie sich im Menü weiter. Mit der Escape-Taste* [Esc] *verlassen Sie die Menüleiste.*

Die Standard-Symbolleiste

In der Standard-Symbolleiste befinden sich Schaltflächen, die Befehle symbolisieren, die Sie auch über die Menüleiste ausführen können.

Was ist das?

Eine ***Schaltfläche*** *in den Symbolleisten steht stellvertretend für eine Funktion (wie die Umrisse eines Druckers für das Drucken).*

Der wesentliche Vorteil der Standard-Symbolleiste gegenüber der Menüleiste ist, dass Sie hier die einzelnen Befehle schneller mit der Maus ansteuern können.

> **Tipp**
>
> *Lassen Sie sich die Einträge der Menüs komplett anzeigen. Die Darstellung der gesamten Menüeinträge ist dadurch einfacher, übersichtlicher und schneller auszuführen.*

Die Standardeinstellungen sind bis jetzt so, dass beim Öffnen des Menüs *Extras* nicht alle tatsächlich vorhandenen Einträge sofort angezeigt werden.

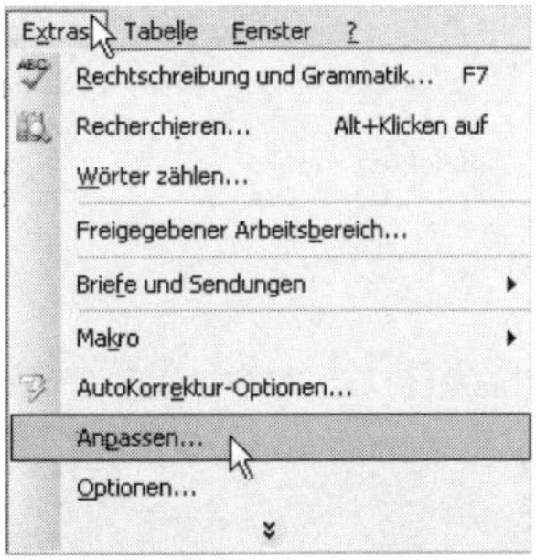

1 Öffnen Sie das Menü *Extras* und wählen Sie den Eintrag *Anpassen.*

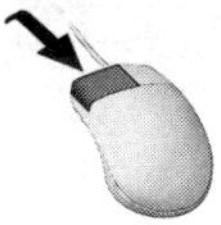

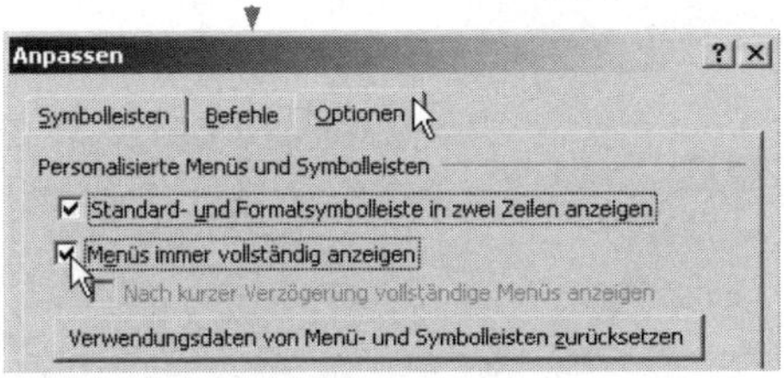

2 Aktivieren Sie auf der Registerkarte *Optionen* das Häkchen vor *Menüs immer vollständig anzeigen.* Verlassen Sie das Dialogfeld über die Schaltfläche *Schließen.*

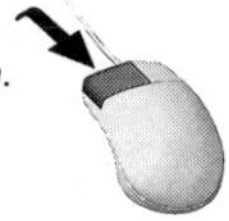

Öffnen Sie nun beispielsweise den Menüpunkt *Extras,* werden sämtliche Einträge sofort angezeigt.

Die Format-Symbolleiste

Mit Hilfe dieser Leiste führen Sie so genannte »**Formatierungen**« durch.

> **Hinweis**
>
> *Über die Befehle und Funktionen in den einzelnen Leisten erfahren Sie im Laufe des Buches wesentlich mehr, wenn Sie mit den dazugehörigen Befehlen arbeiten.*

Sie können hier beispielsweise eine andere Schriftart wählen, Texte z. B. in **Fettschrift** oder *kursiv* hervorheben (siehe auch **Kapitel 4**).

Schaltflächen in zwei Reihen

> **Tipp**
>
> *Gerade für den Word-Einsteiger ist es erfahrungsgemäß übersichtlicher und leichter, wenn die Standard- und Format-Symbolleiste untereinander eingeblendet werden.*

Momentan sind diese Symbolleisten (Standard- und Formatleiste) **nebeneinander** – also in einer Reihe – dargestellt. Das können Sie ändern.

1 Klicken Sie auf *Optionen für Symbolleisten.*

2 Aktivieren Sie *Schaltflächen in zwei Reihen anzeigen.*

Hier könnten Sie auch Schaltflächen für die jeweilige Symbolleiste ein- und ausblenden.

Das Ergebnis: Die Standard- und Format-Symbolleisten werden **untereinander** eingeblendet.

Sie können jederzeit diese Darstellung auf Ihrem Bildschirm wieder rückgängig machen. Klicken Sie dazu auf die Schaltfläche *Optionen für Symbolleisten,* dann auf den Eintrag *Schaltflächen in einer Reihe anzeigen.*

Einzelne Symbolleisten anzeigen

Auf dem Bildschirm könnte die eine oder andere Leiste nicht vorhanden sein (insbesondere dann, wenn mehrere Personen den Computer gleichzeitig nutzen).

Tipp

*Die **Standard-** und **Format-Symbolleiste** sollte auf Ihrem Bildschirm eingeblendet sein. Sie verkürzen die Befehle in Word 2003.*

In Word 2003 können Sie einzelne Leisten jeweils **ein-** und **ausblenden**.

Dazu verwenden Sie das Untermenü *Ansicht/Symbolleisten.*

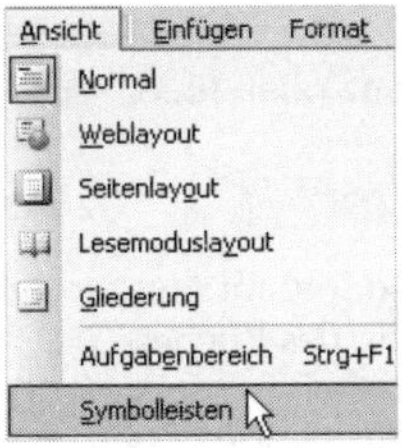

1 Öffnen Sie das Menü *Ansicht,* und zeigen Sie anschließend auf den Eintrag *Symbolleisten.*

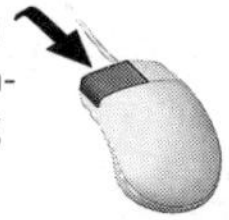

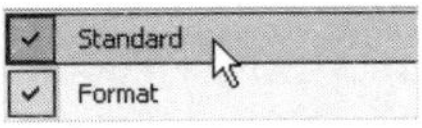

2 Vor **Standard** und **Format** sollte ein **Häkchen** sein. Ansonsten klicken Sie diese an.

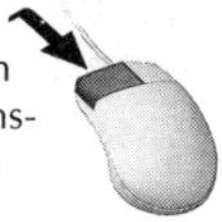

Hinweis

*Vor **Standard** und **Format** sollte ein **Häkchen** sein. Das bedeutet, diese beiden sind aktiviert bzw. eingeblendet. Wenn Sie auf einen Eintrag klicken, schalten Sie die Leiste auf Ihrem Bildschirm aus.*

Eine andere Möglichkeit: Sie platzieren beliebig den Mauszeiger auf eine der Symbolleisten und drücken die rechte Maustaste.

> **Was ist das?**
>
> *Der Name **Kontextmenü** besagt, dass die Zusammenstellung der einzelnen Menüpunkte davon abhängig ist, was Sie gerade machen, wenn Sie die rechte Maustaste drücken. Jeder Befehl ist auch über die Menüleiste auszuführen.*

Anschließend erscheint ein Menü – präziser ausgedrückt ein **Kontextmenü** –, in dem Sie ebenfalls die Leisten ein- oder ausblenden können.

Die Statusleiste

> **Hinweis**
>
> *Sollte die **Statusleiste** nicht eingeblendet sein, aktivieren Sie diese über den Menübefehl Extras/Optionen auf der Registerkarte* Ansicht. *Wählen Sie dann unter* Anzeigen *die* Statusleiste.

Die Statusleiste informiert darüber, wo Sie sich gerade im Dokument mit dem Cursor befinden.

Positionieren Sie den Cursor im Dokument ganz oben links.

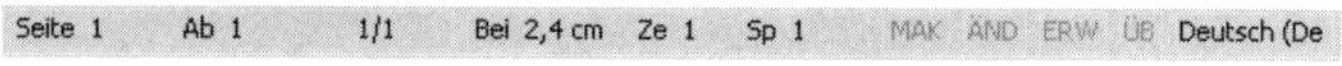

In der Statusleiste sehen Sie die Informationen, die für Sie *zur Zeit* von Bedeutung sind. Weiteres erfahren Sie im Laufe des Buches.

Seite 1	Die jeweilige Seite, auf der Sie gerade tippen.
1/1	Sie befinden sich auf der ersten Seite. Insgesamt enthält Ihr Dokument eine Seite.
Bei 2,4 cm	Vertikaler Abstand vom oberen Seitenrand
Ze 1	Der Cursor befindet sich in der ersten Zeile.
Sp 1	Der Cursor befindet sich in der ersten Spalte.

Die verschiedenen Ansichten

Über das Menü *Ansicht* haben Sie die Möglichkeit, zwischen den unterschiedlichen Darstellungen auf dem Bildschirm zu wählen. In Word können Sie zwischen verschiedenen Ansichten wechseln.

> **Was ist das?**
>
> ***Layout*** *= anderer Ausdruck für das »Aussehen« Ihres Dokumentes. Dazu gehören etwa die komplette Gestaltung durch die Anordnung einzelner Seitenelemente oder die Wahl der Schriftart und Schriftgröße.*

Wichtig für Sie als Einsteiger ist die **Normalansicht** und das **Seitenlayout**. Das Weblayout nimmt man für die Darstellung einer persönlichen Homepage (Webseite) im Internet.

Das Seitenlayout kommt dem **Ausdruck** eines Blattes über den Drucker schon sehr nahe.

Behalten Sie bitte stets den Überblick – auch bei langen Texten. Dazu verwenden Sie die Gliederungsfunktion.

Ansicht	Auswirkung
Normal	Dokument im normalen Modus der Textverarbeitung
Weblayout	Dokument im Layout einer Webseite
Seitenlayout	Dokument im Layout der Seite
Lesemoduslayout 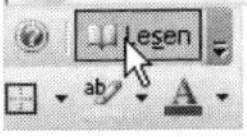	Layout, das dem besseren Durchlesen eines Dokumentes dient. Hier werden z. B. auch Kommentare (siehe Lexikon am Ende des Buchs) angezeigt. Sie wechseln ebenfalls in den Lesemodus, indem Sie die Schaltfläche *Lesen* anklicken. Sie können über die [Esc]-Taste diese Ansicht schnell wieder verlassen.
Gliederung	Dokument mit Gliederungsstruktur
Miniaturansichten	Eine weitere Ansicht, die Sie im Menü *Ansicht* finden, ist die Miniaturansicht. Bei dieser Ansicht schreiben Sie im rechten Fenster. Im linken Fenster erscheint der Text wesentlich verkleinert (in Miniatur).

Hinweis

Am unteren Bildschirmrand können Sie ebenfalls zwischen den einzelnen Ansichten hin- und herschalten.

So erhalten Sie einen besseren Überblick über das Layout des gesamtes Dokuments.

Sie verlassen die Miniaturansicht, indem Sie z. B. wieder auf den Menüpunkt *Ansicht* und *Miniaturansichten* klicken.

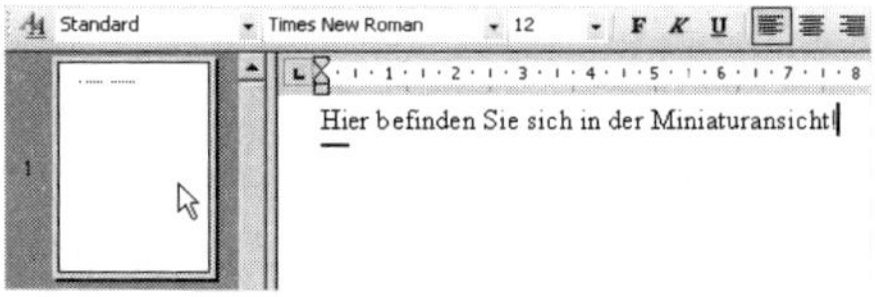

Blenden Sie ggf. das Seitenlayout ein.

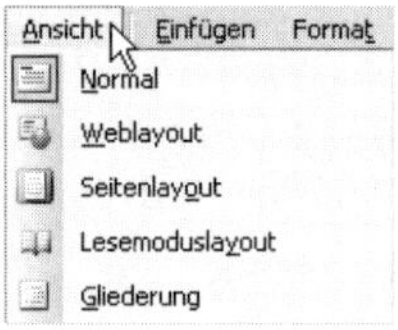

1 Öffnen Sie das Menü *Ansicht.*

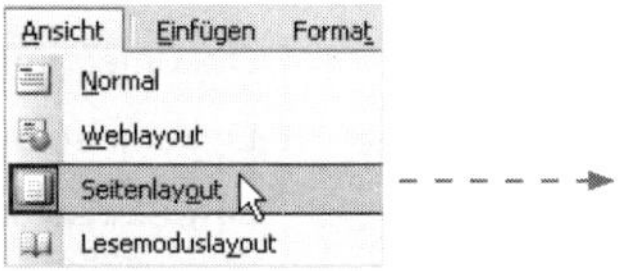

2 Falls noch nicht aktiviert, wählen Sie ggf. den Eintrag *Seitenlayout.*

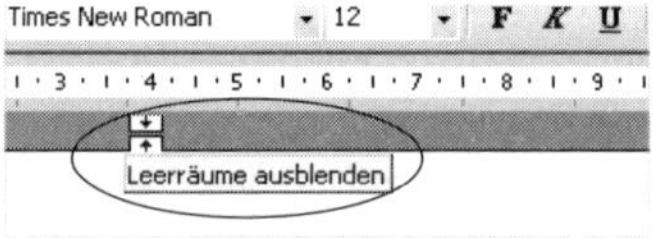

Missfällt Ihnen der hässliche dunkle Balken im Seitenlayout? Wenn ja, platzieren Sie den Mauszeiger auf diese graue Fläche. Der Mauszeiger ändert sein Aussehen. Mit einem Klick verkleinert sich der graue Rand erheblich. Sie befinden sich aber weiter im Seitenlayout.

3 Wechseln Sie am unteren linken Bildschirmrand ggf. zur *Normalansicht*.

Die QuickInfo

Word bietet Ihnen eine Hilfe an, um die einzelnen Befehle in der Standard- und Formatleiste besser kennen zu lernen.

1 Lassen Sie den Mauszeiger auf einer beliebigen Schaltfläche stehen.

2 Nach einem kurzen Augenblick wird Ihnen eine **QuickInfo** angezeigt.

> **Hinweis**
>
> *Sollte die **QuickInfo** nicht angezeigt werden, blenden Sie diese als Anfänger über den Menüweg Extras/Anpassen ein. Danach wählen Sie die Registerkarte* Optionen *und klicken auf* QuickInfo auf Symbolleisten anzeigen.

Sie erhalten über die QuickInfo eine kurze Information, was die Schaltfläche auslösen würde, falls Sie diese mit der Maustaste anklicken.

Die Fenstermodi

Ein Fenster kann drei »Zustände« besitzen: Es kann

1. als echtes Fenster mit Rahmen und Bildlaufleisten dargestellt werden,
2. als »Vollbild« und
3. als »Symbol« dargestellt werden.

1 Klicken Sie in der Word-Titelleiste auf die Schaltfläche *Minimieren.*

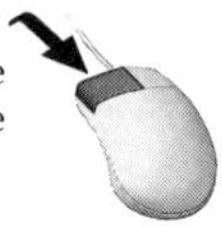

2 Word erscheint in der **Taskleiste** am unteren Windows-Bildschirmrand. Klicken Sie auf das **Word-Symbol** in der Taskleiste.

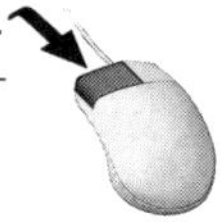

Was ist das?

*Als **Taskleiste** wird die unterste Bildschirm-Leiste bezeichnet, in der sich auch die Start-Schaltfläche von Windows befindet. Sie können mit mehreren Programmen wie Word oder Excel arbeiten und über die Taskleiste hin- und herschalten.*

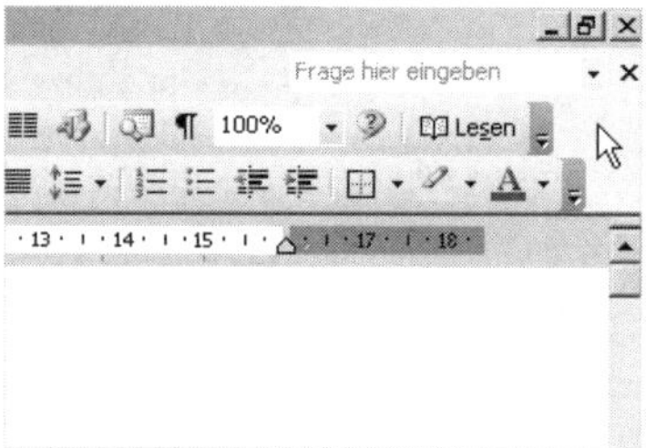

3 Das Programm Word 2003 erscheint als **Vollbild**.

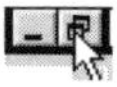

4 Klicken Sie auf die Schaltfläche *Verkleinern.* Word 2003 erscheint als verkleinertes Arbeitsfenster auf dem Bildschirm.

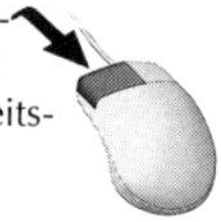

> **Hinweis**
>
> *Mit einem linken Mausklick auf das obere Kreuz (X)* Schließen *beenden Sie das Programm Word 2003.*

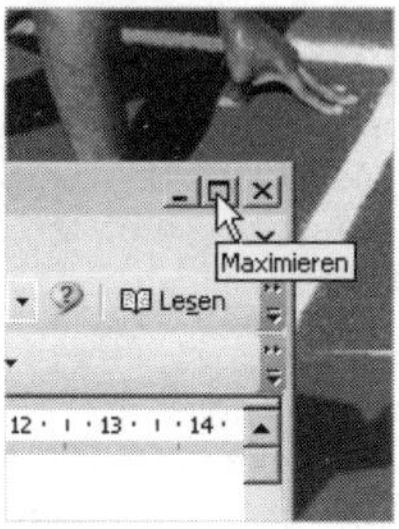

5 Klicken Sie auf die Schaltfläche *Maximieren*. Das Programm Word 2003 erscheint wieder als **Vollbild**.

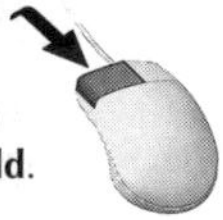

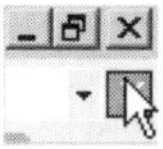

Sie können in Word 2003 mit mehreren Dokumenten gleichzeitig arbeiten. Das untere Kreuz (X) *Fenster schließen* schließt das jeweilige Dokument, beendet Word aber nicht.

Symbol	Auswirkung
	*Minimieren* – reduziert das Arbeitsfenster zu einem Symbol in der Taskleiste.
	*Verkleinern* – verkleinert das Arbeitsfenster.
	*Maximieren* – das Arbeitsfenster erscheint als Vollbild.
	*Schließen* – beendet das Programm Word 2003.
	*Fenster schließen* – schließt das jeweilige Dokument.

Tipps zum Kapitel

1. Gelegentlich mangelt es bei dem Bildschirmausschnitt in Word an Übersichtlichkeit. Eine Möglichkeit, hier Abhilfe zu schaffen, bietet die Ansicht *Ganzer Bildschirm*. Sie finden diesen Befehl im Menü *Ansicht*.

   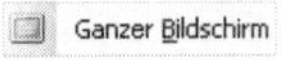

   Der Bildschirmausschnitt des Dokuments wird größer. Die Symbolleisten verschwinden erst einmal vom Bildschirm. Wenn Sie den entsprechenden Befehl auf dem Bildschirm wählen oder z.B. die [Esc]-Taste drücken, wird diejenige Ansicht wieder hergestellt, die vor Aufruf des Befehls *Ganzer Bildschirm* eingestellt war.

2. In der **QuickInfo** können Sie sich zusätzlich die dazugehörigen **Tastenkombination** anzeigen lassen.

   Dazu wählen Sie den Menübefehl *Extras/Anpassen*, holen ggf. die Registerkarte *Optionen* in den Vordergrund und aktivieren per Mausklick *Tastenkombinationen in Quick Info anzeigen*.

3. Mit der Tastenkombination Windows-Taste+[M] reduzieren Sie sämtliche Arbeitsfenster zu einzelnen Symbolen in der Taskleiste.

Der Word-Übungs-Trainer

Versuchen Sie anhand des Kreuzworträtsels die richtigen Antworten zu finden.

1. In dieser Leiste am unteren Bildschirmrand erkennen Sie beispielsweise, wie viele Seiten das Dokument umfasst und auf welcher Seite sich der Cursor befindet.
2. Um ein Eingabefeld noch einigermaßen übersichtlich zu gestalten, sind viele als eine Art »Karteikasten« dargestellt. Wie heißt eine einzelne »Karteikarte«?
3. Diese Symbolleiste enthält Schaltflächen, die Befehle verkürzen, die Sie auch im Menü finden.
4. Diese Funktion blendet Ihnen eine Kurz-Information beispielsweise zu einer Schaltfläche ein.
5. Hier handelt es sich um Eingabehilfsmittel in Form eines blinkenden Strichs am Bildschirm.
6. Die Seiten, die Sie in Word bearbeiten, werden als ... bezeichnet.

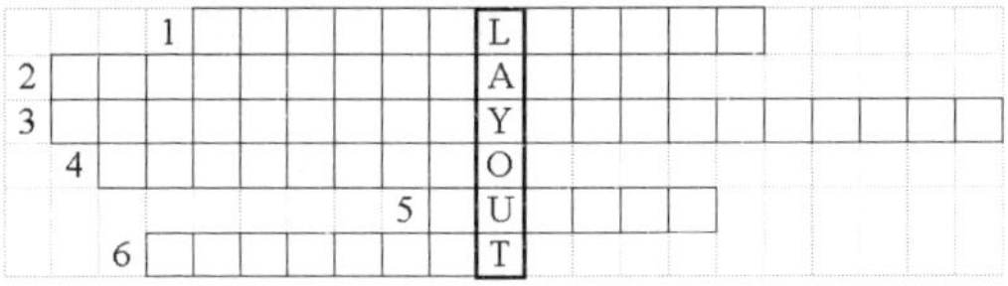

7. Mit welcher Taste können Sie ebenfalls die Menüleiste aktivieren?

- ❑ Alt
- ❑ AltGr
- ❑ Strg

Hinweis

Möchten Sie jetzt Word 2003 beenden, klicken Sie z.B. im Menü Datei auf Beenden. Sollte Word 2003 Ihnen die Frage stellen »Möchten Sie die Änderungen in Dokument1 speichern?«, klicken Sie auf Nein. *Haben Sie noch Energie? Dann machen Sie mit dem folgenden Kapitel weiter!*

Kapitel 2

Die ersten Eingaben

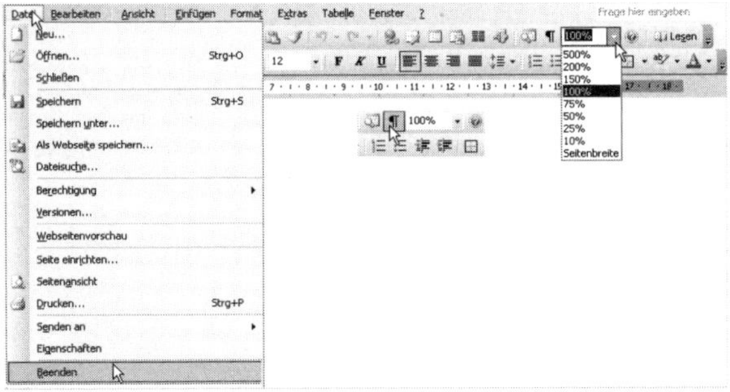

Sie lernen nun die ersten »Handgriffe« in Word 2003 kennen. Gerade für Anfänger sind Formatierungszeichen sehr gewöhnungsbedürftig. Doch diese Zeichen helfen Ihnen bei der Eingabe und zeigen, welche Taste Sie auf der Tastatur gedrückt haben.
Sie können die Ansicht auf Ihrem Bildschirm mit Hilfe des Zooms individuell vergrößern oder verkleinern. Welche Auswahl Sie hier treffen, bleibt Ihnen überlassen.
Und wer ein Programm starten kann, sollte auch wissen, wie es zu beenden ist.

Das können Sie schon:

Das lernen Sie neu:

Was sind Formatierungszeichen?

Es ist reine „Ansichtssache“: Möchten Sie lieber in der Ansicht *Normal* oder *Seitenlayout* schreiben? Probieren Sie die beiden Ansichten aus (**siehe auch Kapitel 1 unter »Ansichten«**), und entscheiden Sie selbst.

In diesem Buch wird in der **Normalansicht** (Menüpunkt *Ansicht/Normal*) weitergeschrieben!

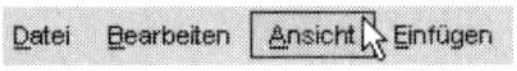

1 Aus Gründen der Einheitlichkeit sollten Sie die Ansicht **Normal** aktivieren. Öffnen Sie dazu den Menüpunkt *Ansicht*.

2 Geben Sie die Ansicht *Normal* an.

Mit einer Schaltfläche lassen sich die **Formatierungszeichen** anzeigen. Diese entstehen z. B. durch Drücken der [Leertaste]- oder [↵]-Taste.

1 Klicken Sie auf die Schaltfläche *¶ einblenden/ausblenden*.

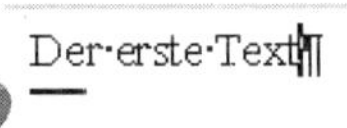

2 Tippen Sie den Text ein.

> **Achtung**
>
> *Falls die Punkte zwischen den Wörtern nicht angezeigt werden, klicken Sie nochmals auf die Schaltfläche ¶ einblenden/ausblenden.*

Achtung: Ein Punkt ist kein Punkt!

Im Text sehen Sie zwischen den geschriebenen Wörtern Punkte. Diese sind keineswegs mit dem »normalen« Punkt zu vergleichen. Sie werden später **nicht mit ausgedruckt**, sondern sind nur auf dem Bildschirm erkennbar.

Diese Zeichen haben den Vorteil, dass Sie genau erkennen, was im Text gemacht wurde.

Wurden aus Versehen zwei Leerschritte eingefügt, fällt es ohne diese Funktion schwer, das zu erkennen. Haben Sie dagegen die Schaltfläche *¶ einblenden/ausblenden* aktiviert, sehen Sie den Fehler sofort.

Ohne Formatierungszeichen	Mit Formatierungszeichen
Der erste Text	Der·erste··Text

In die nächste Zeile gelangen Sie, indem Sie die [⏎]-Taste drücken.

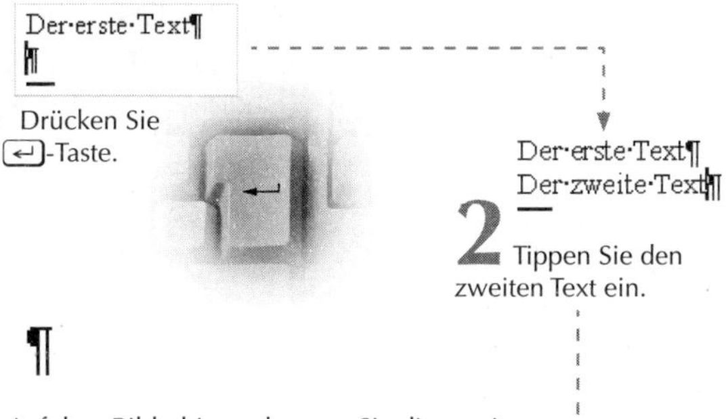

1 Drücken Sie die [⏎]-Taste.

2 Tippen Sie den zweiten Text ein.

3 Auf dem Bildschirm erkennen Sie dieses ein wenig seltsam aussehende Zeichen: eine Absatzmarke in Word. Für Word gehören alle Sätze bis zu diesem Zeichen zu einem Absatz.

Dem Anfänger fällt es erfahrungsgemäß schwer, sich an die Zeichen zu gewöhnen. Lassen Sie diese trotzdem aktiviert, denn so erkennen Sie stets, welche Taste in einem Text gedrückt wurde.

> **Tipp**
>
> *Auf den nachfolgenden Seiten des Buches erkennen Sie anhand der aktivierten Formatierungszeichen genau, wann welche Taste, wie z. B. die* [↵]*- oder* [ ]*-Taste, gedrückt werden.*

Über den Menübefehl *Extras/Optionen* können Sie auf der Registerkarte *Ansicht* ebenfalls die Formatierungszeichen ein- und ausblenden.

Die Zoom-Funktion

Sie können die Ansicht auf Ihrem **Bildschirm** mit Hilfe des **Zooms** individuell **vergrößern** oder **verkleinern**. Wichtig dabei ist: Die Schriftgröße ändert sich beim späteren Ausdruck nicht. Die Funktion dient nur zur besseren Darstellung auf dem Monitor. Betrachten Sie es wie beim Zoom eines Fotoapparats oder Fernglases: Damit können Sie sich die Motive näher heranholen, aber das Motiv ändert seine tatsächliche Größe in Wirklichkeit nicht.

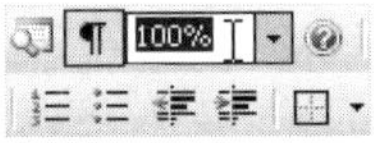

1 Klicken Sie in das *Zoom*-Feld. Die Zahl wird markiert.

2 Geben Sie z. B. die Zahl »250« über die Tastatur ein. Drücken Sie zur Bestätigung die [↵]-Taste. Die Ansicht wird größer dargestellt.

> **Tipp**
>
> *Das **Prozentzeichen** (%) muss nicht mit eingegeben werden. Word 2003 fügt es automatisch hinzu.*

Eine weitere Möglichkeit, den Zoom einzustellen: Neben der Zahl klicken Sie auf das kleine Dreieck. Ein Listenfeld öffnet sich. Nun brauchen Sie nur noch die gewünschte Zoomgröße in der Auswahl anzuklicken.

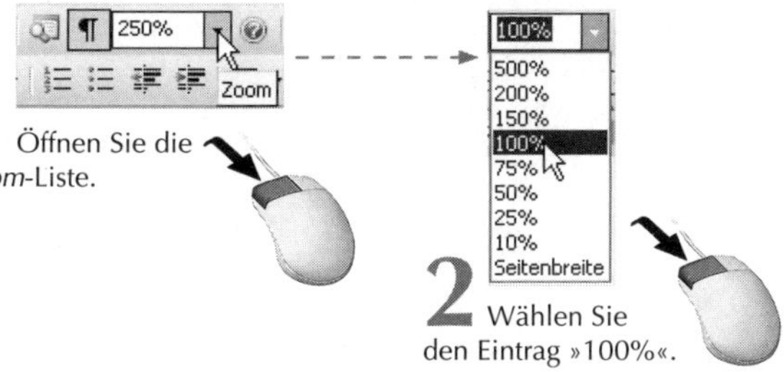

1 Öffnen Sie die *Zoom*-Liste.

2 Wählen Sie den Eintrag »100%«.

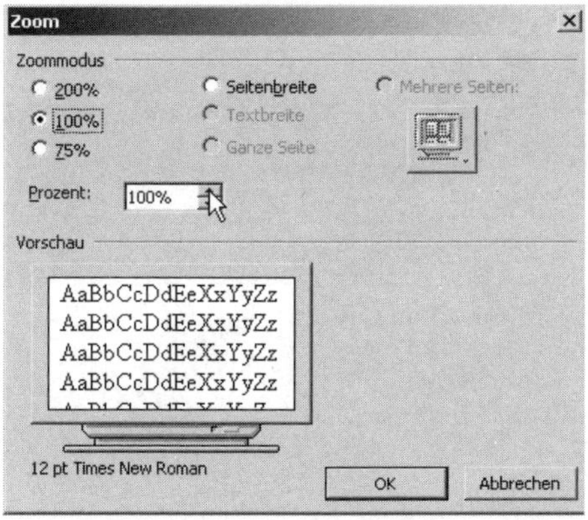

Auf diese Art und Weise bestimmen Sie Ihren persönlich eingestellten Zoom. Über den Menübefehl *Ansicht/Zoom* erhalten Sie eine Alternative. Der hier gezeigte Weg ist jedoch der einfachste.

Word 2003 beenden

Über die Menüleiste führen Sie Befehle wie *Datei/Beenden* mit der linken Maustaste durch.

Der Eintrag *Beenden* befindet sich immer ganz unten im geöffneten Menü.

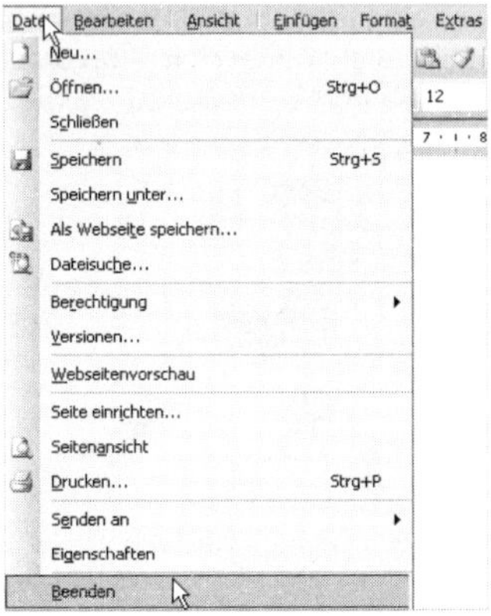

1 Öffnen Sie das Menü *Datei* und klicken Sie auf den Eintrag *Beenden*.

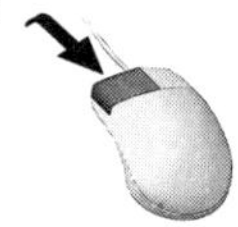

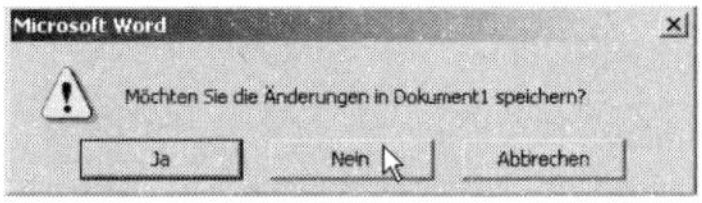

2 Klicken Sie mit der linken Maustaste auf *Nein*.

Da Sie noch nichts von großer Bedeutung eingegeben haben, ist eine **Speicherung** (= Aufbewahrung von Daten) zurzeit nicht notwendig.

Mehr zum Thema Speichern erfahren Sie im 5. Kapitel »Drucken und Speichern«!

Würden Sie die Schaltfläche *Abbrechen* anklicken, kämen Sie wieder zum Programm Word 2003 zurück, so, als wenn Sie in der Zwischenzeit nicht in der Datei gearbeitet hätten.

Tipps zum Kapitel

Sie haben weitere Möglichkeiten, Word zu beenden.

Sie können Word jeweils mit der linken Maustaste direkt beenden, indem Sie auf das **Word-Symbol** (oben links) mit einem **Doppelklick** oder das **Kreuz (X)** oben rechts **einmal anklicken**.

Sie können Word auch über die **Tastatur** beenden, indem Sie zuerst die [Alt]-Taste, dann die [F4]-Taste drücken.

Der Word-Übungs-Trainer

- Versuchen Sie, anhand des Kreuzwort-Rätsels die richtigen Antworten zu finden.
- Mit Hilfe dieser Schaltfläche blenden Sie (1) die .... ein.

- Wenn Sie die [↵]-Taste drücken, wird eine (2) ...... gesetzt. Durch Drücken der (3) .... erzeugen Sie (4) .... Das sind die Abstände zwischen den einzelnen Wörtern.

			1	F	O						E						Z	E					
2		B	S			Z	M				E												
									3		E						T	E					
									4		E	E		Z						N			

- Übungen zum Zoom:

  Schreiben Sie einen beliebigen Text.

  Ändern Sie den Zoom auf »25%«.

  Ändern Sie den Zoom auf »100%«.

  Ändern Sie den Zoom auf »92%«.

  Wählen Sie nun Ihre bevorzugte persönliche Zoom-Einstellung aus.

Kapitel 3

Rechtschreibung, Grammatik, Silbentrennung und Übersetzen

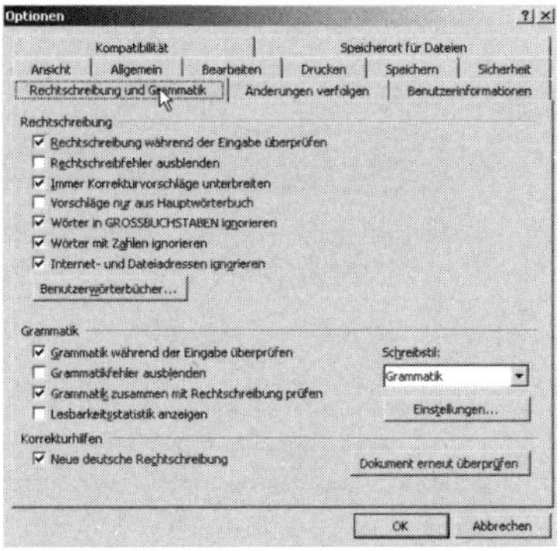

Wie der Lehrer in der Schule unterstreicht Word 2003 Fehler rot! Vorausgesetzt, Sie haben diese Funktion aktiviert. Bringt die neue Rechtschreibung Sie durcheinander? Kuß *oder* Kuss*?* Plazieren *oder* Platzieren*?* Tip *oder* Tipp*? Word korrigiert in der neuen Rechtschreibung, die Sie aber auch ausschalten können.*
Wie sieht es mit Ihren Grammatikkenntnissen aus? Wörter sollten auch richtig getrennt sein. Hier kommt die Sil-ben-tren-nung zum Einsatz. Und wenn Sie Ihren Text in eine andere Sprache übersetzen möchten, dann »can you translate it«.

Das können Sie schon:

Das lernen Sie neu:

Fehler über die Tastatur schnell korrigieren

Tipp-Ex ade! Schreiben Sie in den nächsten Schritten ein Wort absichtlich falsch.

Wu

1 Schreiben Sie statt »Word« den Wortanfang »Wu« falsch.

W

2 Betätigen Sie die [⇦]-Taste. Das »u« wurde gelöscht.

Word

3 Tippen Sie jetzt die Buchstaben »ord« ein. Der Fehler ist korrigiert.

Was ist das?

*Die [⇦]-Taste löscht schrittweise die **zuletzt geschriebenen** Zeichen, also jene, die sich **links** neben der Schreibmarke befinden.*

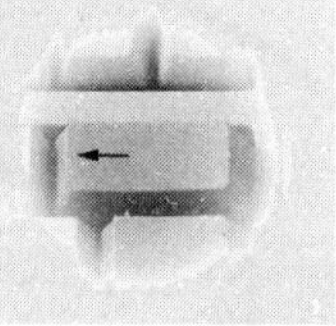

Fehler können Ihnen unterlaufen, ohne dass Sie es sofort bemerken. Haben Sie bereits Texte geschrieben, ist es wenig sinnvoll, die [⇦]-Taste zu drücken. Ein oder mehrere **fehlende** Zeichen fügen Sie über die [Einfg]-Taste ein.

Word
Wrd

1 Drücken Sie die [↵]-Taste. Schreiben Sie das Wort »Wrd« statt »Word« falsch.

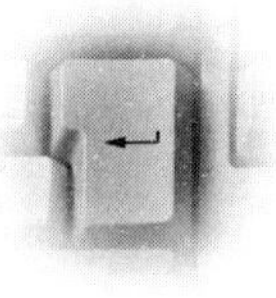

Word
Wrd

2 Klicken Sie so, dass die Schreibmarke vor dem Buchstaben »r« blinkt.

Word

Wo|rd

3 Tippen Sie den fehlenden Buchstaben »o« ein.

Sie können einen Fehler auch korrigieren, indem Sie einen Buchstaben durch einen anderen **ersetzen**.

Wurd|

1 Drücken Sie die [↵]-Taste. Schreiben Sie das Wort »Wurd«.

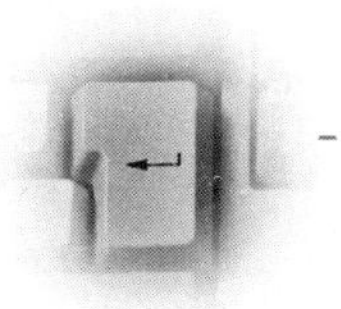

W|urd

2 Klicken Sie vor dem falschen »u«.

Um falsche Zeichen mit richtigen zu **überschreiben**, benötigen Sie den **Überschreibmodus**. Dieser wird durch das Drücken der [Einfg]-Taste ein- und ausgeschaltet.

1 Drücken Sie die [Einfg]-Taste.

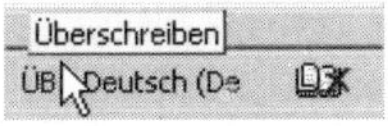

2 Am unteren Bildschirmrand erkennen Sie: Der Überschreibmodus ist eingeschaltet.

3 Geben Sie das korrekte »o« über die Tastatur ein.

Word

4 Der Fehler ist korrigiert.

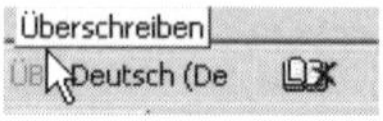

5 Drücken Sie die [Einfg]-Taste. Der Überschreibmodus ist wieder ausgeblendet.

Hinweis

Den Überschreibmodus können Sie auch unter der Menüoption Extras/Optionen auf der Registerkarte Bearbeiten *festlegen.*

Anzeige ÜB	Auswirkung
ÜB ein	Zeichen überschreiben
ÜB aus	Zeichen einfügen

Die Rechtschreibhilfe

Word 2003 wendet die **neue Rechtschreibung** an. Diese ist standardmäßig aktiviert.

Möchten Sie – aus welchen Gründen auch immer – mit der »alten« Rechtschreibung arbeiten, deaktivieren Sie die neue Rechtschreibung (*Extras/Optionen,* Registerkarte *Rechtschreibung und Grammatik*)!

Die Rechtschreibhilfe starten

In Word haben Sie die Möglichkeit, die Rechtschreibung während oder nach einer Eingabe zu überprüfen. Tippen Sie erst z. B. einen Satz und klicken dann in der *Standard*-Symbolleiste auf die Schaltfläche *Rechtschreibung und Grammatik.*

Was ist das?

Dialogfelder dienen zur Eingabe von Daten und für die Auswahl von Befehlen. Es findet also zwischen Ihnen, dem Anwender, und Word 2003 ein Dialog statt.

Alternativ dazu verwenden Sie die Menüoption *Extras/Rechtschreibung und Grammatik.*

In beiden Fällen gelangen Sie ins selbe Dialogfeld.

Hier können Sie auch die Grammatik überprüfen lassen.

Nach Abschluss der Überprüfung erhalten Sie eine Mitteilung.

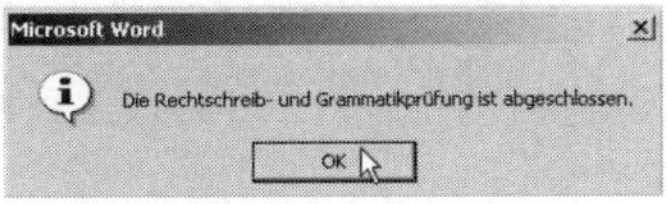

Soll die Rechtschreibüberprüfung bereits **während der Eingabe** durchgeführt werden, müssen Sie das entsprechende Kontrollkästchen im Dialogfeld aktivieren.

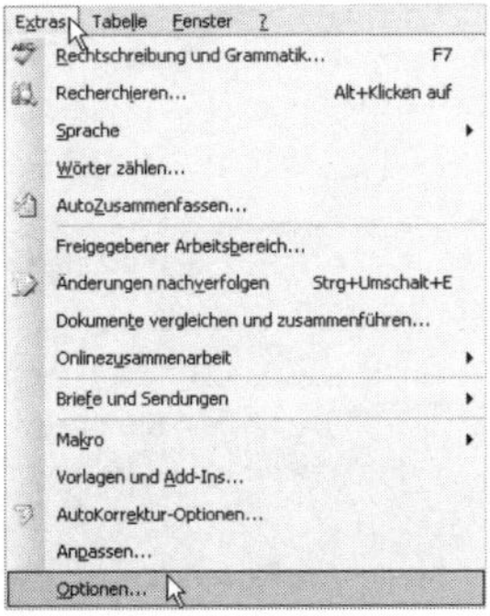

1 Wählen Sie das Menü *Extras* und klicken Sie auf den Eintrag *Optionen*.

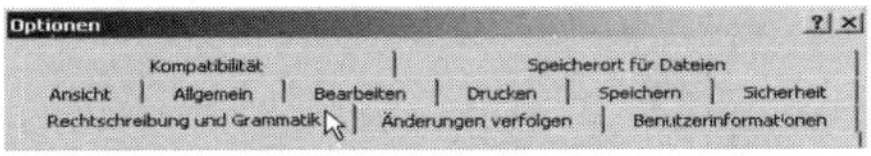

2 Holen Sie die Registerkarte *Rechtschreibung und Grammatik* in den Vordergrund.

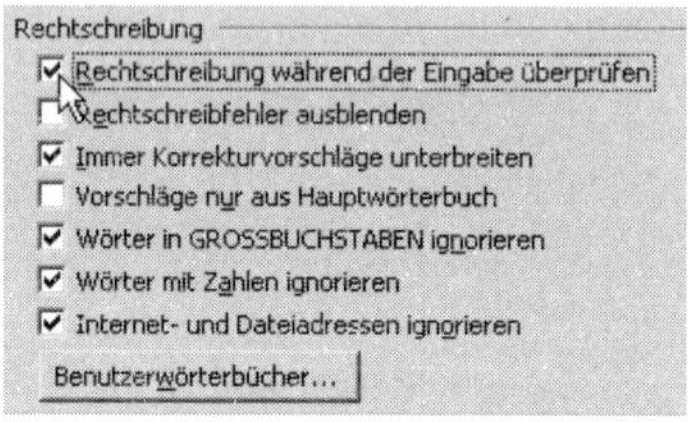

3 Falls noch nicht aktiviert: Durch Anklicken des Kontrollkästchens legen Sie die Rechtschreibung fest.

4 Bestätigen Sie über die Schaltfläche *OK*.

Wörter, die Sie falsch geschrieben haben bzw. die das Programm nicht kennt, unterstreicht Word 2003 automatisch mit einer roten Wellenlinie, sobald Sie die [Leertaste]- oder [↵]-Taste am Ende eines Wortes drücken.

Dass eine Rechtschreibprüfung während der Eingabe stattfindet, erkennen Sie in der **Statusleiste** unten rechts.

1 Drücken Sie die [↵]-Taste.

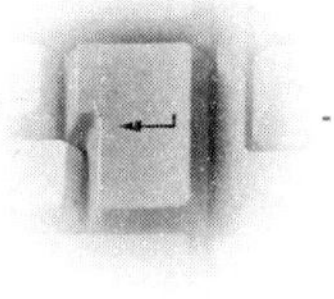

2 Schreiben Sie den Satz »Ktzen mögen Mäuse.« absichtlich falsch.

Was ist das?

*Der Name **Kontextmenü** besagt, dass die Zusammenstellung der einzelnen Menüpunkte davon abhängig ist, was Sie gerade machen, wenn Sie die rechte Maustaste drücken.*

Die Wellenlinien werden nicht ausgedruckt. Sie dienen lediglich als Hinweis dafür, dass Word 2003 die Ausdrücke als **falsch** ansieht. Wenn Sie die rechte Maustaste drücken, öffnet sich ein Kontextmenü.

Ktzen möken Mäusse.

1 Klicken Sie in das Wort »Ktzen«.

Hinweis

Sie können das Wort auch direkt mit der rechten Maustaste anklicken.

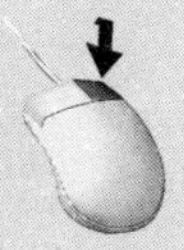

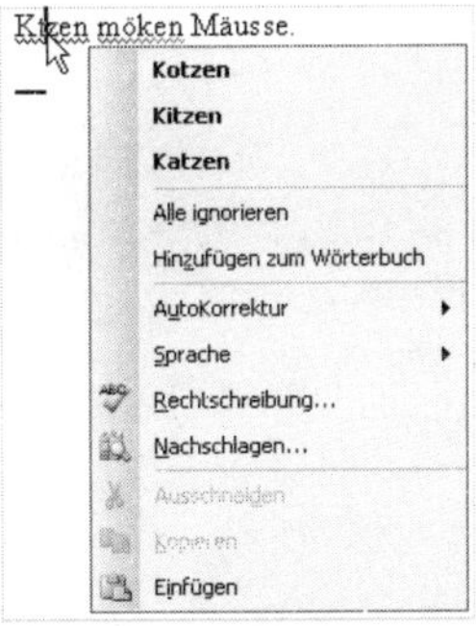

2 Drücken Sie die rechte Maustaste. Word unterbreitet Lösungsvorschläge, die Sie übernehmen können.

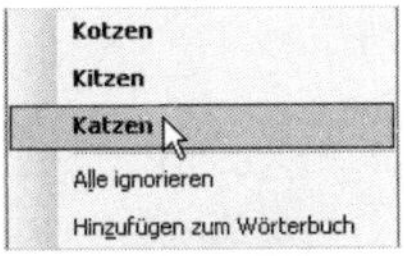

3 Klicken Sie auf den Eintrag »Katzen«.

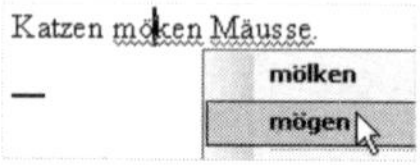

4 Führen Sie die Schritte ...

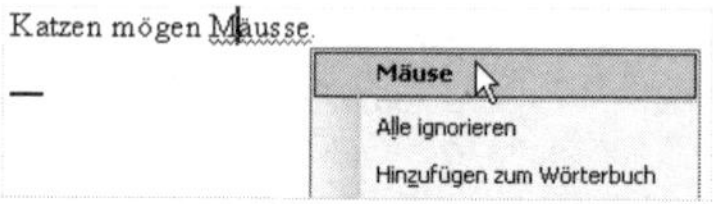

5 ... für die restlichen falsch geschriebenen Wörter durch.

Unbekannte Wörter für Word

Für Word können Wörter falsch sein, die für Sie selbst völlig korrekt geschrieben sind. Das können Eigennamen wie Ihr Nachname oder Ihr Wohnort sein.

Word 2003 verfügt zwar über ein großes Repertoire, doch jeden Ausdruck kennt die Software nicht. Schreiben Sie z. B. den Loriot-Filmtitel »Ödipussi«, wird Word passen.

1 Drücken Sie die [↵]-Taste.

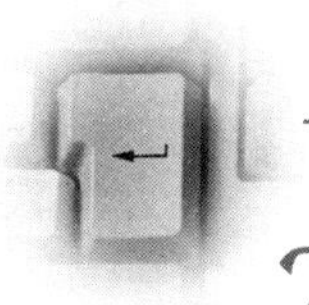

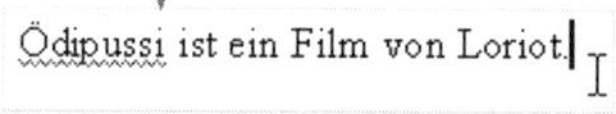

2 Schreiben Sie den Satz. Sie sehen, Word 2003 kennt »Ödipussi« nicht. Die Software reklamiert den Ausdruck, da er ein **unbekannter Eigenname** ist.

Wenn Sie den Mauszeiger auf das Wort platzieren und die rechte Maustaste drücken, haben Sie anschließend die Wahl zwischen *Alle ignorieren* oder *Hinzufügen zum Wörterbuch*.

Mit dem ersten Befehl *Alle ignorieren* teilen Sie Word 2003 mit, dass der Name »Ödipussi« korrekt ist und für diesen Brief (= dieses Dokument) nicht mehr als falsch angesehen wird.

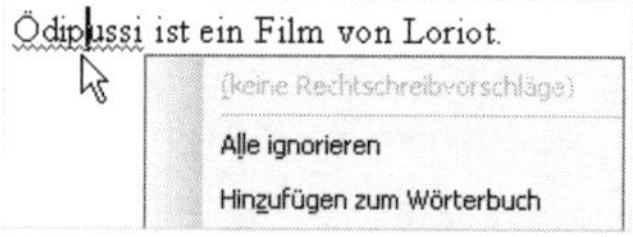

Mit der Wahl von *Hinzufügen zum Wörterbuch* geben Sie an, dass der Name **für immer** von Word als korrekt anerkannt wird. Das bedeutet, er gilt nicht nur für diesen Brief (= dieses Dokument), sondern auch für alle, die Sie künftig noch schreiben werden.

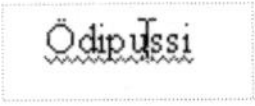

1 Platzieren Sie den Mauszeiger auf das Wort.

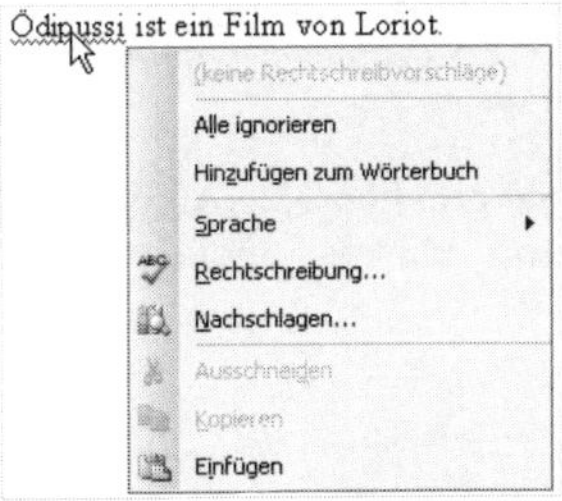

2 Drücken Sie die rechte Maustaste.

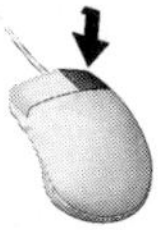

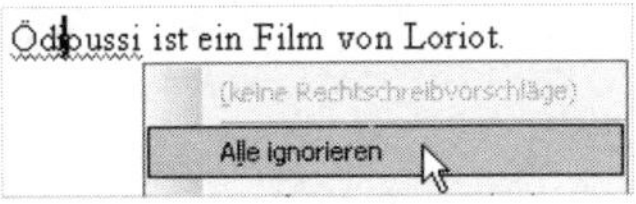

3 Klicken Sie auf *Alle ignorieren.*

> **Hinweis**
>
> *Falls die automatisch gesetzten »roten Schlangenlinien« Sie stören sollten, blenden Sie diese über die Menüoption Extras/Optionen auf der Registerkarte* Rechtschreibung und Grammatik *aus, indem Sie das Häkchen vor* Rechtschreibung während der Eingabe überprüfen *deaktivieren. Allgemein ist die Rechtschreibprüfung während der Eingabe jedoch zu empfehlen!*

Die Grammatikprüfung

Während der Texteingabe findet auch eine Grammatik-Überprüfung statt. Hier unterstreicht Word mit »grünen Schlangenlinien«.

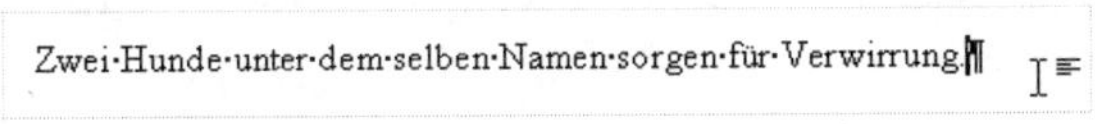

1 Schalten Sie einmal mit der ⏎-Taste und geben Sie den Beispielsatz ein.

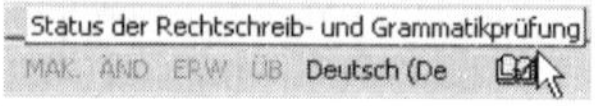

2 Doppelklicken Sie in der Statusleiste auf *Status der Rechtschreib- und Grammatikprüfung*.

Sie erhalten eine Auswahl. Über den Eintrag *Informationen zu diesem Satz* erhalten Sie die grammatikalische Begründung.

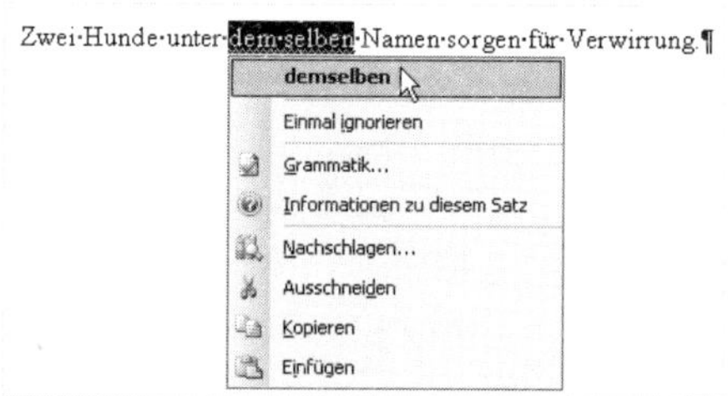

3 Geben Sie den korrekten Ausdruck an.

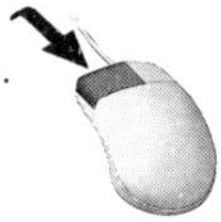

Die Silbentrennung

Möchten Sie in Ihrem Dokument eine »Sil-ben-tren-nung« durchführen, aktivieren Sie diese über den Menüpunkt *Extras/Sprache/ Silbentrennung*. Durch diese Funktion (besonders nützlich bei sehr langen Ausdrücken) werden Wörter am Ende einer Zeile getrennt.

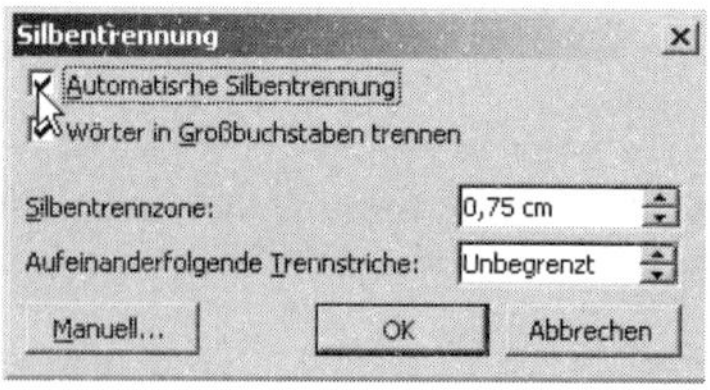

Im darauf folgenden Dialogfeld aktivieren Sie über das Kontrollkästchen die *Automatische Silbentrennung*. Wichtig dabei ist die *Silbentrennzone*. Hier geben Sie an, wie groß der Bereich am rechten Seitenrand sein soll, damit eine **automatische Silbentrennung** erfolgt. Vergrößern Sie ggf. diesen Bereich.

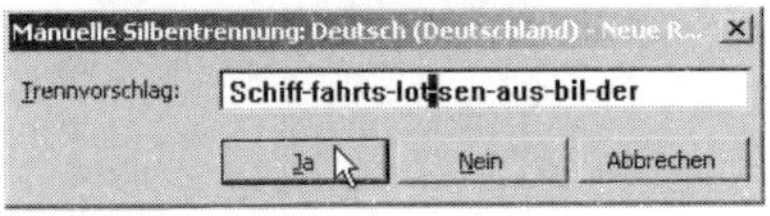

Wenn Sie im Dialogfeld *Silbentrennung* auf die Schaltfläche *Manuell* klicken, unterbreitet Ihnen Word einzelne Trennvorschläge.

Word sucht bei der **manuellen Silbentrennung** im Dokument eine Trennposition nach der anderen. Beim Trennvorschlag können Sie die Einfügemarke auch so versetzen, dass Sie Ihre persönliche Trennung durchführen können.

Die Funktion Übersetzen

Word 2003 bietet Ihnen die Möglichkeit der Recherche an. Dazu zählen die Funktionen **Übersetzen** und **Thesaurus**. Mit Hilfe des Thesaurus können Sie sich zu einem Wort so genannte »**Synonyme**« (z. B. »Gebäude« statt »Haus«) anzeigen lassen, um Ihren Text inhaltlich abwechslungsreicher zu gestalten.

Im 7. Kapitel dieses Buches erfahren Sie mehr zur Funktion des **Thesaurus!**

Word bietet Ihnen die Möglichkeit, eine Sprache in eine andere zu übersetzen. Dabei sind die Möglichkeiten allerdings begrenzt. Komfortabler ist da natürlich ein eigenständiges Übersetzungsprogramm, das im Handel zu erwerben ist.

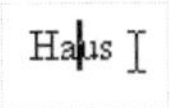

1 Schalten Sie einmal mit der [↵]-Taste. Tippen Sie z. B. das Wort »Haus«, und platzieren Sie den Cursor in das Wort.

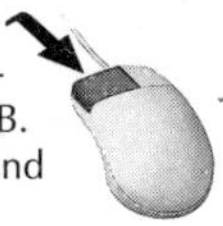

2 Aktivieren Sie die Schaltfläche *Recherchieren*.

3 Der Arbeitsbereich *Recherchieren* öffnet sich am rechten Bildschirmrand. Sie können natürlich auch den Suchbegriff ins Eingabefeld unter *Suchen nach:* eintippen. Zunächst wird *Alle Nachschlagewerke* angegeben. Legen Sie fest, dass Sie nur übersetzen möchten.

4 Geben Sie ggf. an, **von welcher Sprache Sie in welche Sprache übersetzen** möchten (hier im Beispiel von *Deutsch* nach *Englisch*).

Starten Sie dann die Suche.

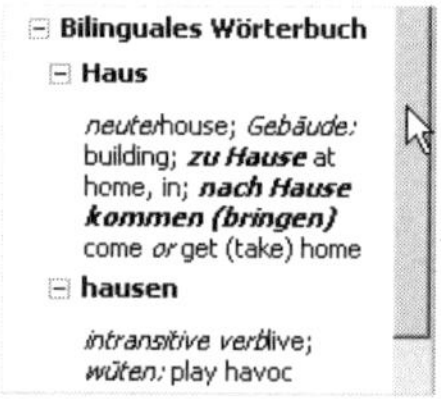

5 Die Übersetzung des Suchbegriffs befindet sich im unteren Bereich.

6 Sie schließen diesen Arbeitsbereich wieder, indem Sie z. B. auf die Schaltfläche *Recherchieren* klicken.

Tipps zum Kapitel

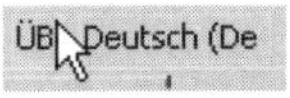

1. Sie schalten den **Überschreibmodus** ebenfalls ein und aus, indem Sie auf das *ÜB* in der **Statusleiste** doppelklicken.
2. Sie starten die Rechtschreibung über die Taste F7.
3. Sie löschen das letzte Wort über die Tasten Strg+⇦. Mit der Tastenkombination Strg+Entf löschen Sie das Wort rechts vom Cursor.
4. Wenn Sie die Alt-Taste gedrückt halten und in ein Wort klicken, startet die Funktion **Recherche**.
5. Wenn Sie den Mauszeiger auf ein Wort platzieren und die rechte Maustaste drücken, gelangen Sie ebenfalls zu den Funktionen *Übersetzen* und *Nachschlagen* (= *Recherchieren*). Die Suche muss dazu nicht extra gestartet werden.

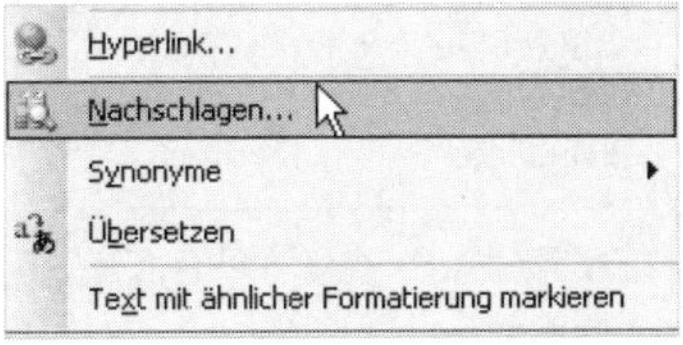

6. Falls Sie bei einem unbekannten Ausdruck versehentlich den Befehl *Hinzufügen zum Wörterbuch* wählen, wird dieser von Word für immer als korrekt erkannt.

Achtung

Sie gelangen nur in das Dialogfeld Rechtschreibung und Grammatik, wenn Sie vorher die Rechtschreibprüfung ***nicht*** *durchgeführt haben. Sollte das der Fall sein, geben Sie einfach ein neues Wort ein und drücken dann die Taste F7.*

Sie löschen oder ändern diese Begriffe über das **benutzerdefinierte Wörterbuch**. Dazu starten Sie das Dialogfeld *Rechtschreibung und Grammatik* (z. B. über die Taste [F7]). Aktivieren Sie die Schaltfläche *Optionen* und dann die Schaltfläche *Benutzerwörterbücher.* Nun können Sie über die Schaltfläche *Ändern* den Ausdruck entfernen oder andere Wörter hinzufügen.

7. Einige Einstellungen (wie *Jeden Satz mit einem Großbuchstaben beginnen*) werden von Word automatisch angepasst. Diese und andere Einstellungen können Sie unter der Menüoption *Extras/AutoKorrektur-Optionen* auf den Registerkarten *AutoKorrektur, AutoFormat* und *AutoFormat während der Eingabe* ein- bzw. ausschalten.

8. Doppelklicken Sie in der Statusleiste auf die Angabe der Sprache (meist *Deutsch*), oder wählen Sie den Menüpunkt *Extras/Sprache/Sprache festlegen,* können Sie Texte in einer Fremdsprache mithilfe der Rechtschreibprüfung überprüfen, indem Sie das entsprechende Wörterbuch aktivieren.

Der Word-Übungs-Trainer

1. Übersetzen Sie aus dem Englischen ins Deutsche bzw. umgekehrt und tragen Sie Ihre Ergebnisse in das Kreuzworträtsel ein.

Englisch	**Deutsch**
cash on ...?...	Nachnahme
mercy	?
?	Rabatt
coupon	?

					1	d	e						
		2	G				e						
					3		e	b			e		
4			t	s			e		n				

2. Tippen Sie Ihre eigene Adresse ein. Kennt Word nicht alle Wörter, fügen Sie diese Ihrem Wörterbuch hinzu.
3. Schreiben Sie den Satz: »Ich maile dir eine E-Mail.« Word kennt das Wort »maile« nicht. Ignorieren Sie dies oder fügen Sie es in das Wörterbuch ein.
4. Schreiben Sie den Satz:

   »Ich lebe auf der Insel Tobaluba.« Fügen Sie das Wort Tobaluba dem Wörterbuch hinzu. Doch Tobaluba ist falsch geschrieben. Richtig heißt die Insel Tobaluga. Ändern Sie das Benutzerwörterbuch.
5. Führen Sie die manuelle Silbentrennung durch:

   »Hans Günther Fischstäbchen lebte als Kind in München und kam als Schifffahrtslotsenausbilderassistent an die Nordsee.«

Pause oder zum nächsten Kapitel?

Sie möchten mit der Arbeit am Computer aufhören und Word 2003 über die Menüoption *Datei/Beenden* verlassen? Schade! Da Sie noch nichts von Bedeutung eingegeben haben, ist eine Speicherung bis jetzt nicht notwendig.

Sie möchten mit dem nächsten Kapitel direkt weitermachen? Ja? Vorbildlich!

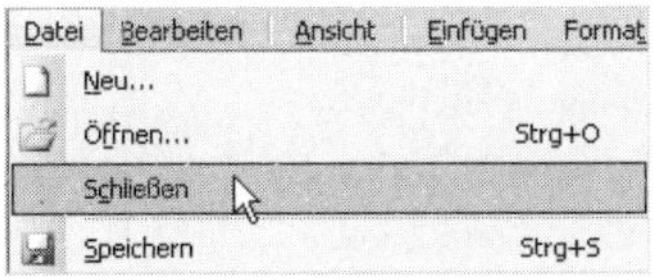

Klicken Sie zunächst auf die Menüoption *Datei/Schließen* (Tastenkombination: Strg+W).

Zu speichern brauchen Sie hier auch nicht!

Klicken Sie auf die Schaltfläche *Neues leeres Dokument* (Tastenkombination: Strg+N).

Kapitel 4

Texte formatieren

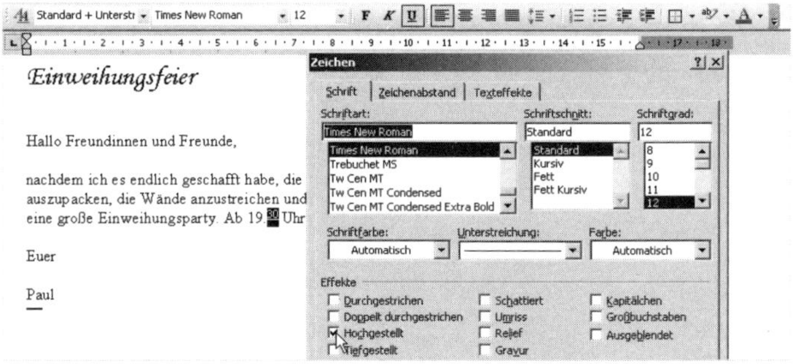

Zu einem Textverarbeitungsprogramm wie Word 2003 gehören unterschiedliche Formatierungsmöglichkeiten. Dadurch heben Sie z. B. bestimmte Wörter hervor. So stellen Sie Zahlen und Buchstaben (= Zeichen) unterschiedlich dar, etwa fett, kursiv, tief- oder hochgestellt. Sie unterstreichen Wörter einfach oder doppelt. Ihnen stehen verschiedene Schriften zur Verfügung, oder Sie wählen eine andere Schriftgröße. Auch den Abstand zwischen den einzelnen Zeilen stellen Sie ein.

Das können Sie schon:

Das lernen Sie neu:

Zeichen formatieren

Sie gestalten Zahlen und Texte, indem Sie diese durch Fett- oder Kursivschrift bzw. durch eine Unterstreichung hervorheben.

Diese Vorgänge bezeichnet man in Word als **formatieren**.

Daher finden Sie die Werkzeuge dazu in der *Format*-Symbolleiste.

> **Tipp**
>
> *Möchten Sie Texte in Spalten wie bei einer Zeitung schreiben, verwenden Sie die Schaltfläche* Spalten.

Sie können Formatierungen **vor oder nach einer Texteingabe** festlegen.

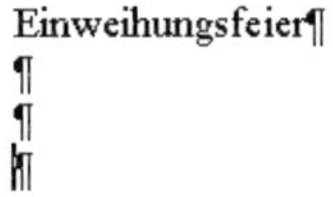

1 Tippen Sie das Wort »Einweihungsfeier« ein. Drücken Sie anschließend dreimal die [↵]-Taste.

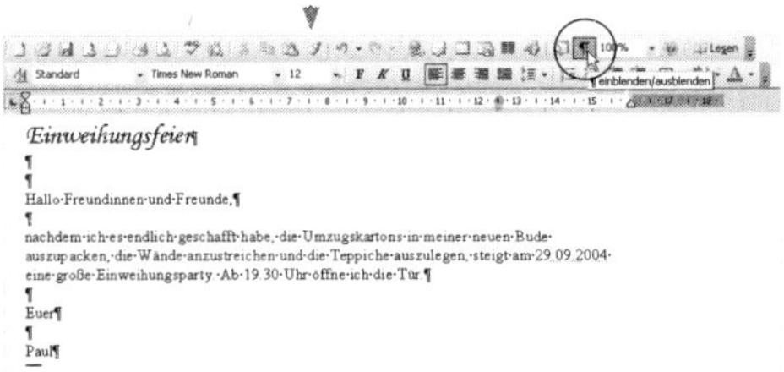

2 Schreiben Sie den kompletten Brieftext:

»Hallo Freundinnen und Freunde,

nachdem ich es endlich geschafft habe, die Umzugskartons in meiner neuen Bude auszupacken, die Wände anzustreichen und die Teppiche auszulegen, steigt am 29.09.2004 eine große Einweihungsparty. Ab 19.30 Uhr öffne ich die Tür.

Euer
Paul«

> **Hinweis**
>
> *Ein Wort ist für das Programm Word eine Zeichenfolge von einem Leerschritt bis zum nächsten.*

Möchten Sie ein Wort formatieren, reicht es aus, wenn Sie in dieses klicken.

In diesem Beispiel wählen Sie die Kursivschrift: *eine leicht nach rechts geneigte Schrift.*

1 Klicken Sie in das Wort »Einweihungsfeier«.

2 Betätigen Sie die Schaltfläche *Kursiv*.

Markieren

Sie markieren, wenn Sie **mehr als ein Wort** hervorheben. Dazu bestehen mehrere Möglichkeiten. Die schnellste ist die mit der **Maus**, die andere mit der Tastatur.

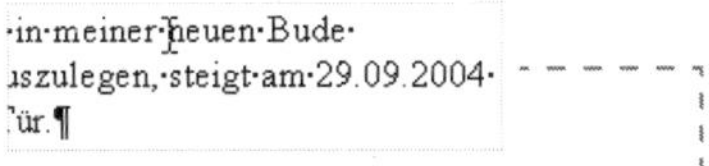

1 Klicken Sie genau vor »neuen Bude« und halten Sie die linke Maustaste gedrückt.

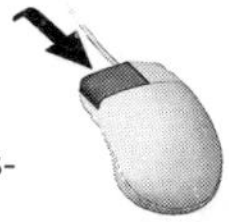

2 Ziehen Sie nach rechts und markieren Sie auf dieses Art und Weise den gesamten Ausdruck.

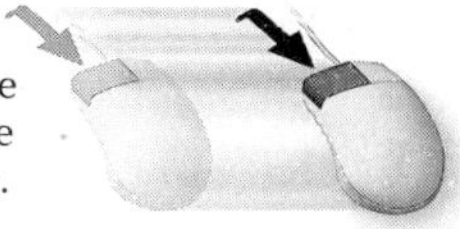

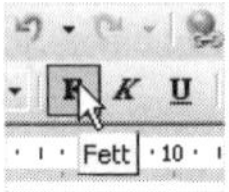

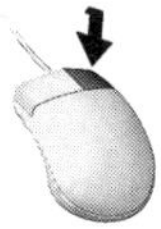

3 Geben Sie die Hervorhebung *Fett* an.

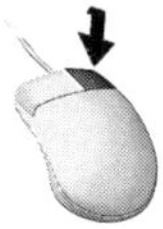

4 Klicken Sie beliebig in das Dokument. Dadurch heben Sie die Markierung auf.

> **Tipp**
>
> *Beachten Sie ebenfalls das Thema »Markieren« im Anhang dieses Buches!*

Haben Sie als Anfänger Schwierigkeiten mit der Maus, können Sie auf die **Tastatur** zurückgreifen. Klicken Sie wiederum vor den zu markierenden Ausdrücken. Drücken Sie die [⇧]-Taste und halten Sie diese fest. Drücken Sie die [→]-Taste schrittweise so lange, bis sämtliche Buchstaben markiert sind.

Fett-, Kursiv- und andere Formatierungen

> **Tipp**
>
> *Anstatt der Menüoption können Sie den kürzeren Weg über die Tasten* [Strg]+[D] *wählen. So erscheint das Dialogfeld direkt.*

Sie finden neben Fett, Kursiv und Unterstrichen weitere Gestaltungsmöglichkeiten unter der Menüoption *Format/Zeichen*. Hier können Sie z. B. Zeichen höher und tiefer stellen.

Beispiel:

Sie möchten einen Ausdruck **doppelt unterstreichen**.

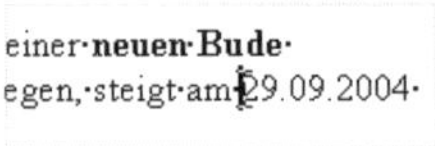

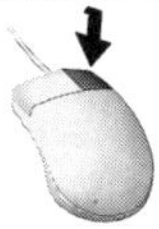

1 Klicken Sie vor das Datum.

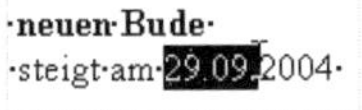

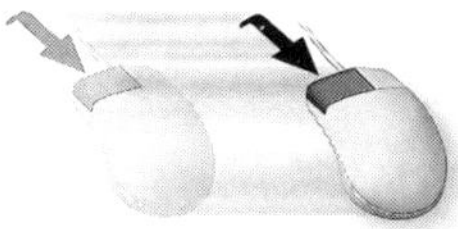

2 Markieren Sie ...

3 ... das vollständige Datum.

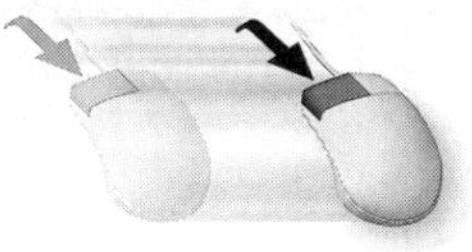

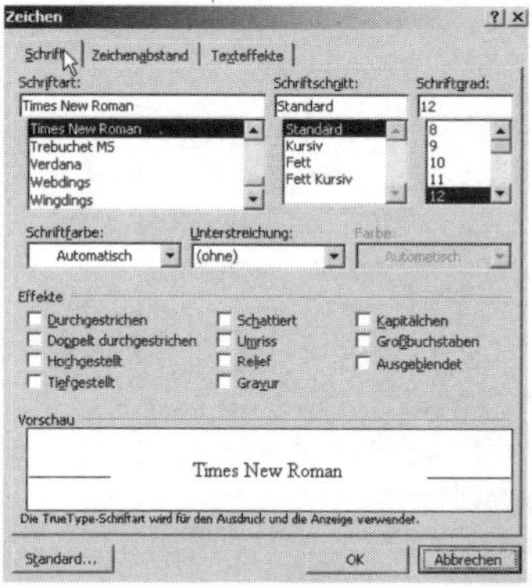

4 Drücken Sie die Tastenkombination Strg+D. Wählen Sie ggf. per Mausklick die Registerkarte *Schrift*.

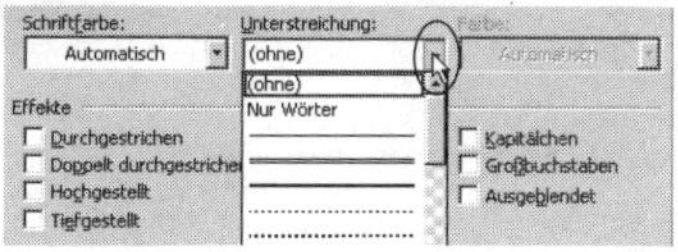

5 Öffnen Sie das Listenfeld für die *Unterstreichung*.

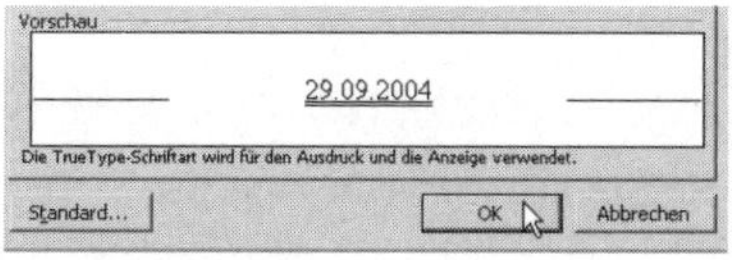

6 Wählen Sie für die Unterstreichung die doppelte Linie aus.

7 Beachten Sie die Vorschau, und bestätigen Sie die Angaben über die Schaltfläche *OK*.

Standardschrift wechseln

Über die Schaltfläche *Standard* im Dialogfeld *Zeichen* können Sie die **Standardschrift** ändern. Ein neues leeres Dokument enthält bereits einige fest definierte Voreinstellungen (in einer gewissen Vorlage namens »Normal«) wie z. B. Schriftart und Schriftgröße. Diese Voreinstellungen werden jedes Mal aktiviert, wenn Sie ein neues leeres Dokument starten.

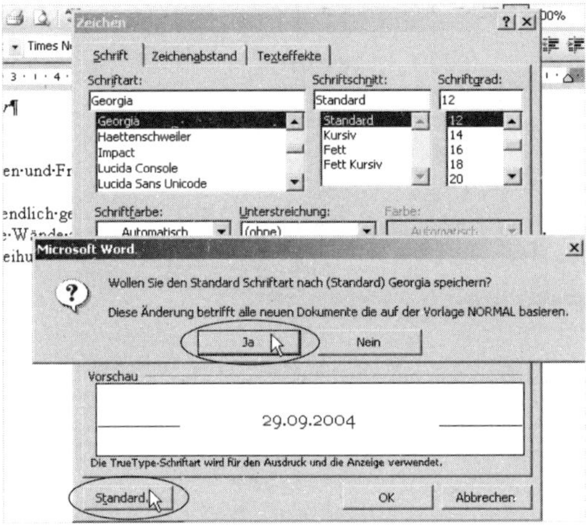

Möchten Sie aber **künftig** in Ihren Dokumenten **immer** mit einer anderen Schriftart schreiben, dann geben Sie die neue Standardschrift über die Schaltfläche *Standard* an und bestätigen das folgende Dialogfeld mit *Ja*.

Formatieren über die Tastatur

Sie können Formatierungen wie Fett, Kursiv oder Unterstreichungen über die Formatleiste durchführen oder die Menüoption *Format/Zeichen* wählen. Alternativ dazu erzielen Sie mit **Tastenkombinationen** denselben Effekt. Hier die Übersicht:

Tastenkombinationen zur Formatierung:

Formatierung	Tastenkombination
Fettschrift	Strg+⇧+F
Kursivschrift	Strg+⇧+K
Hochgestellt	Strg++
Tiefgestellt	Strg+#
Kapitälchen	Strg+⇧+Q
Unterstreichen	Strg+⇧+U
Doppelt unterstreichen	Strg+⇧+D
Sämtliche Formatierungen aufheben	Strg+[ ]

Zeichen hochstellen

Bei der Zeit **19.30 Uhr** sollen die beiden letzten Ziffern – also hier die Minuten – unterstrichen und gleichzeitig hochgestellt werden. Sie können die Zeichen über die Menüoption *Format/Zeichen* in der Registerkarte *Schrift* formatieren oder die Tastenkombination Strg++ drücken (siehe auch obige Übersicht).

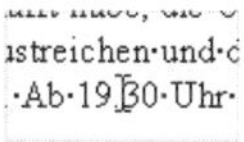

1 Klicken Sie genau zwischen den Punkt (.) und die Ziffer 3.

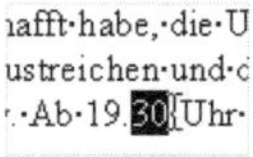

2 Markieren Sie »30«.

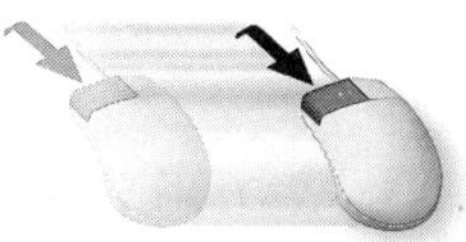

3 Aktivieren Sie die Schaltfläche für die einfache Unterstreichung.

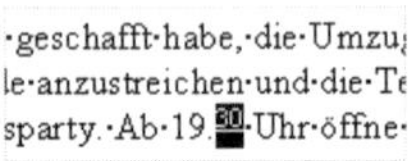

4 Halten Sie die Strg-Taste gedrückt, und drücken Sie anschließend die Taste +. Die »30« wird hochgestellt.

Wenn man es ganz genau bei der Uhrzeitangabe nimmt, könnte jetzt noch der Punkt (.) nach der 19 entfernt werden!

Art und Größe der Schrift

In Word haben Sie die Möglichkeit, sowohl die Schriftart als auch die Schriftgröße zu ändern. Hier bieten sich zahlreiche Alternativen an.

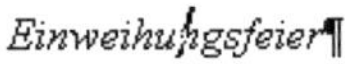

1 Klicken Sie in das Wort »Einweihungsfeier«.

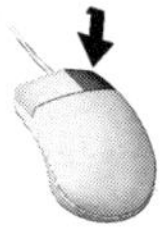

2 Öffnen Sie in der *Format*-Symbolleiste die Auswahlliste für die Schriftart.

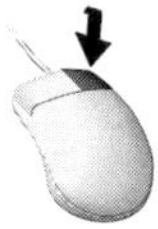

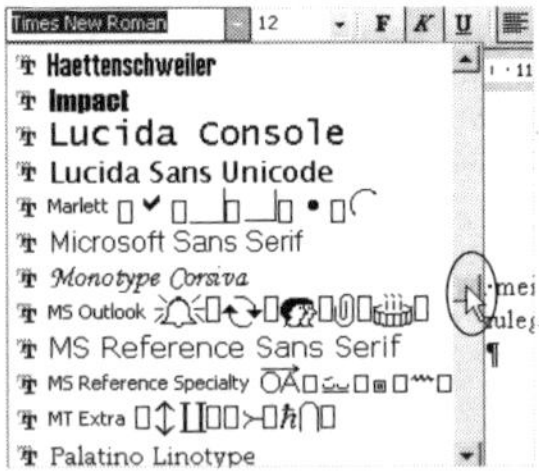

3 Blättern Sie vor, bis ...

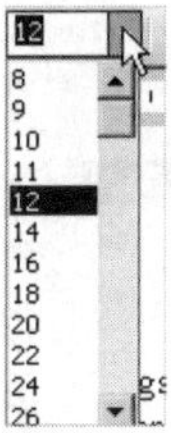

4 ... z. B. die Schriftart »Monotype Corsiva« erscheint. Aktivieren Sie für das Beispiel diese Schriftart.

5 Öffnen Sie in der *Format*-Symbolleiste die Auswahlliste für den Schriftgrad.

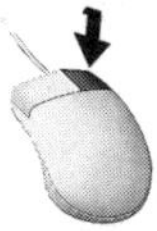

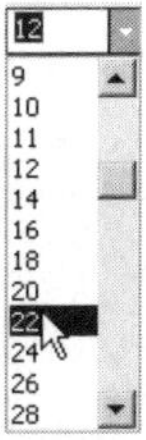

6 Wählen Sie einen höheren Schriftgrad aus.

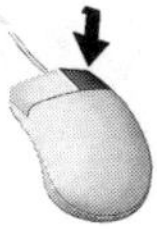

Formatierungen aufheben

Wenn Sie die Tastenkombination (Strg)+(Leertaste) drücken, heben Sie **sämtliche** Formatierungen auf.

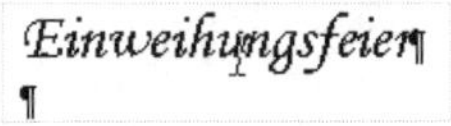

1 Klicken Sie in das Wort »Einweihungsfeier«.

2 Halten Sie die (Strg)-Taste gedrückt. Betätigen Sie dann die (Leertaste)-Taste.

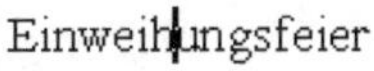

3 Schriftart und -größe wurden von Word 2003 zurückgenommen.

Eine Formatierung entfernen Sie ebenfalls dadurch, dass Sie die jeweilige Formatierungsschaltfläche erneut anklicken.

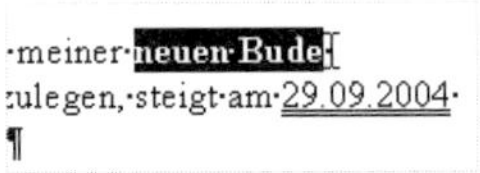

1 Markieren Sie den entsprechenden Ausdruck.

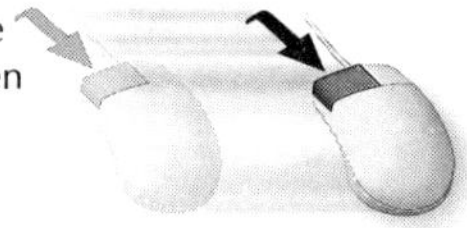

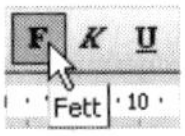

2 Durch einen Klick hier z. B. auf die Schaltfläche *Fett* heben Sie die Formatierung wieder auf.

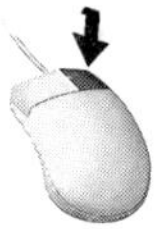

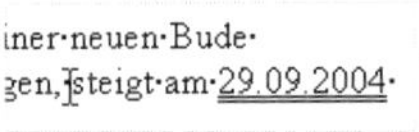

3 Mit einem beliebigen Mausklick verschwindet die Markierung.

Formatvorlagen

> **Was ist das?**
>
> *Eine Formatvorlage ist eine Folge von Formatierungen, die unter einem bestimmten Namen mit einer Dokumentvorlage verknüpft wird.*

Die in Word 2003 voreingestellten Formatvorlagen sind bereits mit Formatierungen ausgestattet. Word bietet z. B. drei Varianten von Überschriften an. So brauchen Sie nicht alles per Mausklick anzugeben.

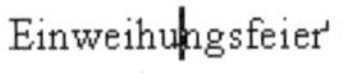

1 Klicken Sie ggf. in das Wort »Einweihungsfeier«.

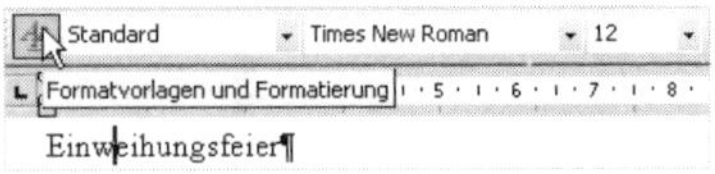

2 Aktivieren Sie die Schaltfläche *Formatvorlagen und Formatierung*.

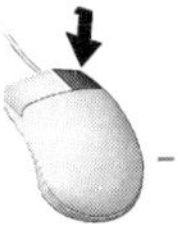

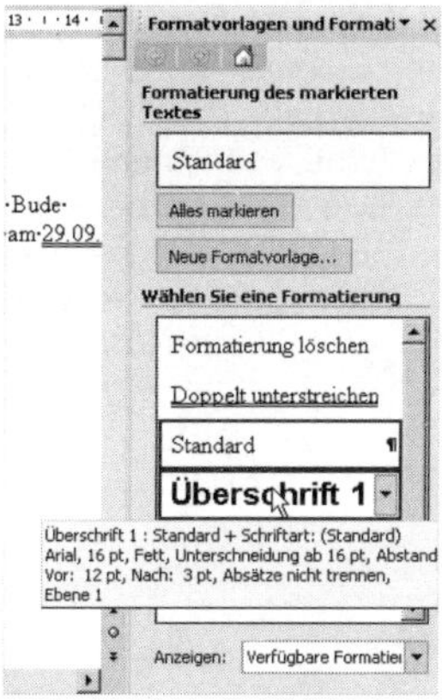

3 Der Aufgabenbereich erscheint. Die Formatierung wird im Infofeld angezeigt. Klicken Sie z. B. auf *Überschrift 1*.

Der Ausdruck wird mit der *Überschrift 1* formatiert.

Über die Schaltfläche *Neue Formatvorlage* im **Aufgabenbereich** definieren Sie eine neue Formatvorlage. Geben Sie dazu Ihre persönlichen Einstellungen an.

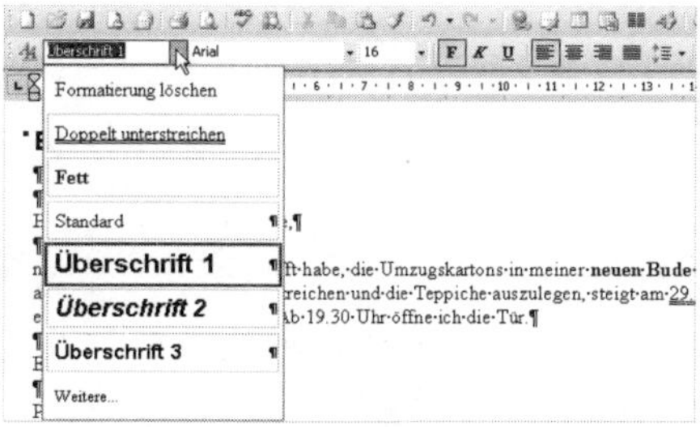

Eine Formatvorlage nehmen Sie wieder zurück, indem Sie den Eintrag *Standard* angeben oder die Tastenkombination Strg+⇧+N drücken.

Wenn Sie die Auswahl bei *Formatvorlage* in der ***Format*-Symbolleiste** öffnen, können Sie über die entsprechenden Angaben ebenfalls die Zeichendarstellung wechseln bzw. eine vorhandene Formatierung wieder löschen. Haben Sie vorher eine Formatierung (wie hier im Beispiel *Unterstreichen* und *Doppelt unterstreichen*) durchgeführt, erscheint diese ebenfalls in der Liste bzw. im Listenfeld.

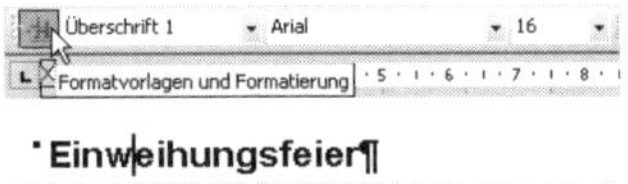

1 Klicken Sie auf die Schaltfläche *Formatvorlagen und Formatierung*.

2 Der Aufgabenbereich verschwindet vom Bildschirm.

Zeilen ausrichten

In Word können Zeilen unterschiedlich ausgerichtet werden (linksbündig, rechtsbündig, zentriert, Blocksatz). Sie schreiben in der Regel immer von links nach rechts.

Um beispielsweise den Betreff eines Schreibens hervorzuheben, stellen Sie ihn zentriert über dem Text dar.

1 Klicken Sie in das Wort »Einweihungsfeier«.

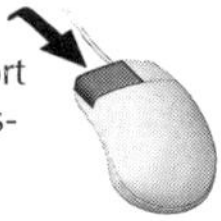

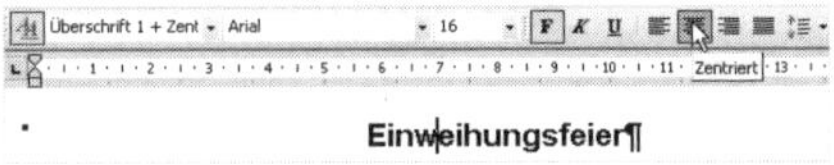

2 Wählen Sie die Schaltfläche *Zentriert*.

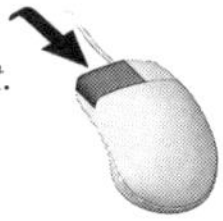

Der Blocksatz

Eine weitere Schaltfläche ist die für den **Blocksatz**. Dieser dient dazu, die Textzeile am linken und rechten Seitenrand **einheitlich** auszurichten.

Wenn Sie normalerweise von links nach rechts schreiben, sind die Zeilenlängen fast nie gleich. Dort entsteht ein so genannter Flatterrand.

Beispiel Linksbündig:

Gestern ging ich durch den finsteren Wald spazieren. Plötzlich landete ein Ufo vor meinen Augen. Die Tür ging auf und ein blondes Monstrum mit schwarzer Sonnenbrille trat auf mich zu. „Schwarzbraun ist die Haselnuß, schwarzbraun bin auch ich, bin auch ich …“, begrüßte mich das unbekannte Wesen in einem schmerzhaften Ton. Es war grauenhaft. Noch nie in meinem Leben hatte ich so etwas fürchterliches gehört.

Der Blocksatz hebt dieses Manko auf. Sie finden ihn häufig bei Büchern, Zeitungen und Zeitschriften.

Beispiel :Blocksatz

Gestern ging ich durch den finsteren Wald spazieren. Plötzlich landete ein Ufo vor meinen Augen. Die Tür ging auf und ein blondes Monstrum mit schwarzer Sonnenbrille trat auf mich zu. „Schwarzbraun ist die Haselnuß, schwarzbraun bin auch ich, bin auch ich …“, begrüßte mich das unbekannte Wesen in einem schmerzhaften Ton. Es war grauenhaft. Noch nie in meinem Leben hatte ich so etwas fürchterliches gehört.

Zeilenabstände

In Word können Sie die Abstände zwischen den einzelnen Zeilen festlegen. Zurzeit ist Ihr Text noch als einzeilig definiert.

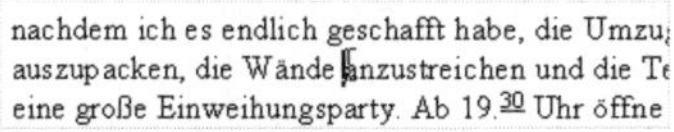

1 Klicken Sie in eine beliebige Stelle innerhalb des Brieftextes.

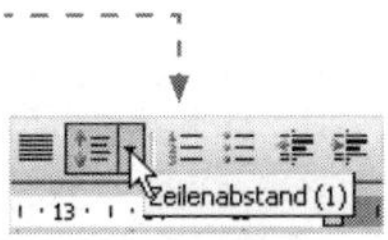

2 Öffnen Sie die Liste bei Zeilenabstand.

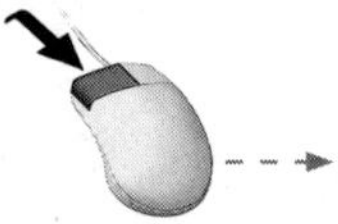

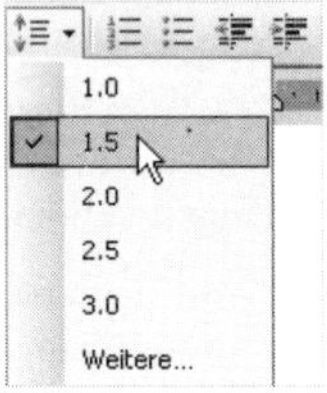

3 Geben Sie den *1,5*-Zeilenabstand an.

Tipps zu diesem Kapitel

1. Unter der Menüoption *Format/Absatz* können Sie auf der Registerkarte *Einzüge und Abstände* ebenfalls Zeilenabstände einstellen.
2. Sie können auch über die Tastatur die Abstände der Zeilen festlegen. Halten Sie die Strg-Taste gedrückt, und tippen Sie die entsprechende Zahl auf Ihrer Tastatur ein.

Taste	Funktion
Strg+1	**Einfacher** Zeilenabstand
Strg+2	**Zweifacher** Zeilenabstand
Strg+5	**Eineinhalbfacher** Zeilenabstand

3. Wenn Sie den Mauszeiger auf einen Begriff/eine Markierung platzieren und die rechte Maustaste drücken, gelangen Sie über den Eintrag *Zeichen* auch ins Dialogfeld *Zeichen*.
4. Mit den folgenden Tastenkombination verändern Sie den Schriftgrad:

Taste	Funktion
Strg+⇧+<	Schriftgrad vergrößern
Strg+9	Schriftgrad um einen Punkt vergrößern
Strg+<	Schriftgrad verkleinern
Strg+8	Schriftgrad um einen Punkt verkleinern

5. Über die Menüoption *Format/Nummerierung und Aufzählungszeichen* können Sie in der Registerkarte *Gliederung* Überschriften nummerieren.
6. Klicken Sie in einen Text, drücken Sie die F8-Taste und klicken Sie erneut in eine Textstelle, dann wird vom ersten Mausklick bis zum zweiten die Textpassage markiert.
7. Anstelle der F8-Taste können Sie auch ERW (Markierung erweitern) in der Statusleiste doppelt anklicken. Die Funktion schalten Sie entsprechend über F8 oder per Doppelklick auf ERW in der Statusleiste wieder aus.
8. Drücken Sie die F8-Taste zum Markieren.

F8-Taste drücken:	Auswirkung
2x	Wort markiert
3x	Satz markiert
4x	Absatz markiert
5x	Ganzes Dokument markiert

Mit der Esc-Taste und einer der Tasten ↑, ↓, → oder ← heben Sie die Markierung wieder auf. Sie machen eine Markierungsstufe jeweils wieder rückgängig, indem Sie die Tasten ⇧+F8 drücken.

9. Sie markieren mehrere Textpassagen, indem Sie zusätzlich die Strg-Taste drücken.

10 Einen Seitenwechsel im Dokument erzeugen Sie über den Menüweg *Einfügen/Manueller Umbruch* (Strg+↵).

11. Wenn Sie in ein Wort klicken und die Tasten ⇧+F3 drücken, wird es z. B. in Großbuchstaben dargestellt.

Beispiel

Sie klicken in das Wort »formatierung« und drücken die Tastenkombination:

Wie oft drücken?	**Beispiel**	**Auswirkung**
1 X ⇧+F3	Formatierung	Das Wort beginnt mit einem Großbuchstaben.
2 X ⇧+F3	FORMATIERUNG	Das gesamte Wort wird in Großbuchstaben dargestellt.
3 X ⇧+F3	formatierung	Die ursprüngliche Darstellungsform wird angezeigt.

12. Platzieren Sie den Mauszeiger auf ein Wort, das z. B. in Fettschrift formatiert ist.

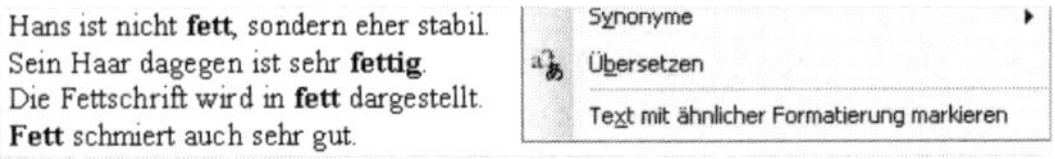

Drücken Sie dann die rechte Maustaste und wählen den entsprechenden Eintrag, werden sämtliche Texte mit ähnlicher Formatierung markiert.

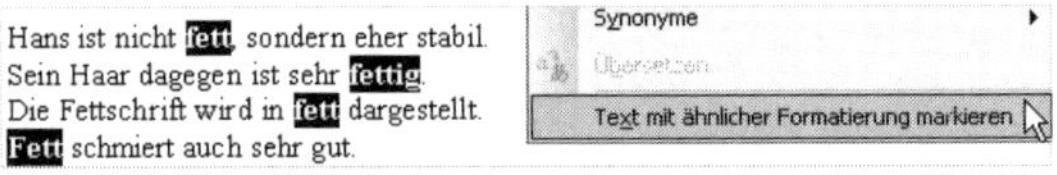

Der Word-Übungs-Trainer

1. Formatieren Sie die folgenden Wörter:

   H_20
   $a^2 \times b^2 = c^2$
   Kursiv
   19.$^{\underline{30}}$ Uhr
   Fett
   Doppelt unterstrichen
   ~~Durchgestrichen~~
   KAPITÄLCHEN

2. In welcher Standardschrift schreiben Sie? Geben Sie als neue Standardschrift »Book Antiqua«, Schriftgrad »14« an.
3. Wechseln Sie wieder zu Ihrer ursprünglichen Standardschrift.
4. Durch welche Tastenkombination heben Sie wieder sämtliche Formatierung auf?

> Achtung
>
> *Beenden Sie Word 2003 diesmal nicht! Im nächsten Kapitel lernen Sie das* ***Speichern und Drucken*** *von Briefen bzw. Dokumenten kennen. Dazu verwenden Sie am besten diesen Text.*

Kapitel 5

Speichern und Drucken

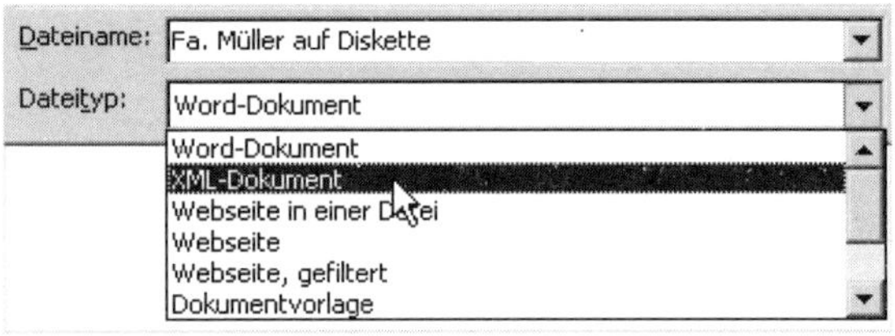

Sie speichern Dokumente wie Briefe, um diese aufzubewahren. In diesem Kapitel geschieht das sowohl in Ihrem Computer, also auf Festplatte, als auch mithilfe einer Diskette.
Damit Sie alles »schwarz auf weiß« haben, drucken Sie den Text aus.
Bevor Sie drucken, sollten Sie das Dokument in einer Vorschau »unter die Lupe« nehmen, um eventuelle Korrekturen vorzunehmen. Dadurch verschwenden Sie kein unnötiges Papier und schützen so nicht nur Ihre Geldbörse, sondern vielleicht auch den Wald!

Das können Sie schon:

Das lernen Sie neu:

Einen Text speichern

Sicherlich möchten Sie Ihre Arbeit am Computer festhalten, um damit zu einem späteren Zeitpunkt weiterzuarbeiten.

Die Titelleiste

In der Titelleiste wird angegeben, in welchem Dokument Sie sich gerade befinden.

Stellen Sie sich ein Dokument wie ein Schriftstück in der Praxis vor, das eine oder mehrere Seiten umfassen kann.

Das Schriftstück wird mit einem Namen versehen. In Word 2003 wäre das die Funktion **Speichern**.

Das Wort **Dokument** in der Titelleiste bedeutet, dass noch nicht gespeichert wurde. Es ist also ein Name, der von Word automatisch vergeben wird.

Die Zahl **1** hinter dem Ausdruck »Dokument« sagt Ihnen, dass Sie gerade Ihr erstes Dokument auf dem Bildschirm bearbeiten.

Ein Beispiel aus der Praxis:

Praxis	**Ausdrücke in Word**
Schriftstück	Dokument
Schriftstück **ohne einen Namen**	**Nicht gespeichert**, mit dem Ausdruck »Dokument« versehen
Schriftstück **mit Namen** (wie bei einer Akte)	**Gespeichert**, mit einem Namen versehen

Ein Dokument speichern

Haben Sie noch die »Einweihungsfeier« aus dem vierten Kapitel?

Wenn nicht, geben Sie einen beliebigen Text ein. Es geht um das Verstehen der Speichern-Funktion und um den späteren Ausdruck.

> **Was ist das?**
>
> *Die **Festplatte** ist in der Regel ein in dem Computer eingebautes Speichermedium, das es erlaubt, größere Datenmengen auch dann zu verwahren, wenn der Computer nicht mehr mit Strom versorgt wird.*

Sie **speichern** ein Dokument ab, um es dauerhaft auf der Festplatte Ihres Computers abzulegen.

Zum besseren Verständnis ein Beispiel:

Praxis im Büroalltag	Word
Das Schriftstück mit einem Namen versehen	Den Dateinamen vergeben
Das Schriftstück in einen Aktenordner ablegen	Den Speicherort angeben
Den Aktenordner schließen	Word 2003 beenden

Sie können zum **Speichern** die Schaltfläche mit dem Diskettensymbol anklicken oder die Menüoption *Datei/Speichern* aufrufen.

1 Klicken Sie die Schaltfläche *Speichern* an.

2 Das Dialogfeld *Speichern unter* wird geöffnet.

> **Was ist das?**
>
> *Alles, was Sie mit einem Windows-Programm wie Word oder Excel erstellen und abspeichern, wird zu einer Datei.*

Bei *Dateiname* legen Sie den **Namen** fest, unter dem das Dokument abgelegt werden soll.

Word schlägt automatisch den Namen »Einweihungsfeier« vor: das erste Wort des Textes.

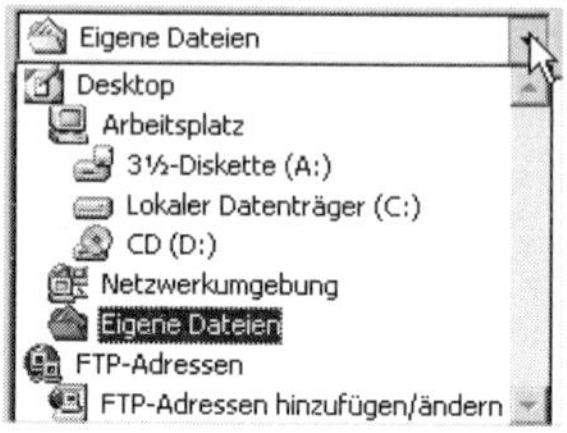

Sie geben bei *Speichern in* an, **wo** Sie das Dokument ablegen wollen.

Word 2003 schlägt automatisch »Eigene Dateien« vor. Sie können hier aber auch einen anderen **Speicherort** festlegen.

Innerhalb des Dialogfeldes erkennen Sie eine Leiste. Dort erhalten Sie weitere Möglichkeiten, den Speicherort schnell anzugeben. Wenn Sie hier z. B. *Desktop* anklicken, wird die Datei auf dem Desktop, also die Arbeitsoberfläche von Windows, gespeichert. In diesem Fall brauchen Sie nur doppelt auf das Dokument zu klicken, und Word wird gleichzeitig mit dem Dokument auf dem Bildschirm geöffnet.

Wenn Sie in dieser Leiste *Eigene Dateien* anklicken, gelangen Sie direkt in den Ordner *Eigene Dateien*.

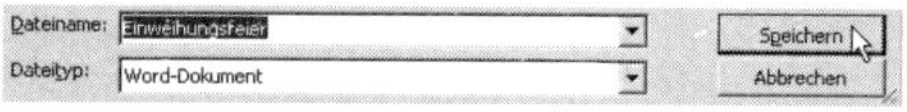

1 Klicken Sie auf die Schaltfläche *Speichern*.

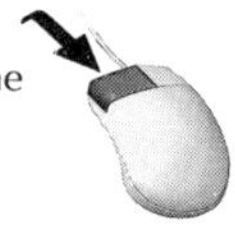

2 Sie gelangen zum Dokument zurück

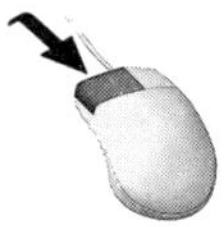

Hinweis

Anstatt die Schaltfläche Speichern *im Dialogfeld* Speichern unter ... *anzuklicken, können Sie auch die* [↵]*-Taste drücken.*

Sehen Sie ganz nach oben auf Ihren Bildschirm. Sie erkennen in der Titelleiste den Namen »Einweihungsfeier«.

Tipp

Um ins Dialogfeld Speichern unter *zu gelangen, können Sie den Menübefehl Datei/Speichern unter wählen oder die Taste* [F12] *drücken.*

Die entsprechenden Angaben befinden sich von nun an in diesem Dokument »Einweihungsfeier«.

Im Dialogfeld *Speichern unter* erhalten Sie noch weitere Informationen.

1 Drücken Sie die [F12]-Taste.

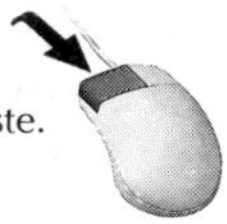

2 Öffnen Sie die Liste bei **Ansichten**.

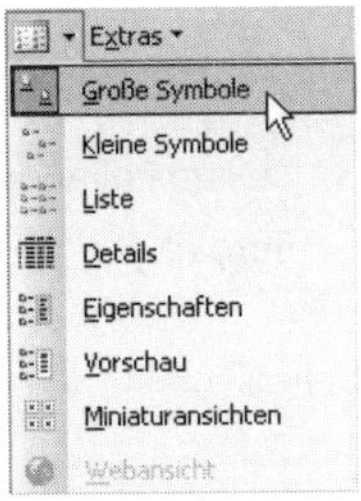

3 Probieren Sie die eine oder andere Ansicht im Dialogfeld aus.

Klicken Sie letztendlich auf die Auswahl *Große Symbole*.

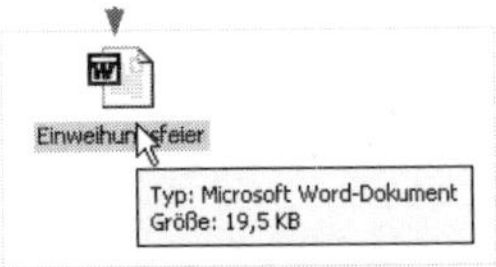

4 Klicken Sie die Datei »Einweihungsfeier« an.

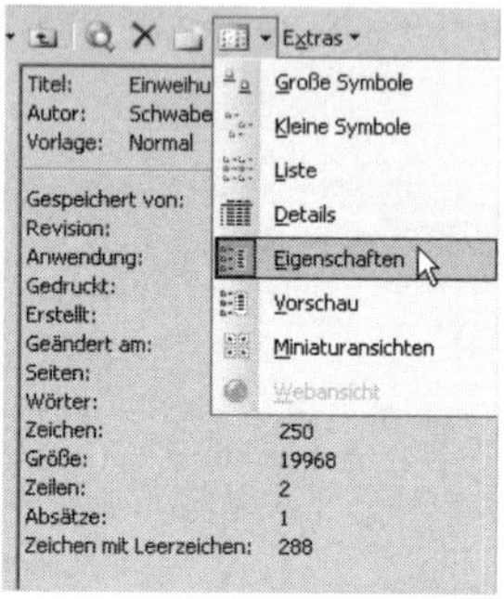

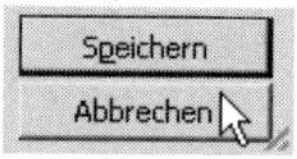

5 Klicken Sie z. B. auf *Eigenschaften*, erhalten Sie verschiedene Informationen über die Datei.

6 Verlassen Sie das Dialogfeld z. B. über die Schaltfläche *Abbrechen*.

Änderungen speichern

Doch was geschieht, wenn Sie die Daten in dem Dokument ändern?

Sollten Sie Word 2003 beenden, fragt das Programm, ob Sie die Änderungen speichern wollen.

Möchten Sie mit Word weiterarbeiten, genügt ein Klick auf die Schaltfläche *Speichern*.

Hallo·Freundinnen·und·Freunde,¶

1 Ändern Sie das Wort »Hallo« ...

Liebe·Freundinnen·und·Freunde,¶

2 ... in »Liebe«.

3 Speichern Sie die Änderungen.

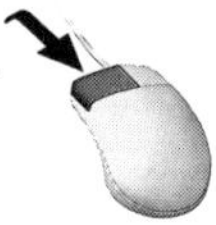

Die geänderte Text wurde vollständig von Word 2003 gespeichert. Die **Änderung** wird nun dauerhaft in dem Dokument »Einweihungsfeier« abgelegt.

Speichern oder Speichern unter ... ?

... das ist hier die Frage. Worin besteht der Unterschied zwischen *Speichern* und dem Menübefehl *Datei/Speichern unter?* Wenn Sie ein Dokument ändern und es dann speichern, sind die ursprünglichen Angaben verschwunden bzw. neue hinzugekommen.

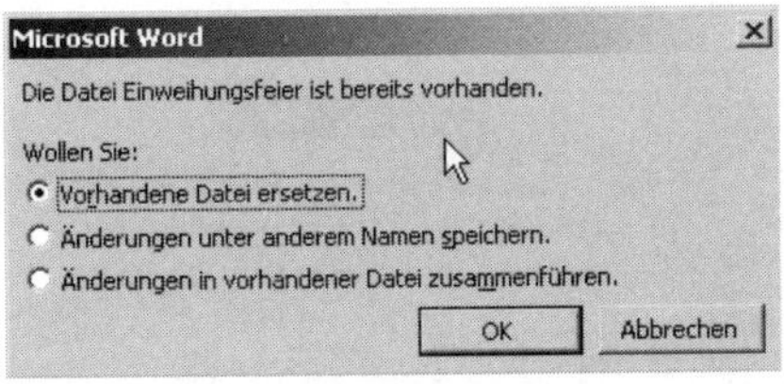

Zwei Dateien unter demselben Namen speichern geht zunächst nicht. Würden Sie das versuchen, weist Word Sie mit einer Meldung entsprechend darauf hin. Danach können Sie die vorhandene Datei ersetzen.

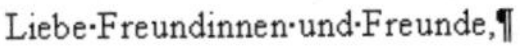

1 Ändern Sie den Text ...

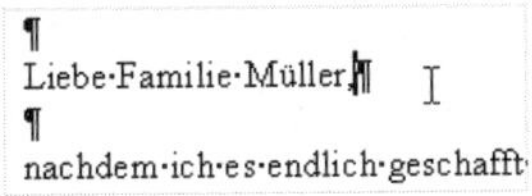

2 ... in »Liebe Familie Müller«

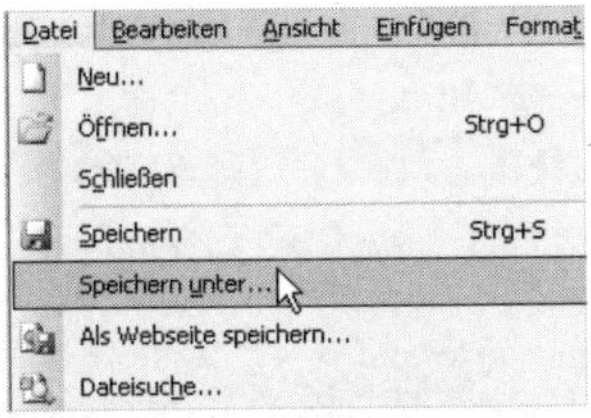

3 Wählen Sie die Menüoption *Datei/ Speichern unter.*

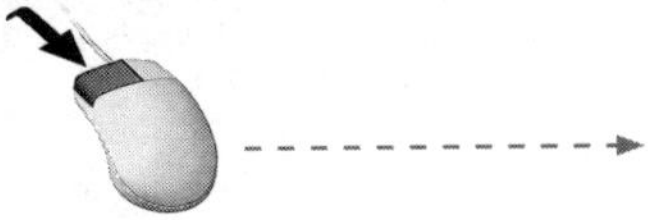

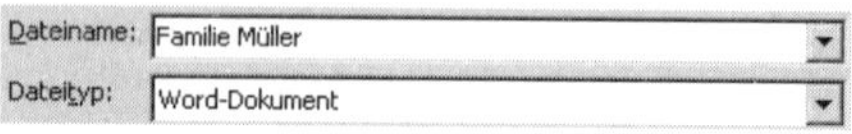

4 Der Name »Einweihungsfeier« sollte – falls Sie nichts anderes getan haben – von Word noch markiert sein. Sie können ihn daher einfach überschreiben.

Sollte der Ausdruck »Einweihungsfeier« **nicht markiert** sein, klicken Sie mit der linken Maustaste doppelt auf den Ausdruck »Einweihungsfeier«. Er ist dann markiert, und Sie können ihn überschreiben.

Tippen Sie »Familie Müller« als Dateinamen ein.

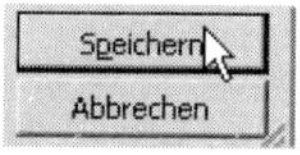

5 Klicken Sie auf die Schaltfläche *Speichern*.

6 Der Brief an Familie Müller wurde von Word gespeichert. Das erkennen Sie ganz oben in der Titelleiste!

Das Dokument bzw. die Datei » Familie Müller« befindet sich nun wie die Datei »Einweihungsfeier« ebenfalls auf der Festplatte Ihres Computers.

Klicken Sie im Menü *Datei* auf den Eintrag *Als Webseite speichern*, und geben Sie an, ob das Dokument veröffentlicht werden soll. Eine **Webseite** ist eine Inhaltsseite, die im World Wide Web (Internet) veröffentlicht ist. Das Internet ist ein offenes System. Jeder kann mitmachen. Unzählige Computersysteme auf der ganzen Welt sind zusammengeschlossen.

Dokumente auf Diskette speichern

Was ist das?

***Disketten** können mithilfe eines Diskettenlaufwerks Daten aufnehmen, dauerhaft speichern und bei Bedarf wieder von unterschiedlichen Computern gelesen werden.*

Gelegentlich kann es vorkommen, dass Sie Ihr Dokument aus Sicherheitsgründen auf einer Diskette speichern möchten oder die Datei auf einem anderen Computer verwenden wollen.

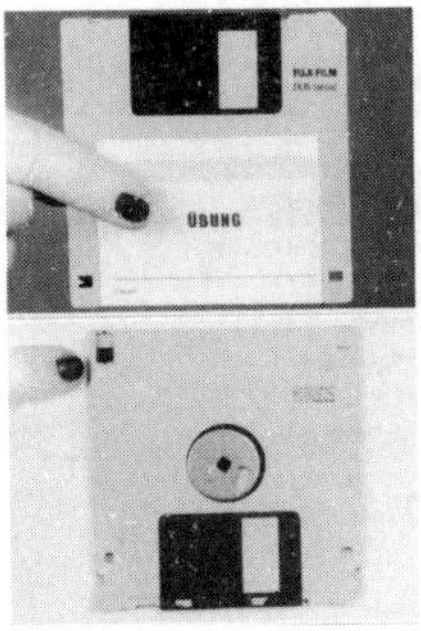

Das gängige Maß für Disketten ist 3½ Zoll. Die vordere Seite wird immer beschriftet.

Disketten verfügen über eine Möglichkeit des Schreibschutzes. Ist der kleine schwarze Schalter auf der Rückseite in der oberen Position (man kann durch das so entstehende »Fensterchen« sehen), können Sie nur Dateien von der Diskette lesen, sie jedoch nicht beschreiben.

Da Sie in dem Beispiel den Text auf Diskette speichern möchten, belassen Sie den Schalter in der unteren Position.

Auf der Vorderseite finden Sie einen Pfeil. Genau in dieser Richtung legen Sie die Diskette in das Diskettenlaufwerk Ihres Computers ein.

Achtung

Schieben Sie eine Diskette nie mit Gewalt in ein Diskettenlaufwerk!

1 Schieben Sie die Diskette in das Laufwerk Ihres Computers, bis diese »einrastet«.

2 Drücken Sie die F12-Taste.

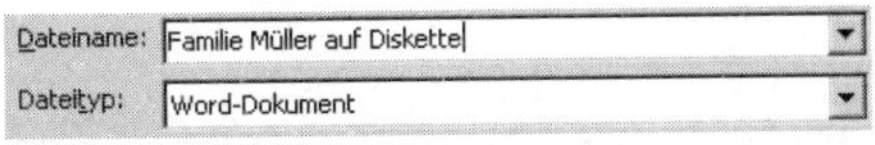

3 Tippen Sie den Text » Familie Müller auf Diskette« als Dateinamen ein.

Sie müssen den Speicherort angeben. Bei den meisten Rechnern wird das Diskettenlaufwerk als »**A:**« bezeichnet.

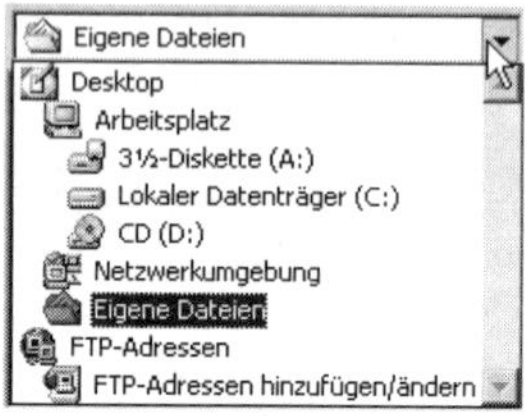

1 Geben Sie bei *Speichern in ...*

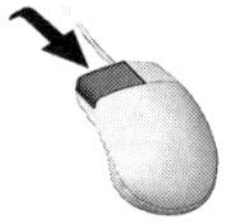

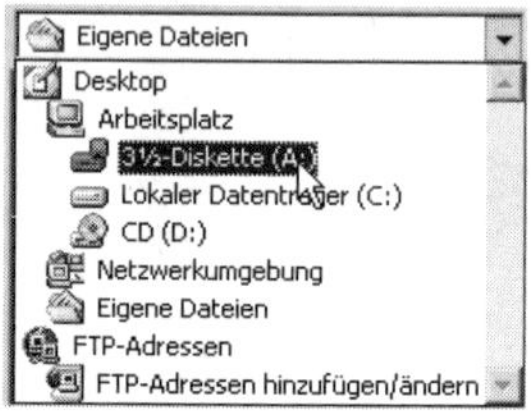

2 ... *3½-Diskette (A:)* an.

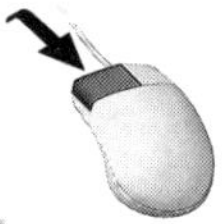

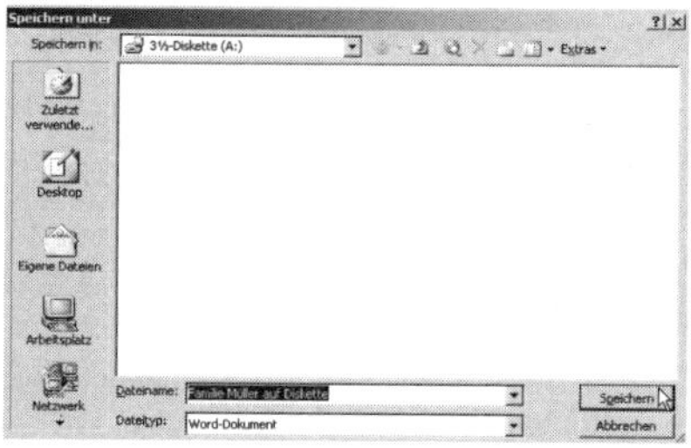

3 Speichern Sie über die gleichnamige Schaltfläche. Das Dokument befindet sich nun auf der Diskette.

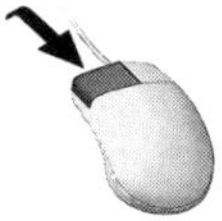

Wie Sie das Dokument von der Diskette wieder öffnen, erfahren Sie im folgenden Kapitel 6.

Verschiedene Dateiformate

Unter *Dateityp* im Dialogfeld können Sie verschiedene Dateitypen bzw. Dateiformate aktivieren. Das hat einige Vorteile. Sie speichern üblicherweise Ihr Dokument als Word-Dokument ab. Mehr zum Thema Dokumentvorlage erfahren Sie im Kapitel 8 dieses Buches!

Das RTF-Format

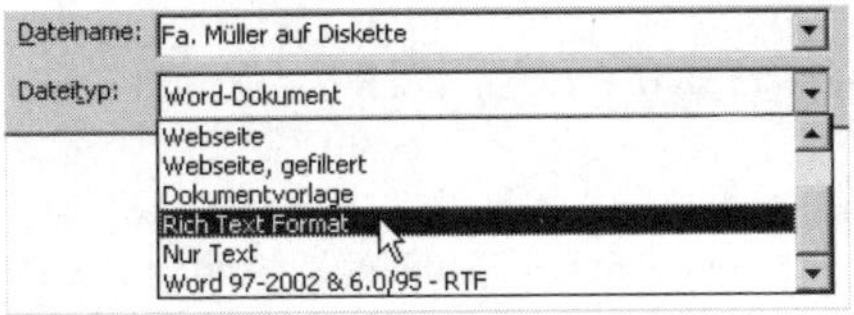

Möchten Sie ein Dokument für jemanden auf einer Diskette speichern, der lediglich über eine **ältere Version** von Word oder eine ganz andere Textverarbeitung auf seinem Computer verfügt, können Sie das im Dialogfeld *Speichern unter* bei *Dateityp* angeben. Häufig wird dazu auch das **RTF-Format** verwendet.

> **Was ist das?**
>
> ***RTF*** *= Abkürzung für Rich Text Format, dient zum Datenaustausch mit anderen Programmen und wird als Dateityp beim Speichern festgelegt.*

Ein Nachteil: Versucht man die Datei mit einem anderen Programm zu öffnen, könnten wichtige Informationen wie bestimmte Formatierungen verloren gehen!

Um Abhilfe zu verschaffen, gibt es das XML-Format.

Das XML-Format

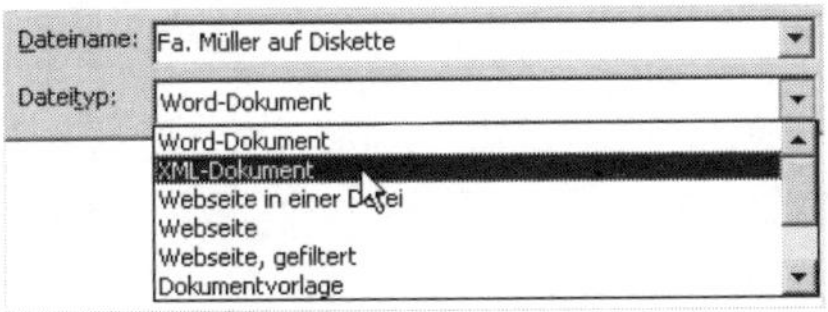

XML steht für »Extensible Markup Language« (erweiterbare Auszeichnungssprache). Ist ein Text bzw. Dokument als Dateityp im XML-Format gespeichert, können Sie die Datei in vielen anderen Programmen öffnen und damit weiterarbeiten. Informationen wie Texteinrückungen, Formatierungen, Tabellen oder integrierte Grafiken bleiben dabei erhalten.

Allerdings könnten Virenscanner Schwierigkeiten mit Dateien im neuen XML-Format haben.

Ein Abspeichern im XML-Format ist für Sie in der Regel nur dann notwendig, wenn Sie wissen, dass die Datei auf anderen Rechnern mit verschiedenen Programmen verwendet werden soll.

Die Seitenansicht

Bevor Sie ein Dokument ausdrucken, sollten Sie dieses in der Seitenansicht überprüfen. Es könnte ja sein, dass Sie noch etwas am Erscheinungsbild ändern möchten.

Sie finden die **Seitenansicht** unter dem gleichnamigen Befehl im Menü *Datei*. Noch schneller geht es über die Schaltfläche in der *Standard*-Symbolleiste. Ein Klick, und Sie befinden sich in der **Seitenansicht**, also in der **Vorschau** für den späteren Druck.

Mit der Lupe vergrößern und verkleinern Sie die **Ansicht** eines Dokumentes. Am späteren Ausdruck ändert sich dadurch nichts.

Durch Drücken der [Esc]-Taste oder über die Schaltfläche *Schließen* kehren Sie wieder zum ursprünglichen Dokument zurück.

1 Klicken Sie auf die Schaltfläche *Seitenansicht*.

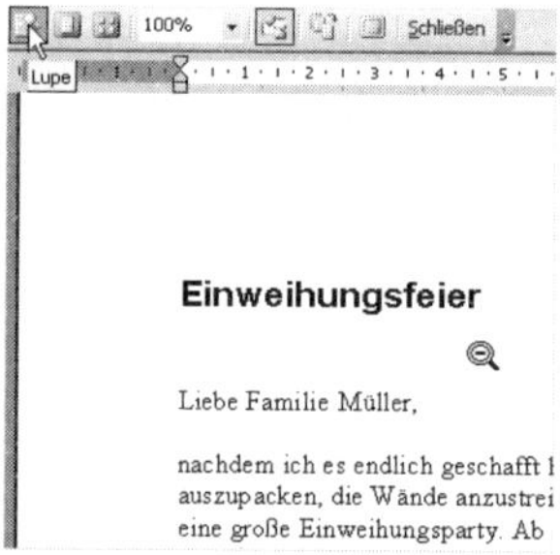

2 Mit Hilfe der **Lupe** vergrößern oder verkleinern Sie die Ansicht.

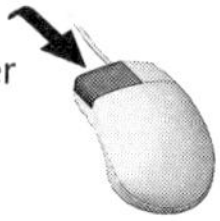

3 Über die [Esc]-Taste oder die Schaltfläche *Schließen* gelangen Sie zum Dokument zurück.

Ausdrucken eines Dokumentes

Wenn Sie die Schaltfläche *Drucken* aktivieren, erhalten Sie das Dokument schwarz auf weiß.

1 Wählen Sie die Schaltfläche *Drucken*.

2 Pro **Klick** wird das Blatt **einmal** ausgedruckt.

Für den Ausdruck steht Ihnen zusätzlich der Menübefehl *Datei/Drucken* zur Verfügung. Wird ein Dokument – ohne Angabe eines Bereichs – ausgedruckt, druckt Word 2003 alle beschriebenen Seiten.

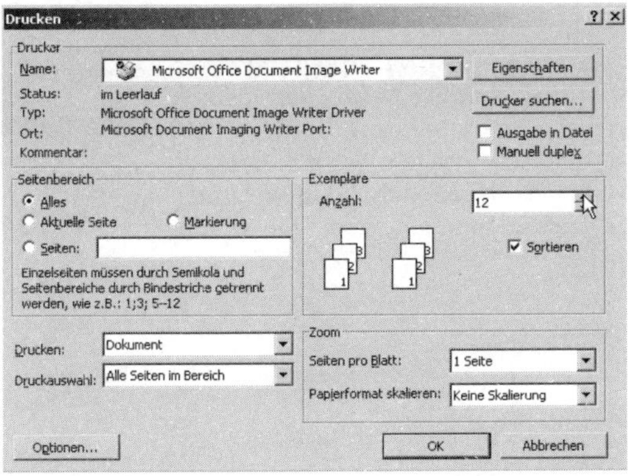

Um einen bestimmten Bereich zu drucken, markieren Sie diesen, wählen die Menüoption *Datei/Drucken* (oder drücken die Tastenkombination [Strg]+[P]) und wählen die Option *Markierung*.

Im Dialogfeld *Drucken* können Sie noch weitere Angaben (wie Seiten von ... bis ...) spezifizieren.

Achtung

***Beenden** Sie Word 2003. Ihre Dokumente sind gespeichert. Im nächsten Kapitel lernen Sie, wie man auf gespeicherte Dokumente wieder zurückgreift.*

So lässt sich auch festlegen, **wie viele Exemplare** Sie von Ihrem Dokument wünschen oder auf welchem Drucker die Ausgabe erfolgen soll, falls Sie beispielsweise über einen Schwarzweiß- und einen Farbdrucker verfügen.

Über die Schaltfläche *Eigenschaften* geben Sie u.a. das Papierformat an.

Tipps zum Kapitel

1. Drucken Sie Dokumente aus und möchten den Druckauftrag wieder löschen, doppelklicken Sie auf das Drucker-Symbol in der Taskleiste.

Im darauf folgenden Dialogfeld können Sie Druckaufträge anhalten oder löschen.

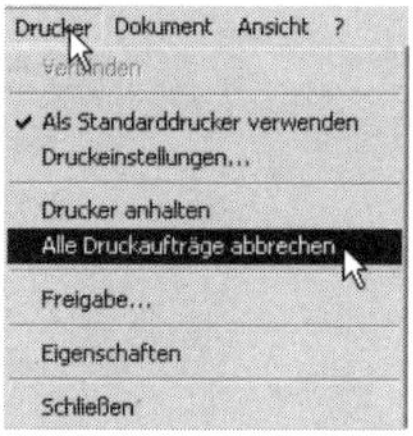

Dazu wählen Sie den Menüpunkt *Drucker.* Mit *Alle Druckaufträge abbrechen* löschen Sie sämtliche Druckaufträge. Über den Befehl *Drucker anhalten* stoppen Sie den Drucker. Vergessen Sie dabei nicht, diesen Eintrag wieder zu deaktivieren, wenn Sie wieder ausdrucken möchten.

2. Sie können nach Aufruf des Menübefehls *Datei/Eigenschaften* detaillierte Angaben zum Dokument hinzufügen.

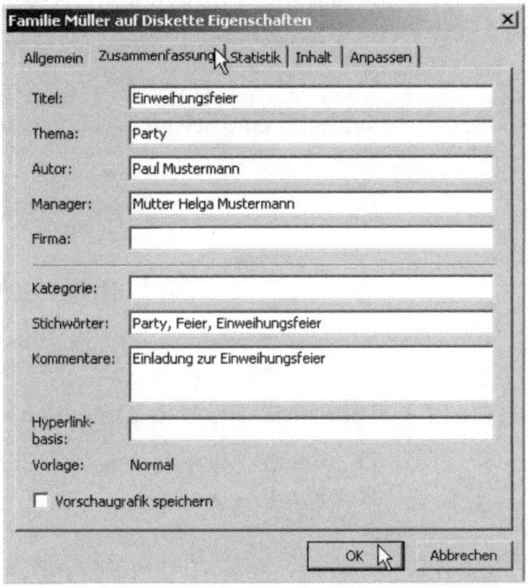

3. Unter *Datei/Seite einrichten* können Sie auf der Registerkarte *Seitenränder* zwischen dem Querformat und dem Hochformat wechseln.
4. Im Menüpunkt *Datei/Versionen* können Sie unterschiedliche Fassungen eines Dokumentes speichern.
5. Halten Sie die ⇧-Taste gedrückt und klicken in das Menü *Datei*, erhalten Sie zwei weitere Befehle: *Alles schließen* und *Alle speichern*. Hier schließen und speichern Sie sämtliche Dokumente, die sich auf dem Bildschirm befinden.

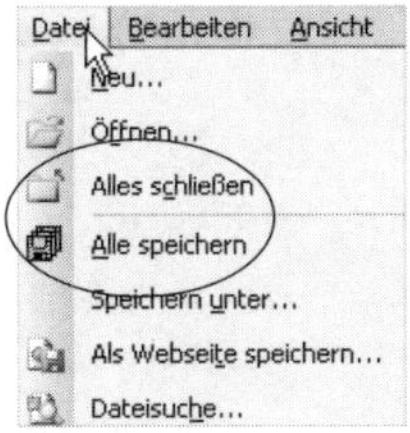

Menüoption	Auswirkung
Datei/Schließen	**Schließt** das aktuell **aktive Dokument**. Der Befehl muss jedes Mal neu angegeben werden.
Datei/Alles schließen	**Schließt sämtliche** aktuell geöffnete **Dokumente**. Der Befehl muss nur einmal angegeben werden.
Datei/Speichern	**Speichert** das aktuell **aktive Dokument**. Der Befehl muss jedes Mal neu angegeben werden.
Datei/Alle schließen	**Speichert sämtliche Dokumente**. Der Befehl muss nur einmal angegeben werden.

6. Dateien wie Bilder können – gerade bei der Internetübertragung – hohen Speicherplatz in Anspruch nehmen. Mit dem Programm WinZip können Sie Dateien packen und wieder entpacken. Die Software erhalten Sie zum Testen unter der Internet-Adresse *www.winzip.de*.

Der Word-Übungs-Trainer

1. Fragen:

   Was ist eine Datei?

   Wie legen Sie fest, dass Sie nur eine bestimmte Textpassage Ihres Dokumentes ausdrucken möchten?

2. Sie möchten ein Dokument speichern.

   Sie legen ein neues Dokument an, schreiben und möchten Ihre Arbeit speichern.

   Sie arbeiten mit einem bereits gespeicherten Dokument und möchten die Änderungen speichern.

   Sie arbeiten mit einem bereits gespeicherten Dokument und möchten Ihre neue Arbeit unter einem anderen Dateinamen speichern.

   Alle genannten Wege sind richtig. Welcher ist der **kürzeste**?

   a) *Datei/Speichern unter*

   b) F12

   c) Schaltfläche *Speichern*

Achtung

*Falls Sie Ihren PC ausschalten, **vergessen Sie nicht**, die in diesem Kapitel zum Speichern verwendete **Diskette** wieder aus dem Laufwerk zu nehmen.*

Kapitel 6

Dokumente öffnen, sichern und löschen

Einweihungsfeier

Liebe Familie Müller,

nachdem ich es endlich geschafft habe, die Umzugskartons in meiner

Wer ein Dokument speichert, möchte es auch später wieder haben. In diesem Kapitel erfahren Sie, wie sich bereits vorhandene Dokumente wieder öffnen lassen.
Damit keine Unbefugten Zugriff auf Ihre persönlichen Daten erhalten, schützen Sie diese. Safer Word! Die Schaltfläche »Berechtigung« ist neu in Word 2003.
Ist ein Dokument überflüssig geworden, wird die Datei gelöscht. Sie wandert zunächst in den Papierkorb und kann von dort endgültig von der Festplatte gelöscht werden.

Das können Sie schon:

Das lernen Sie neu:

Dokumente starten

Was ist das?

Den ***Vorgang des Wiederverwendens/ Startens*** *eines Dokumentes bezeichnet man als* ***Öffnen.***

Um ein Dokument in Word 2003 zu öffnen, muss es zunächst (wie im Kapitel 5 erläutert) gespeichert werden.

Danach haben Sie vielleicht das Programm beendet, und ein paar Stunden oder Tage sind vergangen.

Sie haben Word 2003 neu gestartet und möchten nun mit einem gespeicherten Dokument weiterarbeiten.

Zum besseren Verständnis ein Beispiel:

Praxis im Büroalltag	Word
Einen Aktenordner aufschlagen	Word 2003 starten
Ein Schriftstück herausnehmen	Ein Dokument öffnen

Sie haben also bereits den Aktenordner geöffnet und brauchen nur das Dokument hervorzuholen.

Dazu klicken Sie in Word 2003 die Schaltfläche *Öffnen* an oder wählen die Menüoption *Datei/Öffnen.* In beiden Fällen gelangen Sie in dasselbe Dialogfeld.

Beispiel:

Sie möchten das Dokument »Familie Müller auf Diskette«, das Sie im letzten Kapitel auf Diskette gespeichert haben, öffnen.

Bei *Suchen in* geben Sie an, **wo** sich das Dokument befindet. Bei einer **Diskette** klicken Sie hier auf »3½-Diskette (A:)«.

1 Schieben Sie die Diskette aus dem letzten Kapitel in das Diskettenlaufwerk Ihres Computers ein.

2 Wählen Sie die Schaltfläche *Öffnen*.

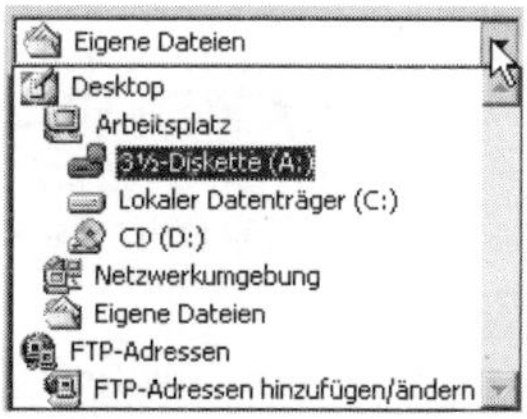

3 Geben Sie bei *Suchen in ...*

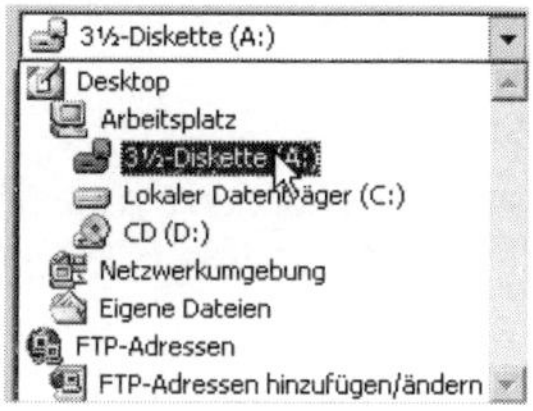

4 ... »3½-Diskette (A:)« an.

Als Letztes geben Sie den Dateinamen des Dokumentes an, das Sie öffnen möchten. Hier: »Familie Müller auf Diskette«

Sie klicken entweder doppelt mit der linken Maustaste auf den **Namen der Datei** oder markieren diesen mit einem einfachen Klick. Anschließend bestätigen Sie über die Schaltfläche *Öffnen*. Beide Wege führen nach Rom – oh, Verzeihung – auf Ihren Monitor: Das gewählte, angeklickte Dokument wird geöffnet.

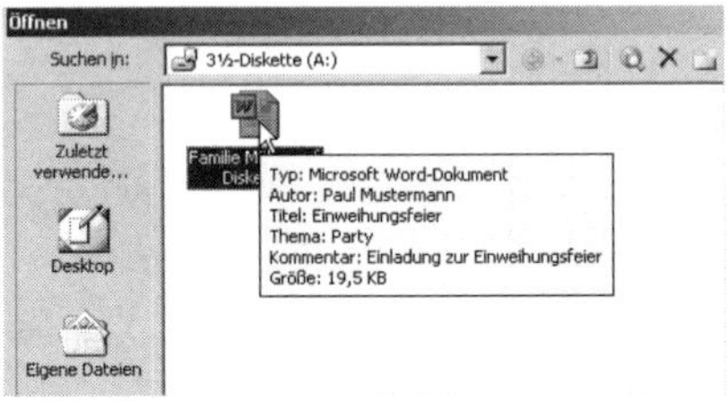

1 Klicken Sie doppelt auf den Namen *Familie Müller auf Diskette.*

Tipp

Wenn Sie den Mauszeiger auf eine Datei im Dialogfeld Öffnen *platzieren, erhalten Sie Informationen über Autor und Titel.*

2 Das Dokument erscheint auf dem Bildschirm.

Natürlich können Sie auch Dokumente öffnen, die Sie in Ihrem Computer auf der **Festplatte** gespeichert haben.

Beispiel:

Sie möchten das Dokument »Einweihungsfeier«, das Sie im letzten Kapitel auf der Festplatte Ihres Computers gespeichert haben, öffnen.

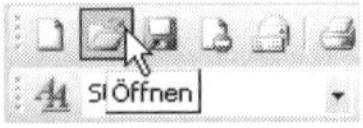

1 Klicken Sie die Schaltfläche *Öffnen* an.

2 Wählen Sie im Dialogfeld links *Eigene Dateien* aus.

3 Doppelklicken Sie auf *Einweihungsfeier*. Das Dokument startet auf Ihrem Bildschirm.

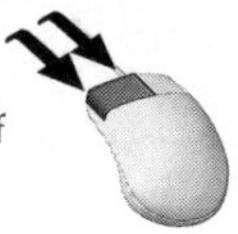

Die letzten Dokumente

Unter dem Menü *Datei* werden die **zuletzt** (bis jetzt waren es nur drei) von Ihnen **bearbeiteten Dokumente** aufgeführt.

Wählen Sie den Menüeintrag *C:\Eigene Dateien\Familie Müller*, öffnet sich dieses Dokument auf dem Bildschirm. Diese Möglichkeit ist quasi eine Abkürzung. Word zeigt Ihnen den Speicherort an (A: Diskette, C: Festplatte).

»1 C:\Eigene Dateien\Einweihungsfeier«

»2 A:\Familie Müller auf Diskette«

»3 C:\Eigene Dateien\Familie Müller«

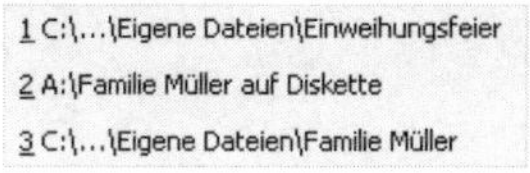

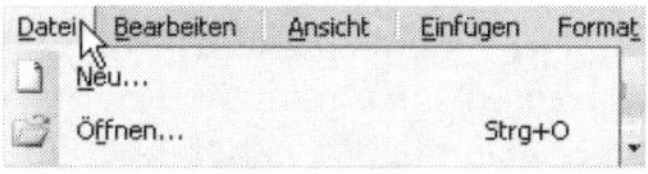

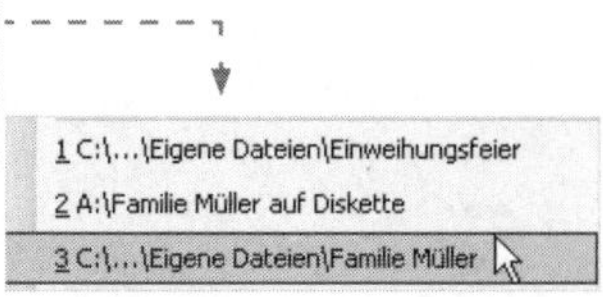

1 Starten Sie über das Menü *Datei* ...

2 ... das Dokument *C:\Eigene Dateien\Familie Müller.*

Wenn Sie wiederum das Menü *Datei* öffnen, erkennen Sie, dass sich die **Reihenfolge** der geöffneten Dokumente geändert hat.

Der Eintrag *C:\Eigene Dateien\Familie Müller* steht an erster Position, da Sie das Dokument zuletzt in Word geöffnet hatten.

Dokumente wiederherstellen

Mussten Sie das Programm unfreiwillig verlassen, z. B. durch einen Stromausfall oder durch Überlastung Ihres PCs, bietet Ihnen Word 2003 die Möglichkeit, die anscheinend verlorenen Dokumente wiederherzustellen.

Die Daten sind gesichert bis zur letzten automatischen Zwischenspeicherung, die von Word 2003 selbst vorgenommen wird. Das ist eine Art von Sicherungsspeicherung.

Ab und zu ist ein Klick auf die Schaltfläche *Speichern* empfehlenswert.

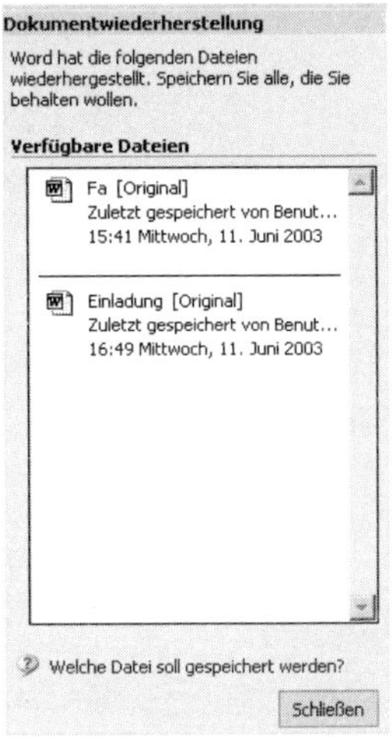

Die Fenster in Word

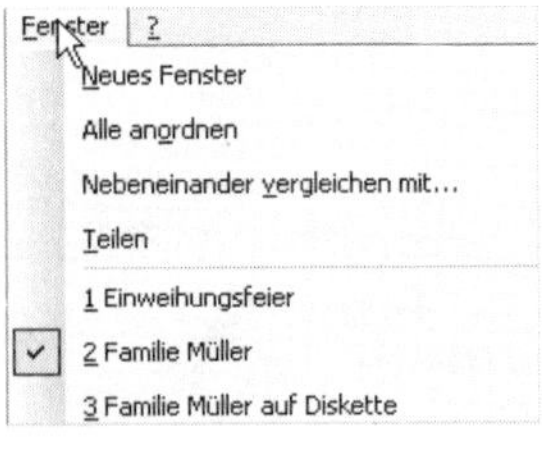

Das Dokument »Familie Müller« wird momentan auf Ihrem Bildschirm angezeigt. Sie möchten aber mit dem Dokument »Einweihungsfeier« arbeiten. Über den Menüpunkt *Fenster* schalten Sie zwischen den einzelnen Arbeitsmappen hin und her. Sie holen eines in den Vordergrund, indem Sie den jeweiligen Menüeintrag anklicken.

Oder Sie betätigen die Schaltflächen am unteren Bildschirmrand in der **Taskleiste**.

1 Holen Sie über die Taskleiste ...

2 ... das Dokument »Einweihungsfeier« in den Vordergrund.

Daten vor fremden Zugriffen schützen

Pst! Nicht weitersagen! Geheim! Es gibt Situationen im Leben, da möchten Sie vielleicht Ihre Daten vor anderen geheim halten.

Sie möchten diese Datei vor fremdem Zugriff schützen, sodass diese von niemandem anderem als von Ihnen gelesen werden kann. Dazu müssen Sie sich ein **Passwort** überlegen.

> **Achtung**
>
> *Achten Sie bei der Vergabe des Kennwortes auf die **Groß- und Kleinschreibung**.*

Sie geben als Geheimwort »Easy« ein.

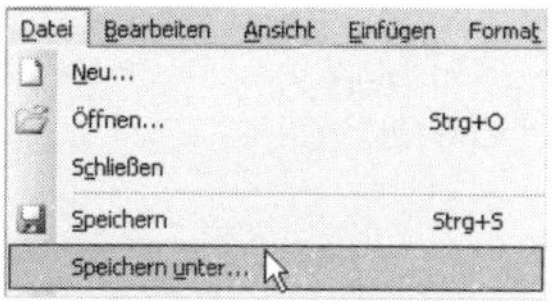

1 Wählen Sie die Menüoption *Datei/ Speichern unter.*

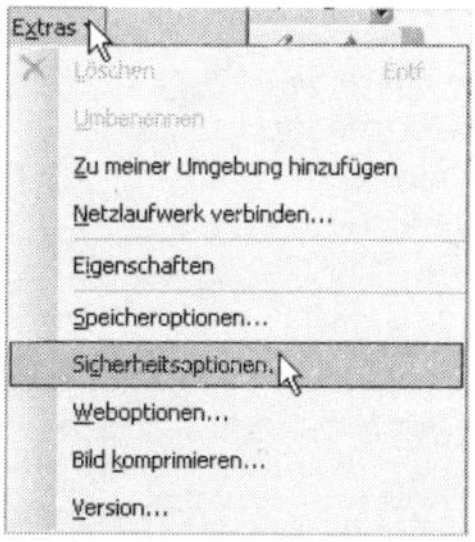

2 Aktivieren Sie im Dialogfeld die Schaltfläche *Extras,* dann den Eintrag *Sicherheitsoptionen.*

Im darauf folgenden Dialogfeld können Sie festlegen, ob Sie das Öffnen oder Ändern der Datei verhindern möchten.

Wenn Sie das Kontrollkästchen *Schreibschutz empfehlen* anklicken, erhalten Sie beim Starten des Dokumentes einen entsprechenden **Hinweis**.

1 Tippen Sie das Kennwort »Easy« in das Feld *Kennwort zum Öffnen* ein.

2 Bestätigen Sie über die Schaltfläche *OK*.

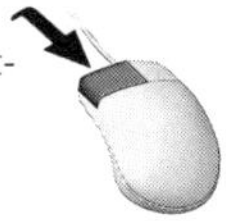

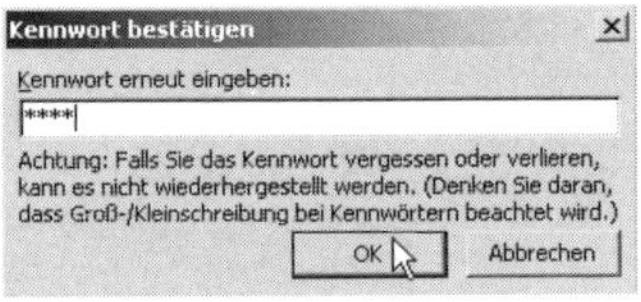

3 **Wiederholen** Sie das Kennwort »Easy« in derselben Schreibweise wie zuvor. Anschließend bestätigen Sie über die Schaltfläche *OK*.

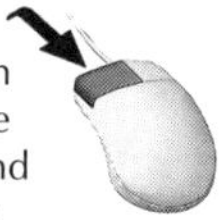

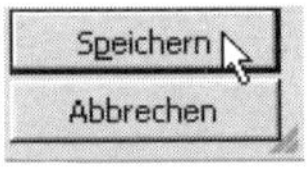

4 **Speichern** Sie die Änderungen des Dokumentes über die Schaltfläche *Speichern*.

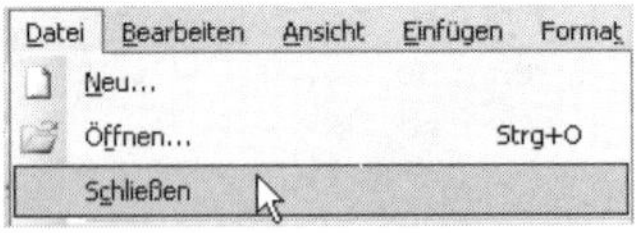

5 Schließen Sie das Dokument auf Ihrem Bildschirm über die Menüoption *Datei/Schließen*.

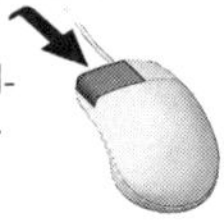

Was ist das?

.doc« = Abkürzung fürs englische Document = Dokument

Beim nächsten Öffnen des Dokumentes »Einweihungsfeier« werden Sie von Word aufgefordert, das **Kennwort** einzugeben, ansonsten können Sie die Datei nicht auf Ihrem Bildschirm anzeigen lassen.

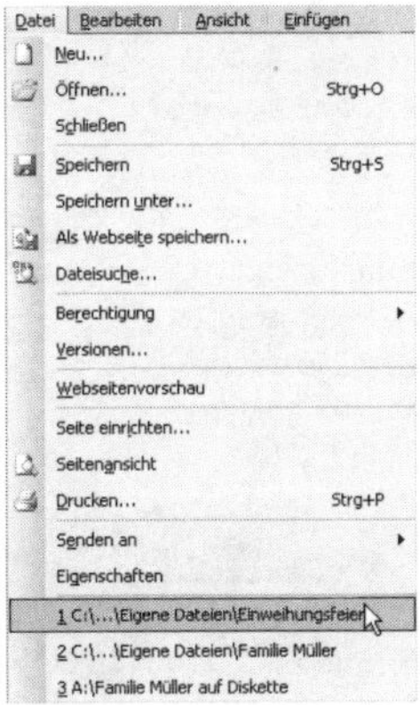

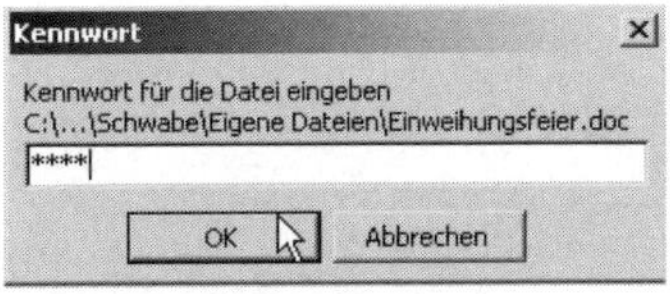

2 Geben Sie das Kennwort »Easy« ein. Bestätigen Sie über die Schaltfläche *OK*.

1 Wählen Sie im Aufgabenbereich das Dokument »Einweihungsfeier«, oder klicken Sie auf *Datei* und wählen den Eintrag *C:\Eigene Dateien\Einweihungsfeier.*

Wie löschen Sie ein Kennwort?

Sie möchten den Lese- und Schreibschutz, der auf dem Dokument »Einweihungsfeier« liegt, wieder **aufheben**? Dazu brauchen Sie nur das Kennwort mit der [Entf]-Taste zu löschen. Wenn Sie dann das Dokument öffnen, wird vorher kein Kennwort mehr angefordert.

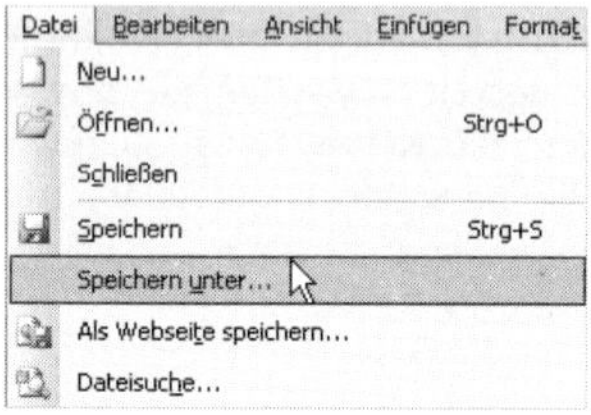

1 Wählen Sie die Menüoption *Datei/ Speichern unter.*

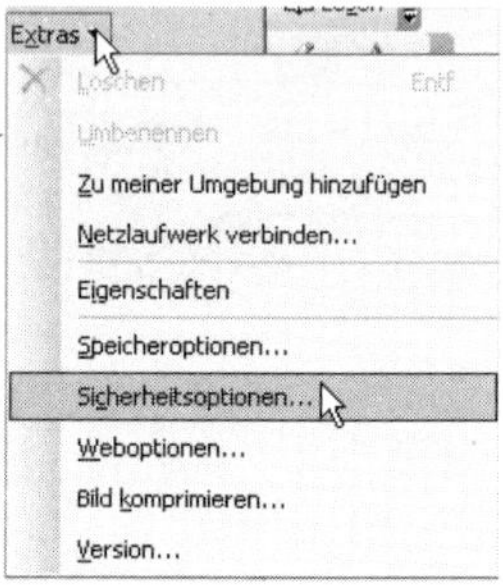

2 Aktivieren Sie die Schaltfläche *Extras,* dann den Eintrag *Sicherheitsoptionen.*

3 Das Kennwort ist bereits markiert. Drücken Sie die [Entf]-Taste.

4 Bestätigen Sie mit *OK.*

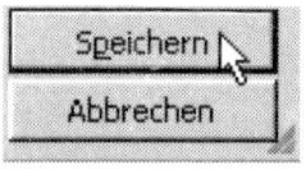

5 Speichern Sie erneut über die Schaltfläche.

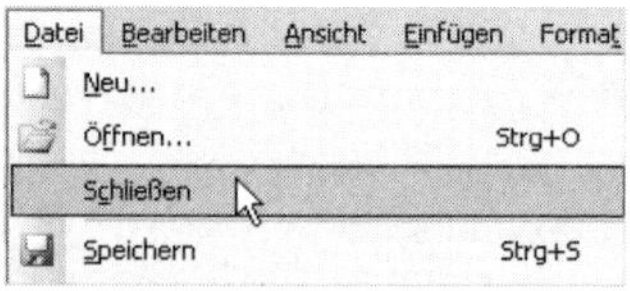

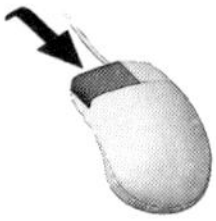

6 Schließen Sie das Dokument über die Menüoption *Datei/ Schließen.*

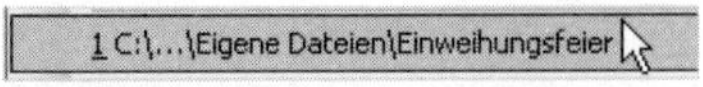

7 Wählen Sie im Menü *Datei* den Eintrag *C:\Eigene Dateien\Einweihungsfeier.*

Das Dokument erscheint auf Ihrem Bildschirm. Es ist alles beim Alten geblieben.

Die Funktion Berechtigung

Mit Hilfe der Funktion *Berechtigung* können Sie (= der **Dokumentautor**) das unberechtigte Weiterleiten, Kopieren und Bearbeiten von Dokumenten und E-Mail-Nachrichten verhindern. Die Verwaltung von Informationsrechten (= **IRM**) ist neu in Microsoft Office 2003. Die Zugriffsrechte werden in dem jeweiligen Dokument gespeichert.

Um IRM zu nutzen, müssen Sie das Programm **Client für die Windows-Rechteverwaltung** installiert haben. Sie als Dokumentautor geben an, wer (= **Benutzergruppe**) berechtigt ist, das Dokument zu bearbeiten bzw. zu lesen. Dazu geben Sie die jeweiligen Zugriffsrechte an:

`Read (= Lesen)`

`Change (= Ändern)`

`Full Control (= Volle Kontrolle)`

Erhält eine nicht autorisierte Person das Dokument, wird eine Meldung mit Ihrer E-Mail-Adresse angezeigt, damit die Zugriffsberechtigung für das Dokument angefordert werden kann.

Wenn Sie keine E-Mail-Adresse angeben, wird dem nicht autorisierten Benutzer lediglich eine Fehlermeldung angezeigt.

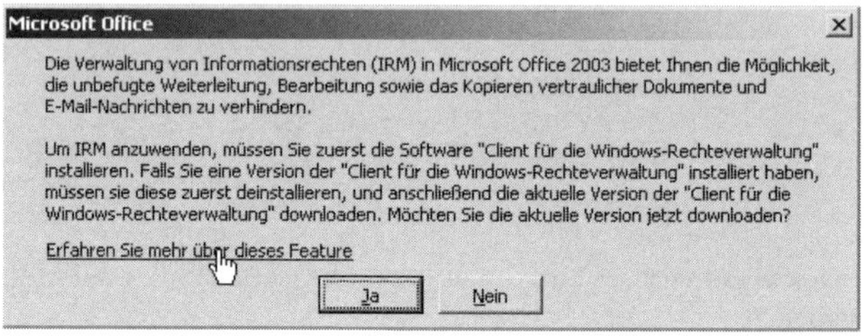

Um **IRM** in Office 2003 auszuführen, ist **Microsoft Windows Server 2003** erforderlich! Die Firma Microsoft bietet eine kostenlose IRM-Testversion für Kunden ohne Windows Server 2003 an. Wählen Sie daher über die Schaltfläche *Berechtigung* die Angabe *Erfahren Sie mehr über dieses Feature*. Nähere Angaben dazu erhalten Sie auf der erscheinenden Seite im Internet.

Eine Datei umbenennen

Möchten Sie Ihrer Datei einen anderen Namen zuweisen? Das geschieht auf einfachste Weise. Sie können sich zwischen den Dialogfeldern *Öffnen* und *Speichern unter* entscheiden. Beide Wege führen zum gleichen Ergebnis.

Beispiel:

Die Datei »Einweihungsfeier« soll in »Einladung« umbenannt werden.

Achtung

Wenn Sie ein Dokument umbenennen möchten, muss das Dokument auf Ihrem Bildschirm geschlossen sein!

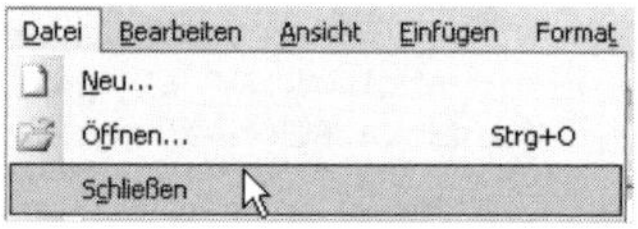

1 Schließen Sie die Datei »Einweihungsfeier«.

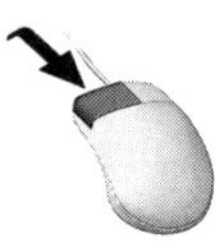

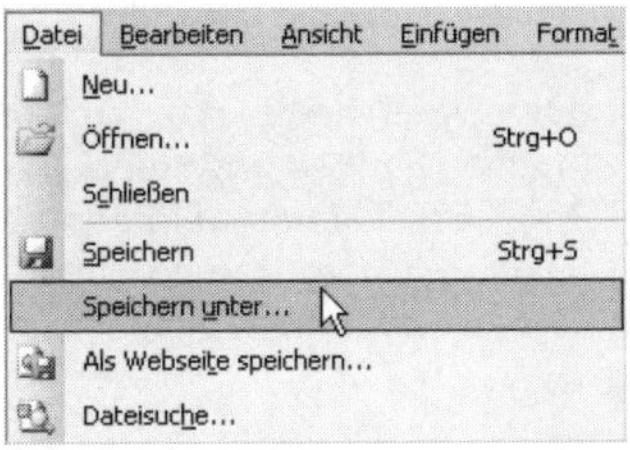

2 Wählen Sie den Menübefehl *Datei/Speichern unter*.

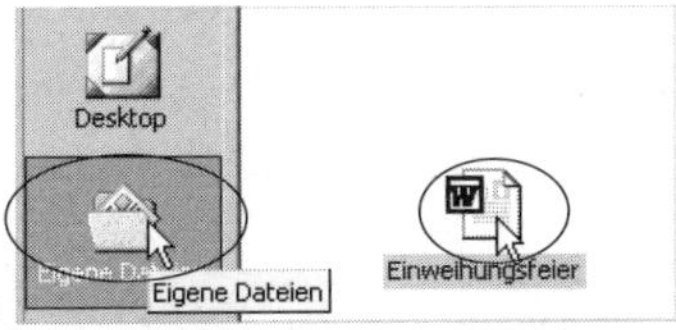

3 Wählen Sie das Verzeichnis *Eigene Dateien*, und klicken Sie die Datei »Einweihungsfeier« an.

4 Platzieren Sie den Mauszeiger auf den Namen der Datei. Klicken Sie noch einmal.

5 Tippen Sie den neuen Namen »Einladung« ein.

6 Bestätigen Sie die Namensänderung über die [↵]-Taste.

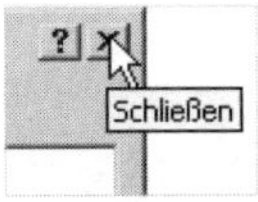

7 Schließen Sie das Dialogfeld.

Achtung

Die Datei »Einladung« muss in Word 2003 zunächst über die Schaltfläche Öffnen oder die Menüoption Datei/Öffnen im Dialogfeld Öffnen gestartet werden.

Die Datei heißt von nun an nicht mehr »Einweihungsfeier«, sondern trägt den Namen »Einladung«. Eine Datei mit dem Namen Einweihungsfeier existiert nicht mehr!

Eine Datei löschen

Sie möchten ein Dokument entfernen, da Sie es nicht mehr benötigen.

Beispiel:

Das Dokument »Familie Müller« soll gelöscht werden.

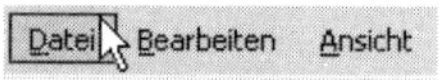

1 Wählen Sie im Menü *Datei* ...

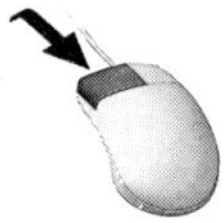

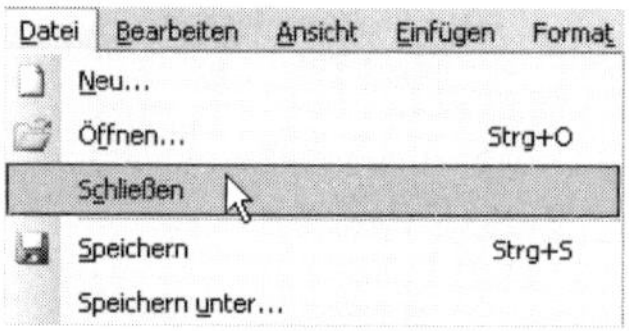

2 ... den Eintrag *Schließen*.

Achtung

Um ein Dokument zu löschen, darf dieses nicht auf Ihrem Bildschirm erscheinen bzw. geöffnet sein.

Sie haben wieder die Wahl: Sie können entweder das Dialogfeld *Speichern unter* (Menü *Datei/Speichern unter)* oder das Dialogfeld *Öffnen* (Menü *Datei/Öffnen*) wählen. In beiden Fällen können Sie ein bestehendes Dokument bzw. eine Datei löschen.

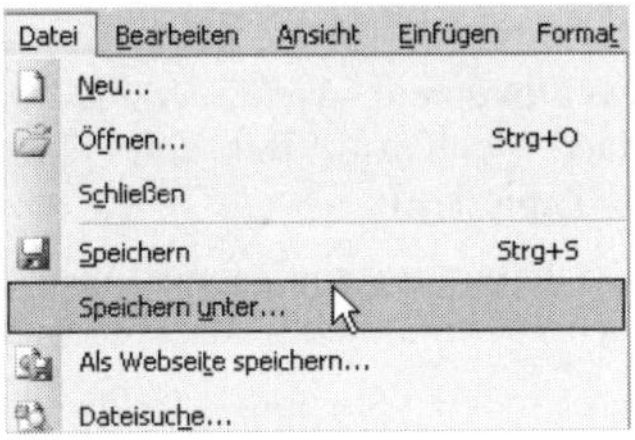

1 Öffnen Sie das Menü *Datei*.

2 Wählen Sie den Befehl *Speichern unter*.

3 Klicken Sie ggf. auf *Eigene Dateien*.

4 Aktivieren Sie das Dokument »Familie Müller«.

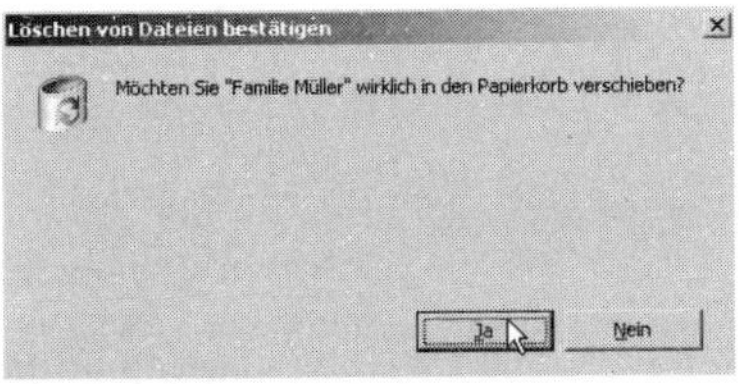

5 Drücken Sie die (Entf)-Taste. Bestätigen Sie die Rückfrage mit *Ja*.

6 Schließen Sie das Dialogfeld *Speichern unter*.

Der Papierkorb

Das Dokument » Familie Müller« wurde von Ihrem Computer – der Festplatte – entfernt – fast, denn auf dem Windows-Desktop befindet sich ein **Papierkorb**.

Hier haben Sie die Möglichkeit, die Datei endgültig zu löschen, aber auch versehentlich gelöschte Dateien **wiederherzustellen**.

Dazu müssen Sie zum Windows-Desktop wechseln.

1 Doppelklicken Sie auf den Papierkorb, um diesen zu öffnen.

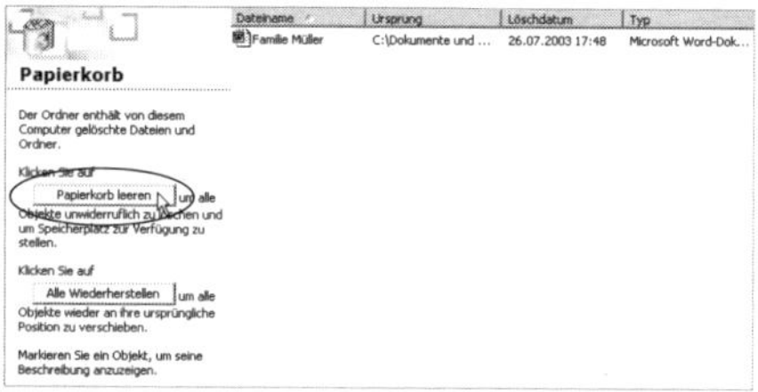

Hier können Sie den gesamten Papierkorb leeren.

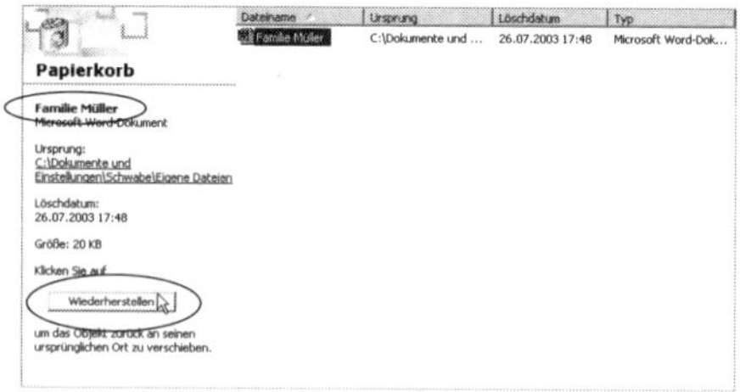

Klicken Sie z. B. die gelöschte Datei an, können Sie diese über die Taste [Entf] endgültig löschen oder über die Schaltfläche *Wiederherstellen* wieder zurück an den Ursprungsort verschieben.

Zum besseren Verständnis ein Beispiel:

Praxis im Büroalltag	**Der Papierkorb in Windows**
Sie werfen von Ihrem Schreibtisch ein Papier in den Papierkorb.	Sie löschen ein Dokument, wie oben beschrieben, in Word und verschieben es dadurch in den Papierkorb.
Sie holen das Papier wieder raus und legen es auf den Schreibtisch.	Sie öffnen den Papierkorb, aktivieren das Dokument und geben den Befehl *Wiederherstellen* an. Das Dokument (die Datei) wird wieder aus dem Papierkorb an den Ursprungsort verschoben.
Sie bringen den Papierkorb zum Müllcontainer, die Müllabfuhr fährt damit davon und verbrennt den Müllberg. Die Papiere aus dem Papierkorb sind unwiderruflich weg.	Sie entfernen sämtliche Dateien aus dem Papierkorb über den Befehl *Papierkorb leeren*. Die Dokumente bzw. Dateien aus dem Papierkorb sind unwiderruflich weg.

Tipps zu diesem Kapitel

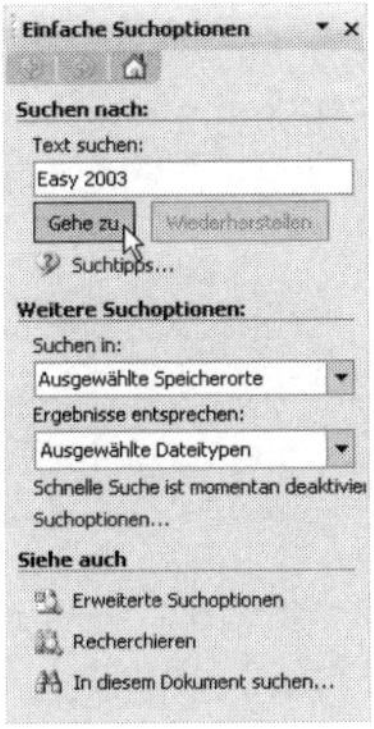

1. Dateien können Sie auch anhand von Texten über *Datei/Dateisuche* suchen lassen.
2. Sie können die zuletzt geöffneten Dateien direkt über die Schaltfläche *Start* in Windows über den Eintrag *Dokumente* starten.
3. Sie können über den Menüpunkt *Fenster/Alle anordnen* mit mehreren aktiven Dokumenten gleichzeitig am Monitor arbeiten.
4. Unter dem Menüpunkt *Extras/Optionen* können Sie auf der Registerkarte *Allgemein* die **Liste zuletzt geöffneter Dateien** ändern und auf maximal neun erhöhen.

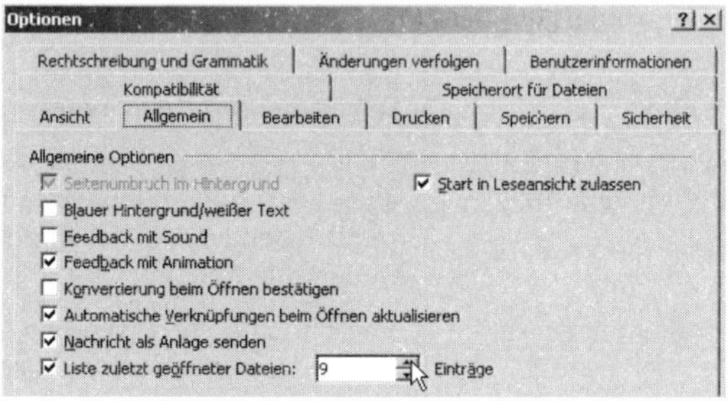

5. Mithilfe des Windows-Explorers lassen sich leicht Dateien umbenennen, verschieben, kopieren und löschen.
6. Mit der Tastenkombination Windows-Taste+[Esc] starten Sie den Windows-Explorer sofort.
7. Sie können Dateien in den Dialogfeldern *Speichern unter* und *Öffnen* über die Schalfläche **Extras** umbenennen und löschen.
8. Das Zeitintervall der automatischen Speicherung – eingestellt zurzeit auf zehn Minuten ≠ können Sie auf der Registerkarte *Speichern* (*Extras/Optionen*) ändern.
9. Wenn Sie Word wieder starten und Ihr gespeichertes Dokument wieder öffnen, drücken Sie die Tastenkombination [⇧]+[F5]. Word springt automatisch wieder an die Stelle im Dokument, an der Sie zuletzt gearbeitet haben.
10. Sollte Word 2003 Ihnen anzeigen, dass Ihre Datei beschädigt ist und dadurch nicht geöffnet werden kann, starten Sie das Dialogfeld *Öffnen*. Aktivieren Sie die beschädigte Datei per Mausklick, und klicken Sie auf den Pfeil neben der Schaltfläche *Öffnen*. Geben Sie nun den Befehl *Öffnen und Reparieren* an.
11. Wenn Sie nicht wissen, welche Dateiendung zu welchem Programm gehört, gibt Ihnen die Internetseite »www.endungen.de« Antwort darauf.

Der Word-Übungs-Trainer

Fragen:

- Können Sie eine Datei, die sich auf Ihrem Bildschirm befindet, löschen?
- Was ist ein Verzeichnis?
- Mehrere Wege sind für die folgenden Schritte 1 bis 4 möglich.
  1. Speichern Sie die Datei »Familie Müller auf Diskette« vom Diskettenlaufwerk in das Verzeichnis *Eigene Dateien*.
  2. Benennen Sie die Datei »Familie Müller auf Diskette« um in »Einladung Müller«. Verlassen Sie das Dialogfeld.
  3. Löschen Sie die Datei »Einladung Müller«.
  4. Stellen Sie die gelöschte Datei wieder her.

> **Achtung**
>
> *Falls Sie Ihren PC ausschalten sollten,* ***vergessen Sie nicht****, die* ***Diskette*** *aus Ihrem Laufwerk zu nehmen!*

Kapitel 7

Texte bearbeiten

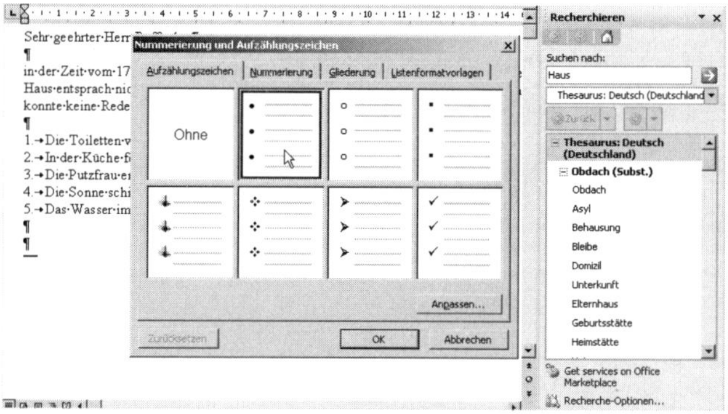

Seinen letzten Urlaub hat Herr Miesepeter gar nicht verdient, meint er. Er hat erhebliche Reklamationen anzumelden. Zu viele Mängel störten die Urlaubsidylle: 1, 2, 3, 4, ... da kommt man aus dem Aufzählen gar nicht raus. Also muss eine nummerierte Aufzählung her.
Als Herr Miesepeter sich ein wenig beruhigt hat, ist er froh, dass er dieses Word-Buch gekauft hat!
Er ändert seinen Brief im Nachhinein, stellt ganze Sätze um und ersetzt Doppler, also »häufige Wörter, die sich zu häufig anhäufen«.

Das können Sie schon:

Das lernen Sie neu:

Aufzählungen in Word

Beim Lesen wird der Blick als Erstes auf die Aufzählungen gerichtet. Die bekannteste Art ist sicherlich »1, 2, 3, ...«. Eine solche Schaltfläche gibt es in Word. Klicken Sie diese an, erfolgt eine Aufzählung (Nummerierung).

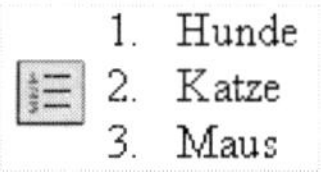

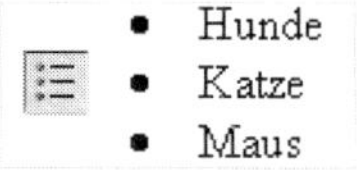

Ein weitere Möglichkeit der Darstellung sind die Punkte (Aufzählungszeichen).

Die **Arten** der einzelnen Aufzählungen sind vielfältig und nicht nur auf diese beiden Schaltflächen beschränkt. Unter der Menüoption *Format/Nummerierung und Aufzählungszeichen* in den Registerkarten *Aufzählungszeichen und Nummerierung* erhalten Sie noch mehr Möglichkeiten zur Gestaltung.

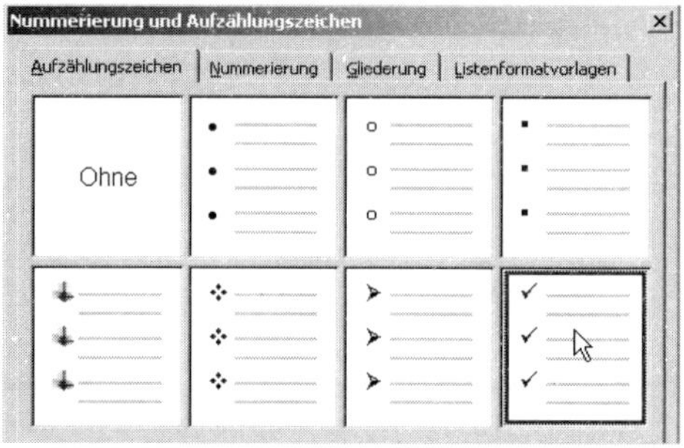

Eine Aufzählung einfügen

Haben Sie Ihren Text bereits geschrieben, markieren Sie ihn und weisen die gewünschte Aufzählung zu. Sie können aber auch zuerst die Aufzählung angeben und dann den Text schreiben.

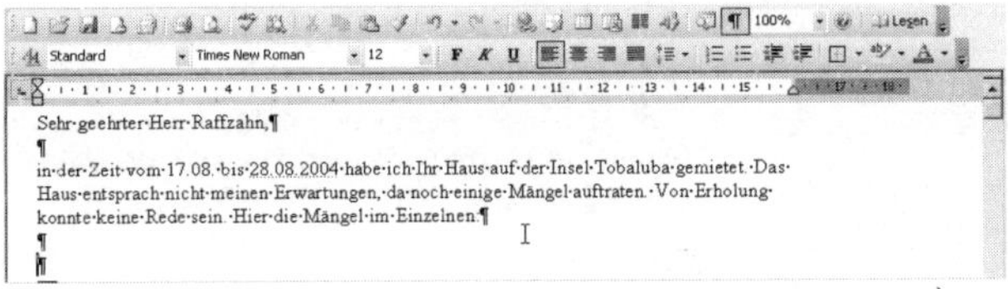

1 Schreiben Sie den Text.

2 Wählen Sie die Schaltfläche *Nummerierung*.

3 Da die Nummerierung am Rand erscheinen soll, klicken Sie auf die Schaltfläche *Einzug verkleinern*.

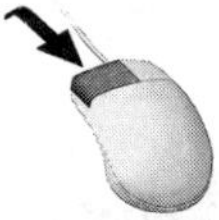

Word 2003 nummeriert, sobald Sie die [↵]-Taste drücken. Drücken Sie zweimal die [↵]-Taste, erzeugen Sie eine Leerzeile, und Word **beendet** die **Aufzählung automatisch**.

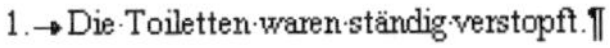

1 Tragen Sie den ersten Text ein.

2 Drücken Sie die [↵]-Taste.

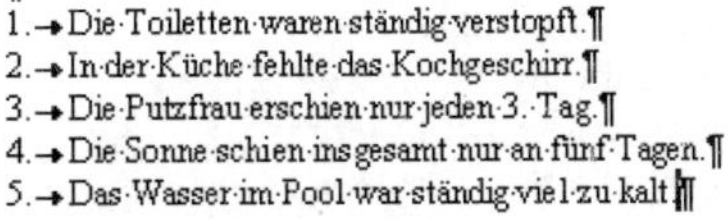

3 Geben Sie die folgenden Punkte genauso ein. Haben Sie einen Aufzählungspunkt beendet, drücken Sie die [↵]-Taste

5.→Das·Wasser·im·Pool·war·ständig·viel·zu·kalt.¶
6.→¶

4 Haben Sie sämtliche Punkte eingegeben und befinden sich am Ende Ihrer Eingabe, drücken Sie die [↵]-Taste.

5.→Das·Wasser·im·Pool·war·ständig·viel·zu·kalt.¶
¶
¶

5 Lassen Sie die Zeile leer. Drücken Sie die [↵]-Taste.

5.→Das·Wasser·im·Pool·war·ständig·viel·zu·kalt.¶
¶
Ich·bitte·um·eine·baldige·Antwort.¶
¶
Mit·freundlichen·Grüßen·¶
¶
¶
Hans·Miesepeter¶

6 Fahren Sie mit der »normalen« Texteingabe fort.

Eine Aufzählung löschen

Sie können Aufzählungen auch wieder löschen (wie hier bei »Hund, Katze, Maus«). Wichtig dabei ist, dass die komplette **Zeile markiert** ist.

1. Hund
2. Katze
3. Maus

1. Hund
2. Maus

Sie setzen den Mauszeiger vor der zu entfernenden Aufzählung. Hier ist es »2. Katze«. Klicken Sie mit der linken Maustaste. Ist die »Katze« markiert, drücken Sie die [Entf]-Taste. Die Katze ist weg.

Die Aufzählung wurde von Word automatisch angepasst. Die Maus, die vorher die Nummer 3 war, erhält die Nummer 2.

In diesem **Beispiel** möchte Herr Miesepeter ebenfalls eine Aufzählung löschen. Ihm ist nach Rücksprache mit seiner Frau klar, dass er den fehlenden Sonnenschein nicht reklamieren kann. Daher löscht er Aufzählung Nr. 4.

1.→Die·Toiletten·waren·ständig·verstopft.¶
2.→In·der·Küche·fehlte·das·Kochgeschirr.¶
3.→Die·Putzfrau·erschien·nur·jeden·3.·Tag.¶
4.→Die·Sonne·schien·insgesamt·nur·an·fünf·Tagen.¶
5.→Das·Wasser·im·Pool·war·ständig·viel·zu·kalt.¶

1 Positionieren Sie den Mauszeiger.

1.→Die·Toiletten·waren·ständig·verstopft.¶
2.→In·der·Küche·fehlte·das·Kochgeschirr.¶
3.→Die·Putzfrau·erschien·nur·jeden·3.·Tag.¶
4.→Die·Sonne·schien·insgesamt·nur·an·fünf·Tagen.¶
5.→Das·Wasser·im·Pool·war·ständig·viel·zu·kalt.¶

2 Markieren Sie die Zeile per Mausklick.

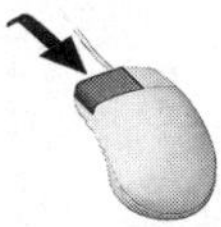

1.→Die·Toiletten·waren·ständig·verstopft.¶
2.→In·der·Küche·fehlte·das·Kochgeschirr.¶
3.→Die·Putzfrau·erschien·nur·jeden·3.·Tag.¶
4.→Das·Wasser·im·Pool·war·ständig·viel·zu·kalt.¶

3 Löschen Sie den Aufzählungspunkt über die [Entf]-Taste.

Texte verschieben und kopieren

Möchten Sie einen Text **verschieben** oder **kopieren**, sollte er zuerst **markiert** sein.

Sehr·geehrter·Herr·Raffzahn,¶
¶
in·der·Zeit·vom·17.08.·bis·28.08.2004·habe·ich·Ihr·Haus·auf·der·Insel·Tobaluba·gemietet.·Das·Haus·entsprach·nicht·meinen·Erwartungen,·da·noch·einige·Mängel·auftraten.·Von·Erholung·konnte·keine·Rede·sein.·Hier·die·Mängel·des·Hauses·im·Einzelnen:¶
¶
¶

Dann können Sie die Schaltfläche mit der Schere anklicken. Diese schneidet die Markierung aus.

> **Hinweis**
>
> *Beim **Ausschneiden** verschwindet das Original, beim **Kopieren** bleibt es bestehen.*

Soll die Textstelle dagegen dupliziert werden, **kopieren** Sie diese.

Gleichgültig, welche Schaltfläche Sie wählen, die anschließende Vorgehensweise – das Einfügen – bleibt dieselbe.

Die Zwischenablage

Ihr Text befindet sich in der so genannten **Zwischenablage**. Die Zwischenablage des Aufgabenbereichs können Sie über den Menübefehl *Bearbeiten/Office-Zwischenablage* einblenden.

> **Was ist das?**
>
> *Alles, was Sie kopieren (und ausschneiden), landet in der **Zwischenablage** von Windows. Es ist das Kurzzeitgedächtnis des Computers. Sobald Sie den PC ausschalten, sind diese Daten verloren.*

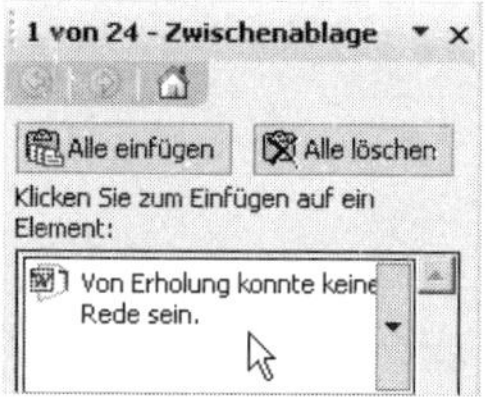

Stellen Sie sich die Zwischenablage im Aufgabenbereich wie einen Kleiderschrank vor, der für 24 Kleidungsstücke Platz hat. Bei Bedarf holen Sie sich das passende heraus. Kaufen Sie ein neues Kleidungsstück, verschwindet das älteste. Genauso ist es mit der Zwischenablage. Sie können bis zu 24 Elemente wieder einfügen, die Sie selbst einmal ausgeschnitten oder kopiert haben.

... und wieder einfügen

Sie müssen dazu die Schreibmarke dorthin setzen, wohin die Textpassage eingefügt werden soll. Dann klicken Sie einfach auf die Schaltfläche *Einfügen*.

Die Smarttags

> **Was ist das?**
>
> *Mit Smarttags erhalten Sie einen Überblick über alle möglichen Aktionen. Ein Smarttag macht Sie* ***aufgabenorientiert*** *auf Funktionen in Word 2003 aufmerksam.*

Beim Kopieren und Einfügen erscheint über die Schaltflächen ein so genannter **Smarttag**. Der Smarttag verschwindet, sobald Sie z.B. die Esc-Taste drücken.

Sie können die Funktion der Smarttags über den Menübefehl *Extras/Optionen* auf der Registerkarte *Ansicht* unter *Anzeigen* ein- bzw. ausschalten.

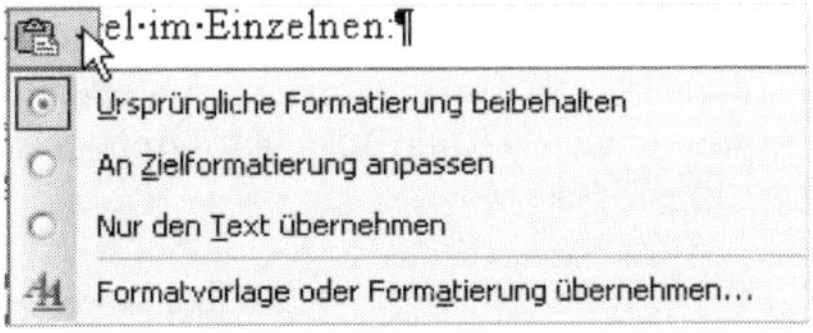

Mit der Maus verschieben und kopieren

Für geübte Mausbenutzer ist die Nutzung der Maus schneller. Sie verwenden die **Drag&Drop**-Methode.

> **Was ist das?**
>
> *Sie platzieren bei* ***Drag&Drop*** *den Mauszeiger in Word z.B. auf einem markierten Text, halten die linke Maustaste gedrückt, bewegen den markierten Text an eine andere Stelle und legen ihn ab, indem Sie die Maustaste loslassen.*

> **Tipp**
>
> *Einen ganzen Satz können Sie auch markieren, indem Sie die Strg-Taste gedrückt halten und in den entsprechenden Satz klicken.*

Übersetzt heißt das ungefähr »Ziehen und Ablegen«. Sie positionieren den Mauszeiger vor der Markierung und halten die linke Maustaste fest. Es erscheint unter dem Mauszeiger ein **gestricheltes Rechteck**. Word teilt Ihnen mit: Sie können verschieben.

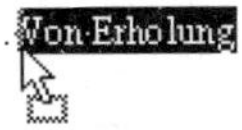

1 Markieren Sie den Text, indem Sie die Strg-Taste niederhalten und in den Satz klicken.

2 Drücken Sie die linke Maustaste und halten diese fest.

Vor dem Mauszeiger erscheint eine **gestrichelte Linie**. Die Maustaste halten Sie weiterhin gedrückt. Sie setzen die gestrichelte Linie an die Stelle, an der Sie den Text neu einfügen möchten. Dann lassen Sie die Maustaste los.

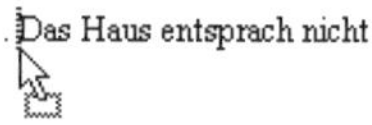

1 Ziehen Sie den Text an die neue Stelle. Die gestrichelte Linie »wandert« mit!

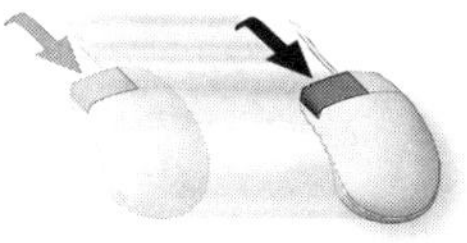

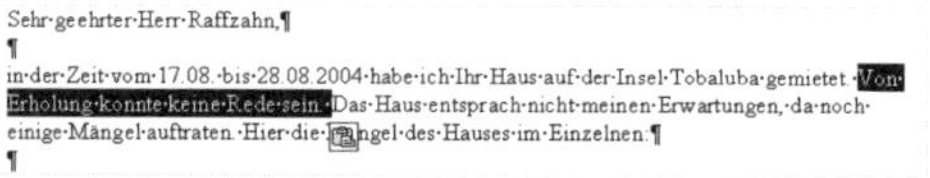

2 Sobald Sie die Maustaste loslassen, ist der Text verschoben.

Der Text verschwindet von der alten Position und erscheint an der neuen. Er wurde in diesem Fall **verschoben**.

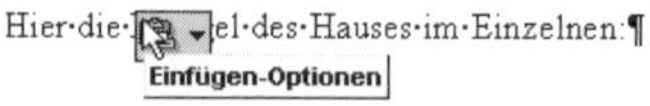

Nach dem Kopiervorgang erkennen Sie einen **Smarttag**.

Sie platzieren den Mauszeiger auf den Smarttag und öffnen die Liste. Sie können das Kopieren entsprechend den Einträgen definieren.

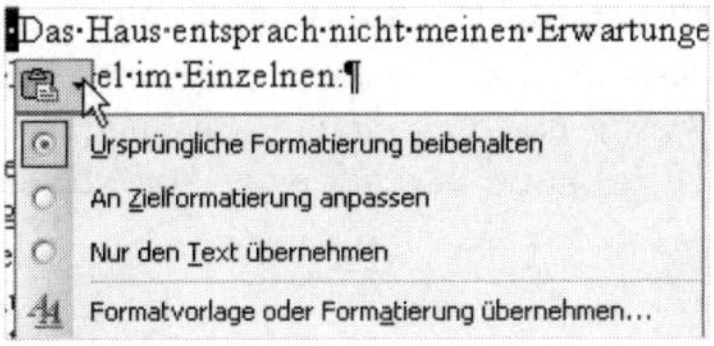

> **Was ist das?**
>
> *Eine Formatierung besteht z. B. aus einer Fettschrift, Kursivschrift oder Unterstreichung. Das kann aber auch die Schriftart und Schriftgröße sein.*

Kopieren mit Drag&Drop

Übrigens können Sie mit der Maustaste auch **Kopieren**. Es ist dieselbe Prozedur wie beim Verschieben. Nur drücken Sie hier zusätzlich die Strg-Taste. Am Mauszeiger erscheint dann ein **Pluszeichen** (+).

> **Tipp**
>
> 
>
> *Wenn es einmal mit dem Verschieben bzw. Drag&Drop daneben geht und der Text an einer falschen Stelle eingefügt wird, klicken Sie auf die Schaltfläche* Rückgängig. *Hiermit heben Sie den letzten Befehl wieder auf. Ihr Bildschirm sieht dann genauso wie vorher aus, so als wenn nichts passiert wäre. Sie können es mit Drag&Drop noch einmal versuchen.*

Der Thesaurus

»Das Haus neben unserem Haus war größer als das Haus schräg gegenüber.« Jetzt seien Sie aber nicht aus dem »Häuschen«, wenn Sie diesen wenig poetischen Satz lesen. Es geht hier um ständige **Wortwiederholungen**. Haus, Haus, Haus – Sie erkennen, dass dieser Begriff sehr oft verwendet wird. Fällt Ihnen kein anderer Ausdruck ein? Ein Haus bleibt ein Haus? Es gibt im Untermenü *Extras/Sprache* eine Funktion namens

Thesaurus. Das hört sich an wie eine wiederbelebte Dinosaurierart aus Jurassic Park. Doch weit gefehlt! Hier erhalten Sie Vorschläge für den Ausdruck von gleichartigen Begriffen. Schriftsteller benutzen häufig diese Funktion – so auch der Autor dieses Buches!

> **Was ist das?**
>
> *Mit Hilfe des* ***Thesaurus*** *können Sie sich zu einem Wort »Synonyme« anzeigen lassen, um Ihren Text abwechslungsreicher zu gestalten. Die Definition des Ausdrucks Thesaurus lautet gemäß Duden: Wortschatz, Titel besonders umfangreicher Wörterbücher.*

Beispiele: Fahrzeug statt Auto, Mauer statt Wand, Erde statt Boden.

Beispiel:

In seinem Brief benutzte Herr Miesepeter im Übereifer ebenfalls die gleichen Wörter. Mann oh Mann, es wimmelt nur von Häusern in diesem Text.

Sehr·geehrter·Herr·Raffzahn,¶
¶
in·der·Zeit·vom·17.08.·bis·28.08.2004·habe·ich·Ihr·Haus·auf·der·Insel·Tobaluba·gemietet.·Von·Erholung·konnte·keine·Rede·sein.·Das·Haus·entsprach·nicht·meinen·Erwartungen,·da·noch·einige·Mängel·auftraten.·Hier·die·Mängel·des·Hauses·im·Einzelnen:¶

> **Tipp**
>
> *Wenn Sie über die Menüoption Extras/ Sprache auf den Eintrag Übersetzen klicken, lassen sich z. B. Texte vom, Englischen ins Deutsche übertragen. Dazu verwenden Sie den Aufgabenbereich (siehe auch Kapitel 3).*

Sie brauchen nur die Schreibmarke auf ein Wort positionieren. Word 2003 weiß dann, dass Sie für diesen Begriff eine andere Ausdrucksweise suchen.

Sie starten die Funktion über die Menüoption *Extras/ Sprache*.

·Ihr·Haus·auf·der·Ins
tsprach·nicht·meiner
Hauses·im·Einzelnen

1 Klicken Sie in das Wort »Haus«.

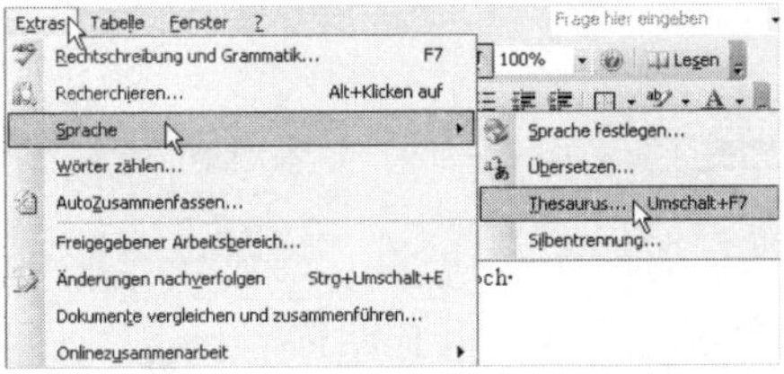

2 Starten Sie im Menü *Extras/Sprache* den *Thesaurus.*

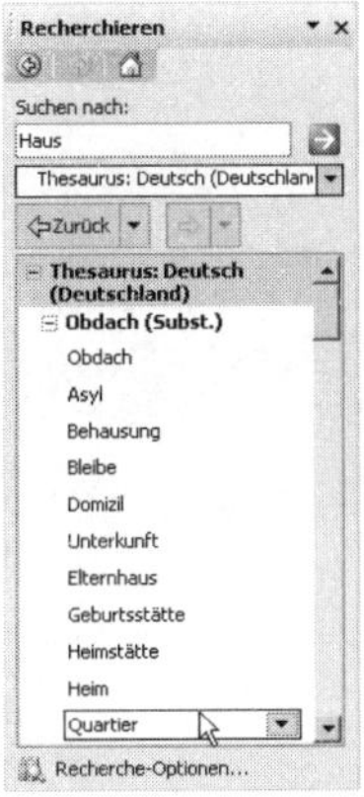

Tipp

Sie können den Thesaurus auch über die Tasten ⇧+F7 *starten.*

3 Der Aufgabenbereich *Recherchieren* öffnet sich rechts auf dem Bildschirm. Hätten Sie per Mausklick kein Wort angegeben, könnten Sie das unter *Suchen nach:* nachholen. Der Thesaurus für Deutsch ist bereits aktiviert.

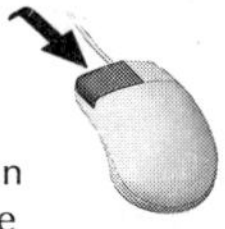

Bewegen Sie die Bildlaufleiste im Aufgabenbereich ggf. ein wenig nach unten.

Wählen Sie z. B. »Quartier« aus, indem Sie den Mauszeiger auf den Begriff positionieren.

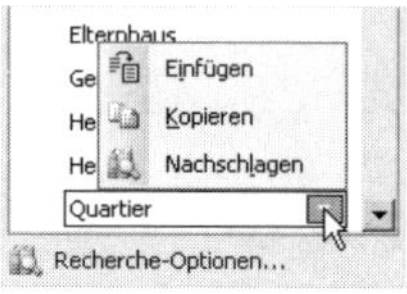

4 Öffnen Sie das Untermenü.

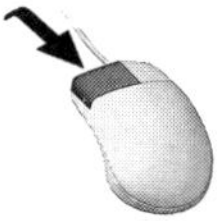

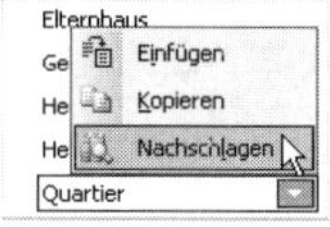

5 Wählen Sie den Eintrag *Nachschlagen.*

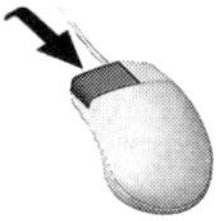

Tipp

Statt den Eintrag Nachschlagen *zu aktivieren, können Sie auch einfach mit der linken Maustaste den Begriff anklicken. Mit der Schaltfläche* Zurück *im Aufgabenbereich gelangen Sie wieder an den Ausgangspunkt.*

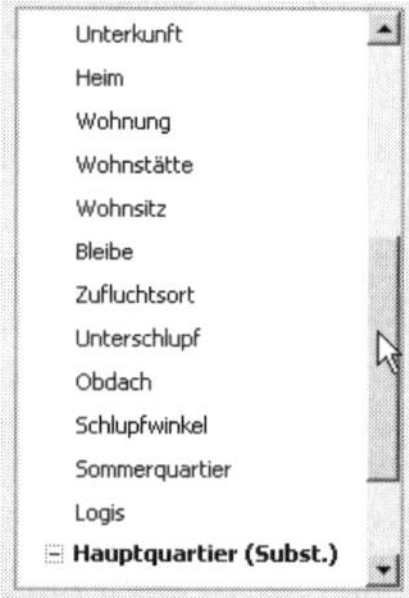

6 Verschaffen Sie sich mithilfe der Bildlaufleiste einen Überblick.

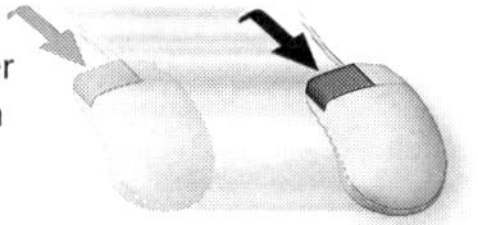

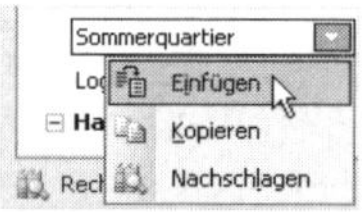

7 Fügen Sie z. B. das Wort »Sommerquartier« ein.

Der Genitiv

> **Tipp**
>
> *Wenn Sie die* Alt*-Taste gedrückt halten und mit der linken Maustaste gleichzeitig in ein Wort klicken, startet der Thesaurus sofort.*

Beim nächsten Begriff finden Sie eine **Abwandlung**. Hier steht nicht »Haus«, sondern »des Haus**es**«. Word 2003 berücksichtigt automatisch den Genitiv.

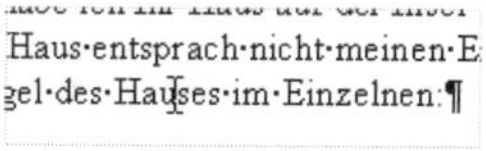

1 Halten Sie die Alt-Taste gedrückt und klicken in das Wort.

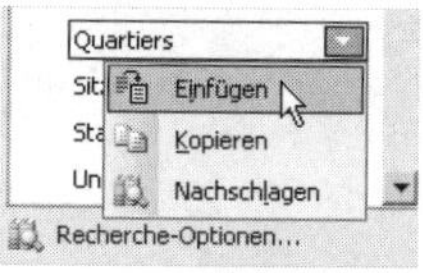

2 Wählen Sie einen Begriff aus.

3 Schließen Sie ggf. den Aufgabenbereich.

Suchen und Ersetzen

Wer suchet, der findet – dieses Motto gilt auch bei Word 2003. Gerade bei sehr langen, mehrseitigen Dokumenten kann diese Such-Funktion sehr hilfreich sein.

Möchten Sie dagegen ein Wort durch einen anderen **Ausdruck ersetzen**, bietet sich die Menüoption *Bearbeiten/Ersetzen* an.

Wie oft passiert es, dass Sie beim Erfassen eines Briefes die falschen Ausdrücke verwenden?

Schreiben Sie beispielsweise eine Gebrauchsanweisung für das Betreiben einer Batterie und verwechseln dabei »Plus« und »Minus«, kann das für den Leser fatale Folgen haben.

Bei einem kurzen Schreiben ist der Überblick noch vorhanden. Doch was tun, wenn das Schreiben fünf, zehn, 50 oder noch mehr Seiten umfasst? Möchten Sie das Dokument Seite für Seite auf dem Monitor durchblättern? Das ist sehr mühsam, und außerdem übersieht man sehr schnell einen Begriff.

Der Brieftext im Beispiel ist (extra) kurz gehalten, damit Sie die Veränderung sofort nachvollziehen können.

Beispiel:

Herr Miesepeter möchte im Nachhinein die Bezeichnung »Putzfrau« durch »Reinigungskraft« ersetzen. Natürlich erkennt er dies auf dem Bildschirm. Doch Sie als Word-2003-Anfänger lernen dadurch die Funktion kennen. Setzen Sie die Schreibmarke für dieses Beispiel am besten an den **Anfang des Textes** (Tastenkombination Strg+Pos 1).

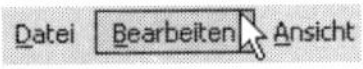

1 Öffnen Sie das Menü *Bearbeiten*.

2 Wählen Sie den Eintrag *Ersetzen*.

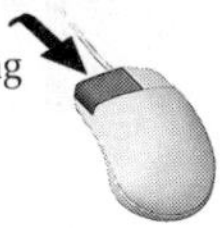

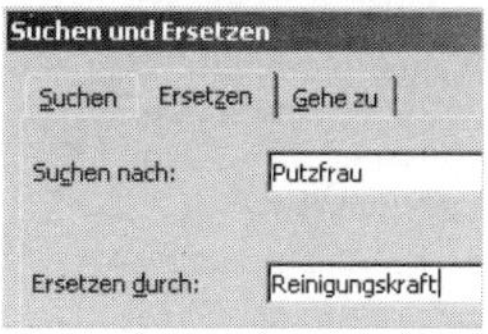

3 Tragen Sie »Putzfrau« ein. Ersetzen Sie das Wort durch »Reinigungskraft«.

Mit der Schaltfläche *Ersetzen* markiert Word den Begriff jeweils **einzeln**, falls er mehrmals vorhanden ist. Das Programm fragt jedes Mal, ob der Ausdruck ersetzt werden soll. Mit der Schaltfläche *Weitersuchen* geht's dann weiter.

> **Tipp**
>
> *Sie können über die Schaltfläche* Erweitern *angeben, ob die Groß- und Kleinschreibung von Bedeutung sein soll und/oder der Suchbegriff ein separates Wort ist.*

Schneller ist ein Mausklick auf die Schaltfläche *Alle ersetzen*. Hier werden **alle Suchbegriffe** sofort ersetzt.

Zum Schluss teilt Word mit, wie viele Ausdrücke gefunden und ersetzt wurden.

1 Ersetzen Sie alle Begriffe.

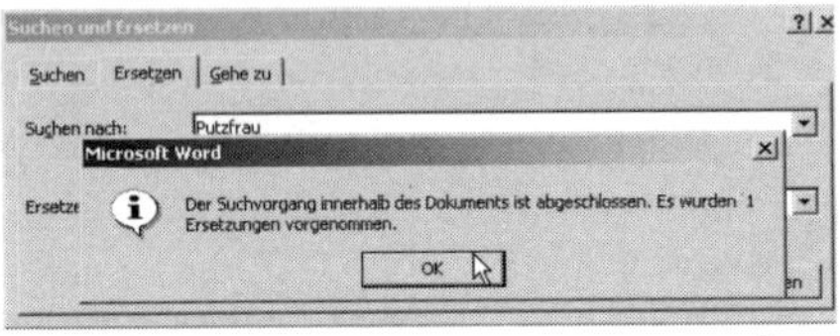

2 Word informiert Sie, wie viele Ausdrücke (»1 Ersetzungen«!) ausgetauscht wurden.

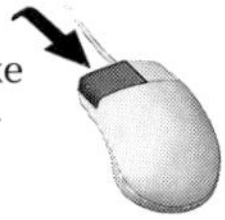

3 Verlassen Sie das Dialogfeld über die Schaltfläche *Schließen*.

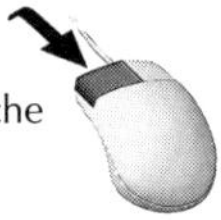

Die Schaltfläche mit dem »Pinsel«

Die Schaltfläche mit dem **Pinsel** ist Ihnen sicherlich schon aufgefallen.

Beispiel:

Herr Miesepeter möchte nun einige Wörter, die ihm wichtig erscheinen, durch die Fettschrift hervorheben. Sie können das mit jedem Ausdruck einzeln durchführen. Doch es geht auch schneller.

> **Tipp**
>
> *Mit einem Klick auf das Pinselsymbol können Sie Formate nur einmal übertragen. Per Doppelklick verwenden Sie die Funktion dagegen beliebig oft.*

Sie wissen, wie Sie Texte oder Zahlen hervorheben. Möchten Sie eine bereits **vorhandene Formatierung** mehrmals zuweisen, verwenden Sie am besten die Schaltfläche mit dem »Pinsel«.

Hinweis

Mit der Esc*-Taste schalten Sie die Funktion wieder aus oder klicken noch einmal auf die Schaltfläche.*

Wenn Sie mit der linken Maustaste auf die Schaltfläche, klicken, ändert sich das Aussehen des Mauszeigers in die Form eines Pinsels.

Schaltfläche »Pinsel«	**Auswirkung**
Einmal anklicken	Sie können das Format einmal übertragen.
Doppelt anklicken	Sie können das Format beliebig oft übertragen.
Die Esc-Taste betätigen oder die Pinsel-Schaltfläche nochmals anklicken.	Die Funktion ist wieder ausgeschaltet.

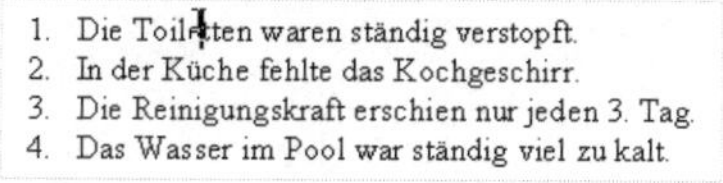

1. Die Toiletten waren ständig verstopft.
2. In der Küche fehlte das Kochgeschirr.
3. Die Reinigungskraft erschien nur jeden 3. Tag.
4. Das Wasser im Pool war ständig viel zu kalt.

1 Setzen Sie die Schreibmarke auf »Toiletten«.

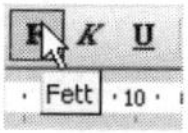

2 Formatieren Sie das Wort über die Schaltfläche *Fett*.

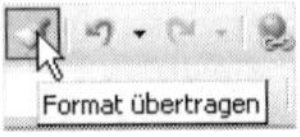

3 Aktivieren Sie den Pinsel durch einen Doppelklick.

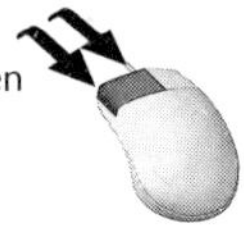

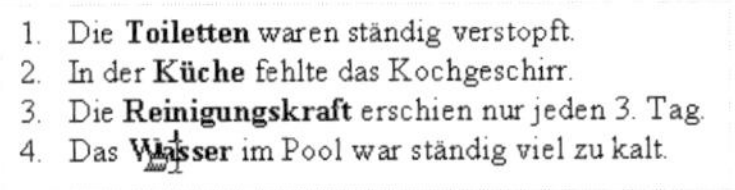

1. Die **Toiletten** waren ständig verstopft.
2. In der **Küche** fehlte das Kochgeschirr.
3. Die **Reinigungskraft** erschien nur jeden 3. Tag.
4. Das **Wasser** im Pool war ständig viel zu kalt.

4 Klicken Sie in die Wörter »Küche«, »Reinigungskraft« und »Wasser«.

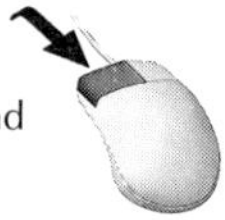

5 Schalten Sie den Pinsel über die Esc-Taste aus (Sie können auch die Schaltfläche *Format übertragen* nochmals anklicken).

Tipps zum Kapitel

1. Ausschneiden, Kopieren und Einfügen können Sie auch über das Kontextmenü oder über folgende Tasten:

Tasten	Funktion
Strg+X	Ausschneiden
⇧+Entf	Ausschneiden
Strg+C	Kopieren
Strg+V	Einfügen
⇧+Einfg	Einfügen

2. Über die Menüoption *Extras/AutoKorrektur-Optionen* erkennen Sie in der gleichnamigen Registerkarte die aktivierten und deaktivierten Smarttags. Diese lassen sich über die Schaltfläche *Weitere Smarttags* per Internet ergänzen.
3. Über das Menü *Bearbeiten/Wiederholen* (Strg+Y) wiederholen Sie Ihre letzte Aktivität in Word.
4. Ein beliebiger Doppelklick mit der Maus auf eine freie Fläche in der Statusleiste öffnet das Dialogfeld *Suchen und Ersetzen* (Strg+H).
5. Sie können im Dokument Texte bearbeiten und das Dialogfeld *Suchen und Ersetzen* gleichzeitig aktiviert lassen.
6. Doppelklicken Sie in der Statusleiste auf *ÄND*, geben Sie textliche Änderungen ein, die sofort markiert werden. Die Funktion schalten Sie wieder durch ein Doppelklick auf *ÄND* aus.

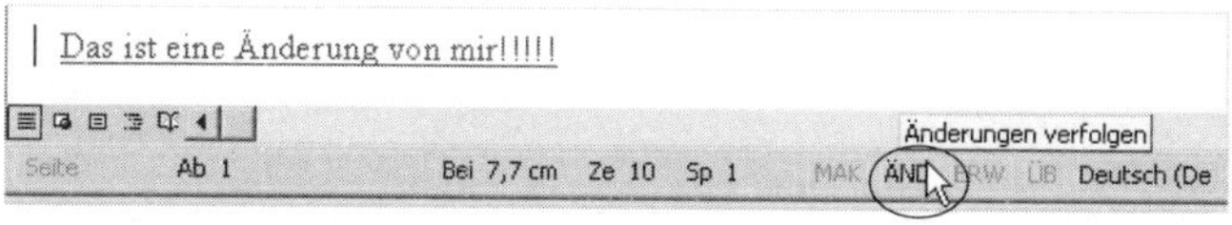

7. Ein Kommentar ist eine Anmerkung, die über *Einfügen/Kommentar* eingefügt wird.

   Kommentare lassen sich mit dem Befehl *Ansicht/Markup* ein- und ausblenden.

   Dazu steht Ihnen unter *Ansicht/Symbolleisten* die *Überarbeiten*-Symbolleiste zur Verfügung.

8. Symbole können auch als Aufzählungszeichen angegeben werden. Dazu starten Sie das Dialogfeld unter *Format/Nummerierung und Aufzählungszeichen* und holen die Registerkarte *Aufzählungszeichen* in den Vordergrund. Aktivieren Sie eine dargestellte Aufzählungsform, und klicken Sie auf die Schaltfläche *Anpassen*. Wählen Sie über die Schaltfläche *Zeichen* ein Symbol aus, und bestätigen Sie jeweils über die Schaltflächen *OK*. Über die Schaltfläche *Zurücksetzen* erhalten Sie die ursprünglichen Aufzählungszeichen wieder zurück.

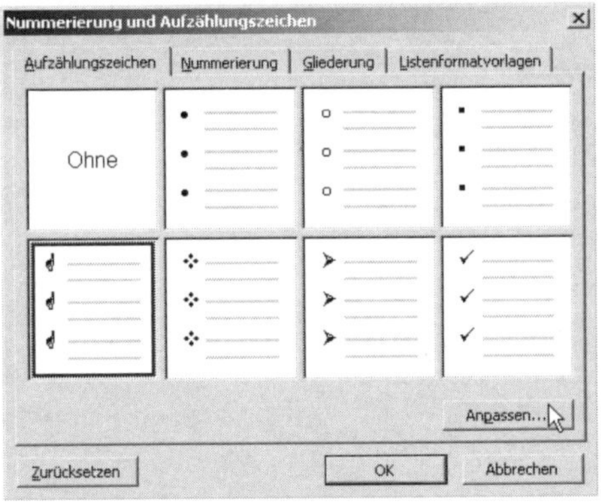

Der Word-Übungs-Trainer

1. Legen Sie die folgende Aufzählung an:

   - Übung macht den Meister.
   - Aller Anfang ist schwer.
   - Wer nicht fragt, bleibt dumm.

2. Setzen Sie wieder die ursprünglichen Aufzählungszeichen im Dialogfeld *Nummerierung und Aufzählungszeichen* zurück.
3. Was ist der Unterschied zwischen **Ausschneiden** und **Kopieren**?
4. Nutzen Sie die Funktion **Thesaurus** und versuchen für die Wörter die entsprechenden Synonyme in das Kreuzworträtsel einzutragen.

   `Programm`

   `Befehl`

   `Auto`

   `Frau`

			1	A		L			F						
			2	A				O						N	G
3	S			A	S	S			K						R
4		E		A				N							

Kapitel 8

Vorlagen und Assistenten

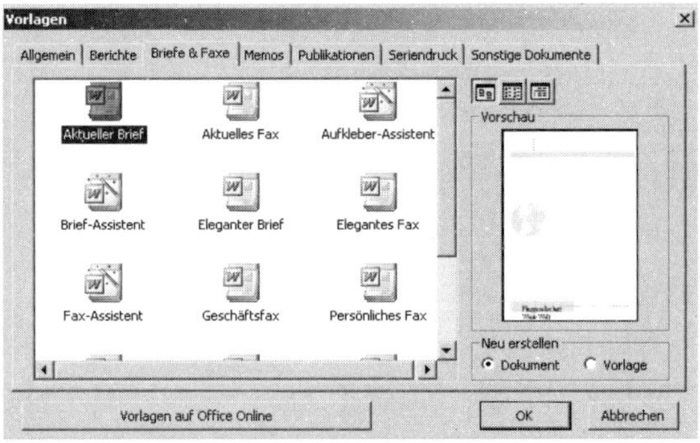

Vorlagen sind vorgefertigte Formulare wie für Faxe oder Briefe. Wenn Sie diese nutzen, sparen Sie Zeit und müssen die Papiere nicht erst mal entwerfen und gestalten. Sie tippen einfach Ihre aktuellen Daten ein.

Sie können Vorlagen selber erstellen, vorhandene nutzen oder über die verschiedenen Assistenten in Word per Mausklick z. B. einen Brief erstellen.

Sie können ein Datum so angeben, dass es sich selbst aktualisiert, gleichgültig, wann Sie das dazugehörige Dokument öffnen: Es erscheint immer das Datum »von heute«.

Das können Sie schon:

Das lernen Sie neu:

Kopf- und Fußzeile

Ein Brief besteht immer aus dem Brieftext. Ziehen Sie folgenden Vergleich: Ein Mensch besteht aus Kopf, Körper, Füßen und das, was dazwischen liegt.

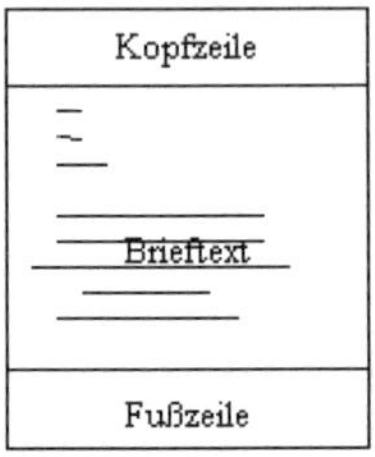

Der Brieftext ist der Körper. In einem Dokument finden Sie auch einen **Kopf** (= Kopfzeile) und einen **Fuß** (= Fußzeile). Sie dienen dazu, Texte auf dem Blatt nach oben bzw. unten an den Seitenrand zu platzieren.

Die Kopf- und Fußzeilen rufen Sie unter der Menüoption *Ansicht/Kopf- und Fußzeile* auf.

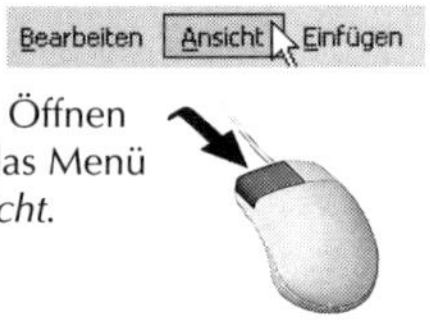

1 Öffnen Sie das Menü *Ansicht*.

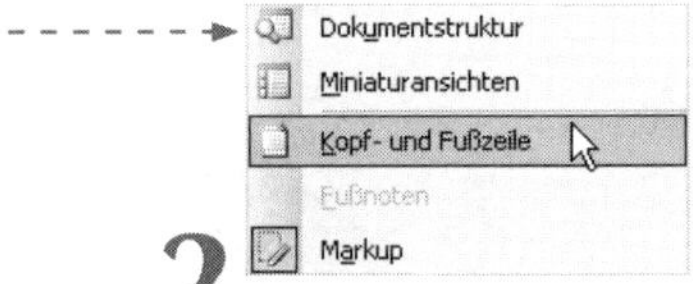

2 Aktivieren Sie den Eintrag *Kopf- und Fußzeile*.

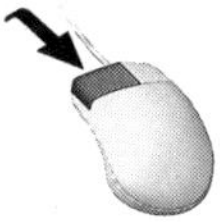

Die Kopfzeile

Eine neue Leiste, die **Kopf- und Fußzeilen-Symbolleiste**, erscheint auf dem Bildschirm. Sie sehen einen gestrichelten Kasten. Dort geben Sie den Text für die Kopfzeile ein.

Sie ändern die Schriftgröße, wählen die Fettschrift und zentrieren alles.

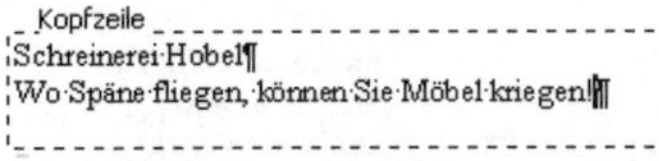

1 Geben Sie den Text ein.

2 Markieren Sie den Text durch das Drücken der Tasten [Strg]+[A].

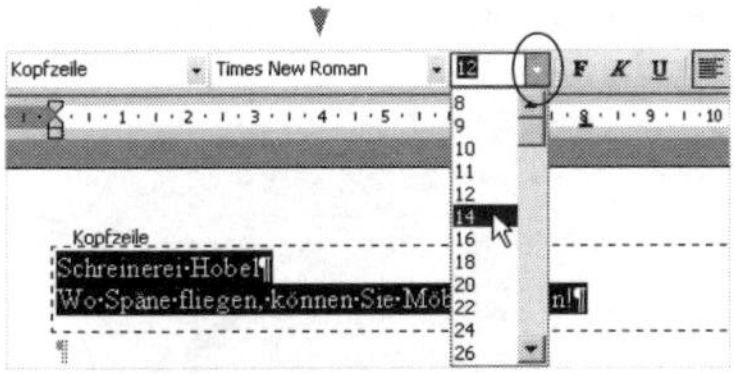

3 Ändern Sie die Schriftgröße auf »14«.

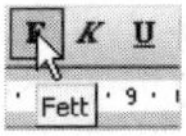

4 Klicken Sie auf die Schaltfläche *Fett*.

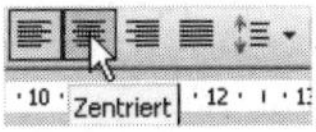

5 Zentrieren Sie den gesamten Text in der Kopfzeile.

Die Fußzeile

Der Fuß des Textkörpers befindet sich ganz unten.

Als Beispiel geben Sie hier eine Bankverbindung an. Mit einem Mausklick auf die dargestellte Schaltfläche gelangen Sie entweder zur Kopf- oder zur Fußzeile.

1 Wechseln Sie zur Fußzeile.

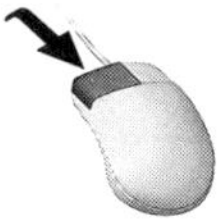

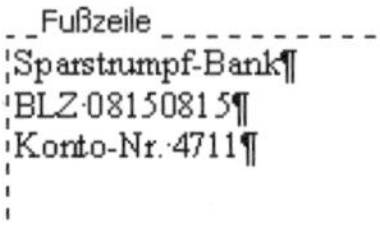

2 Geben Sie den Text ein.

Nachdem Sie den Fußzeilentext eingegeben haben, zentrieren Sie diesen und formatieren ihn fett. Über die Schaltfläche *Schließen* beenden Sie Ihre Eingaben in der Kopf- oder Fußzeile.

1 Markieren Sie die Angaben durch Drücken der Tasten Strg+A.

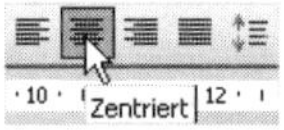

2 Zentrieren Sie den Text.

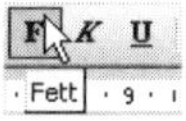

3 Aktivieren Sie über die Schaltfläche die Fettschrift.

> **Achtung**
>
> ***Kopf- und Fußzeilen*** *erkennen Sie in der Ansicht Seitenlayout.*

4 Beenden Sie die Eingaben, und verlassen Sie die Fuß- und Kopfzeile über die Schaltfläche *Schließen*.

Das Seitenlayout kommt dem **Ausdruck** eines Blattes über den Drucker schon sehr nahe, denn hier sehen Sie am Monitor die Texte, die sich in Kopf- und Fußzeile befinden. Ein direkter Klick in Kopf- oder Fußzeile, und Sie können diese bearbeiten.

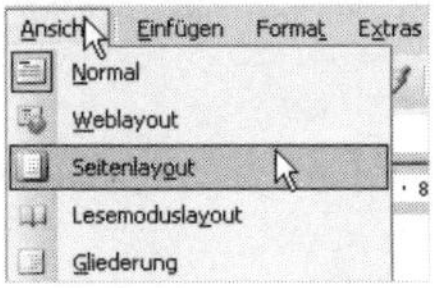

1 Klicken Sie ggf. auf den Menüpunkt *Ansicht/Seitenlayout.*

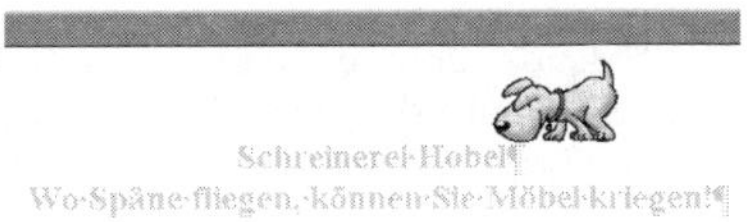

2 Sie befinden sich im Seitenlayout.

Missfällt Ihnen der hässliche schwarze Balken im Seitenlayout? Platzieren Sie den Mauszeiger auf diese graue Fläche. Der Mauszeiger ändert sein Aussehen. Mit einem Klick verkleinert sich der graue Rand erheblich. Sie befinden sich aber weiter im Seitenlayout.

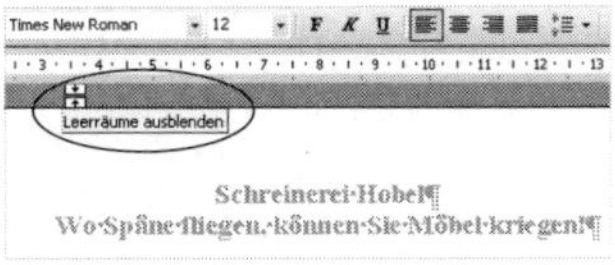

1 Platzieren Sie den Mauszeiger und klicken Sie auf die graue Fläche.

2 Die Leerräume verschwinden.

> **Achtung**
>
> *Behalten Sie das **Seitenlayout** für diese Übung bei.*

Möchten Sie zur »normalen« Bildschirmansicht zurückkehren, wählen Sie die Menüoption *Ansicht/Normal*

Die Kopf- und Fußleisten sind zwar noch vorhanden, sind aber in der Normalansicht nicht zu erkennen.

Absender und Empfänger

DIN-A4-Standardbriefe werden normalerweise in einem länglichen Umschlag verschickt. Verwenden Sie Umschläge mit Sichtfenster, können Sie sich Zeit und Mühe sparen, das Briefkuvert extra zu beschriften.

Der Absender und der Empfänger werden im Brief so platziert, dass sie im Sichtfenster erkennbar sind. Zunächst geben Sie den Absender an, also den Namen dessen, von dem der Brief kommt.

> **Achtung**
>
> *Bei den nächsten Schritten wäre es für Sie hilfreich, wenn die **Formatierungszeichen** eingeblendet sind (siehe auch Kapitel 2).*

1 Schalten Sie **sechsmal** mit der ↵-Taste.

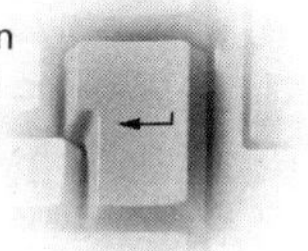

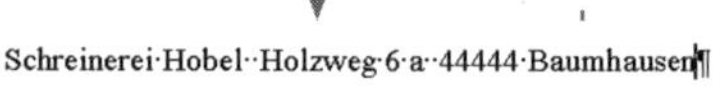

2 Schreiben Sie den Absender. Lassen Sie zwischen den einzelnen Angaben (Name, Straße, Ort) zwei Leerschritte.

3 Hobel··Holzweg
Das sieht einfach besser aus!

> **Tipp**
>
> *Sie können die ganze Zeile **schnell markieren**, indem Sie den Mauszeiger vor dieser platzieren. Mit einem Mausklick wird die gesamte Zeile markiert.*

Sie können den Absender so belassen oder ihn formatieren.

Für das Formatieren **markieren** Sie die gesamten Angaben.

1 Platzieren Sie den Mauszeiger vor die Zeile. Markieren Sie mit einem Mausklick die gesamten Angaben des Absenders.

2 Wählen Sie den kleineren Schriftgrad »9«.

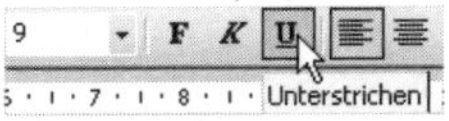

3 Unterstreichen Sie die Angaben, indem Sie die Schaltfläche *Unterstrichen* anklicken.

Für das Empfängerfeld tippen Sie zunächst Platzhalter wie Name und Straße ein. Diese können Sie dann im Gebrauchsfall einfach überschreiben.

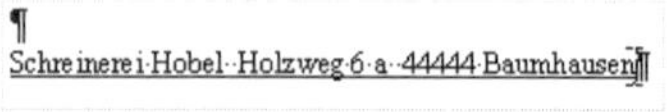

1 Klicken Sie in die Zeile, präzise in die dargestellte Position.

2 Betätigen Sie vorsichtshalber die Tasten Strg+Leertaste, damit Sie das Format aus der Zeile nicht übernehmen.

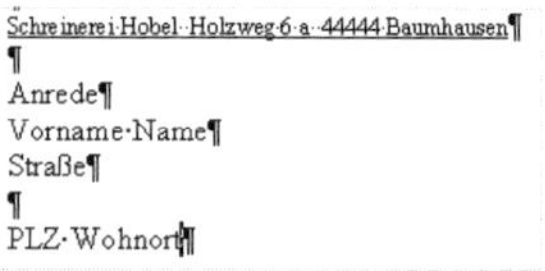

3 Drücken Sie zweimal die ↵-Taste, und übernehmen Sie in den entsprechenden Zeilen die Angaben.

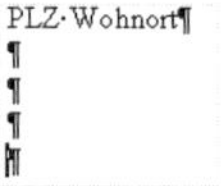

4 Schalten Sie danach viermal mit der ↵-Taste.

Ein stets aktuelles Datum angeben

Wann wurde das Dokument geschrieben? Mit den folgenden Schritten fügen Sie in Ihrem Brief zunächst den Ort und dann das **aktuelle Datum** ein.

Sie geben das Datum so ein, dass es sich beim jeweiligen Öffnen des Formulars automatisch **aktualisiert**. Entscheidend dafür ist die Angabe *Automatisch aktualisieren.*

Würden Sie die Option nicht aktivieren, stünde stets das gleiche Datum dort, gleichgültig, wann Sie den Brief öffnen.

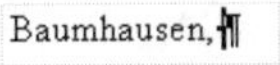

1 Schreiben Sie zunächst den Ort. Setzen Sie anschließend ein Komma und drücken die [ ]-Taste.

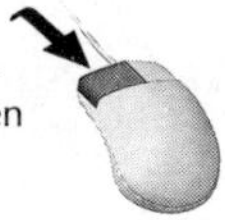

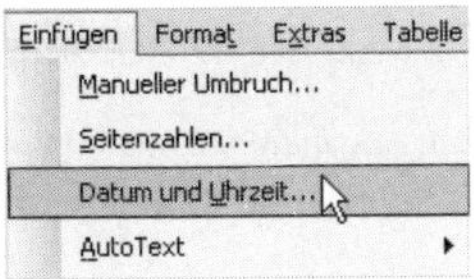

2 Wählen Sie die Menüoption *Einfügen/ Datum und Uhrzeit.*

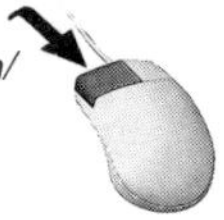

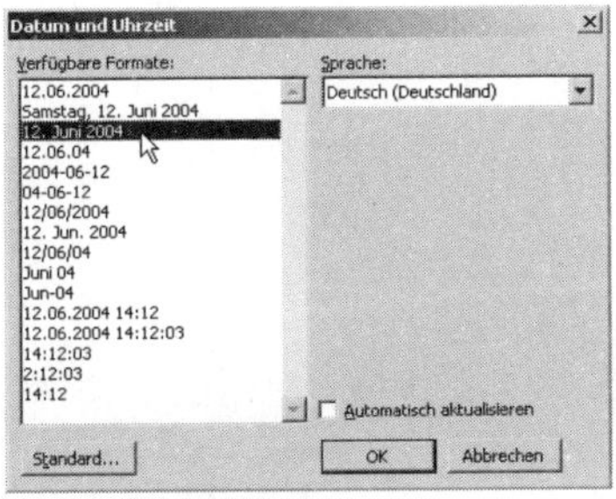

3 Aktivieren Sie ein Datumsformat.

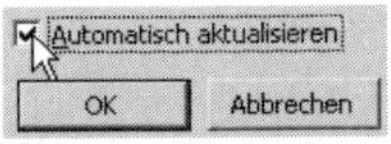

4 Aktivieren Sie das Kontrollkästchen *Automatisch aktualisieren.*

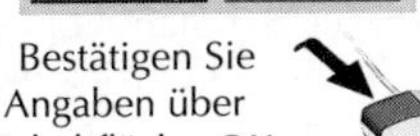

5 Bestätigen Sie Ihre Angaben über die Schaltfläche *OK.*

Anschließend richten Sie die Angaben über die Schaltfläche *Rechtsbündig* am rechten Seitenrand aus.

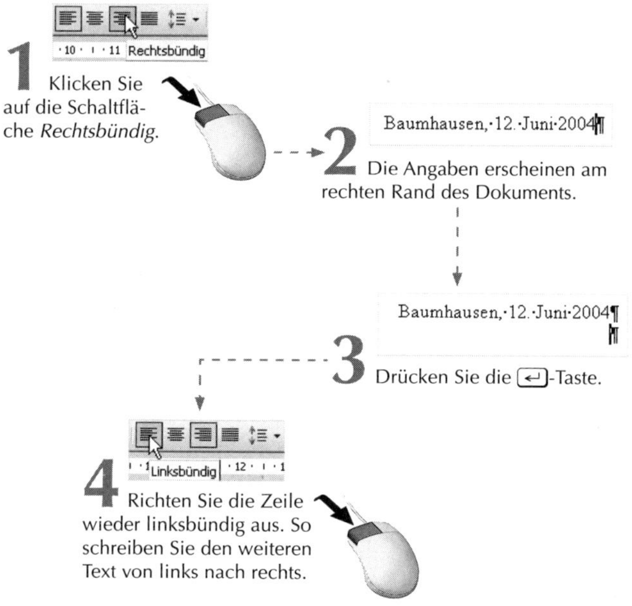

In diesem Dokument erscheint nun bei jedem Öffnen das korrekte, stets aktuelle Datum. Gleichgültig, ob morgen, nächste Woche oder nächstes Jahr; Word 2003 aktualisiert es immer.

Wie ändern sich die Zeiten?

Ihr Computer sollte stets auf dem neuesten Stand des Datums oder der Uhrzeit sein. Als Benutzer von Windows sind Sie dann immer darüber informiert. Sie erkennen beides am Bildschirm rechts unten im Infobereich der **Taskleiste**.

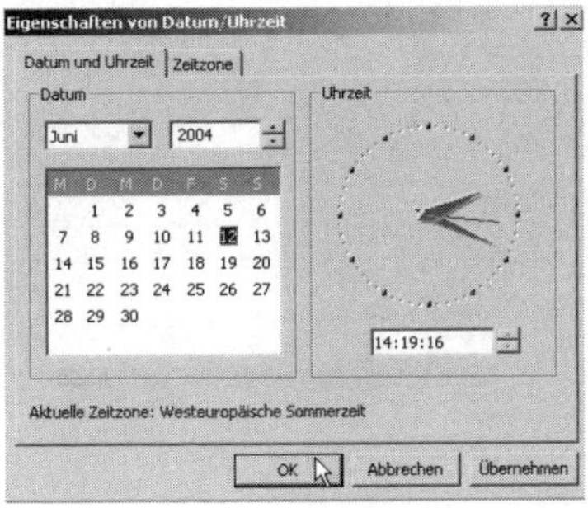

Ist Ihr Computer nicht an eine Funkuhr angeschlossen, gibt es natürlich keine Garantie, ob die angezeigte Uhrzeit oder das Datum auch stimmen. Positionieren Sie den Mauszeiger auf die **Uhranzeige** in der Taskleiste, und klicken Sie doppelt. Auf der Registerkarte *Datum und Uhrzeit* stellen Sie das korrekte Datum und die Uhrzeit ein.

Eine eigene Vorlage speichern

Den Briefvordruck möchten Sie immer wieder verwenden. Sie brauchen dann die Kopf- und Fußzeile, das Empfangsfeld oder das Datum nicht jedes Mal neu zu erstellen.

Was ist das?

Dokumentvorlagen sind Muster zur Erstellung von Dokumenten.

Sie legen das Dokument einfach auf **Wiedervorlage**, und holen die Vorlage bei Bedarf wieder hervor. Sie speichern das Dokument ganz normal ab. Nur bei **Dateityp** geben Sie nicht Word-Dokument an, sondern **Dokumentvorlage**. Als Dateinamen verwenden Sie »Brief«.

1 Klicken Sie auf die Schaltfläche *Speichern*.

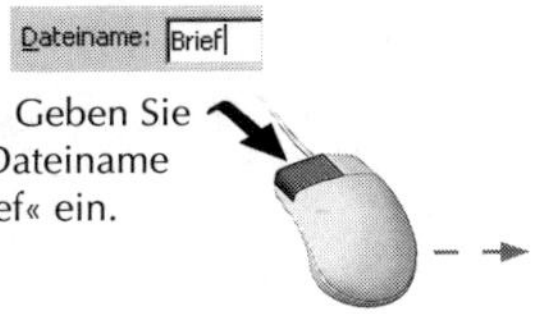

2 Geben Sie als Dateiname »Brief« ein.

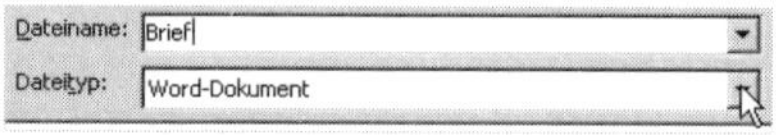

3 Wählen Sie als *Dateityp* ...

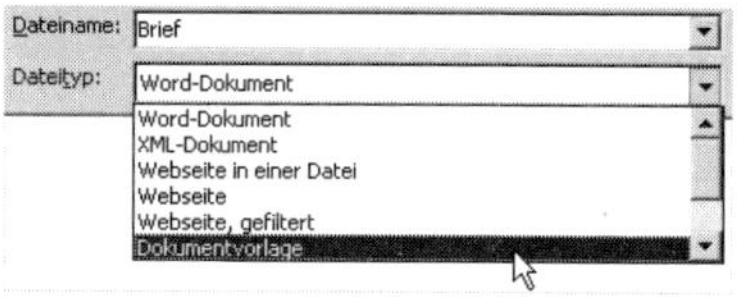

4 ... den Eintrag *Dokumentvorlage*.

In Word existiert ein separater **Ordner für Vorlagen**. Wenn Sie als Dateityp *Dokumentvorlage* angeben, »springt« Word automatisch in dieses Verzeichnis.

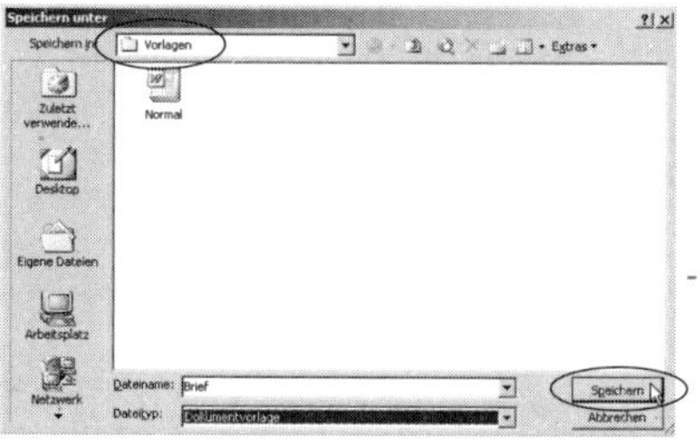

1 Speichern Sie die Vorlage.

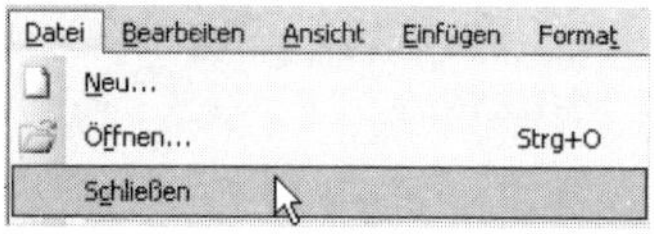

2 Schließen Sie die Dokumentvorlage über den Menübefehl *Datei/Schließen*.

Eine Vorlage starten

Sie klicken auf die Schaltfläche *Neues leeres Dokument*. Word 2003 erstellt sofort ein neues Dokument auf dem Bildschirm.

Zum anderen gibt es den Weg über das Menü *Datei/Neu*. Der Aufgabenbereich *Neues Dokument* öffnet sich.

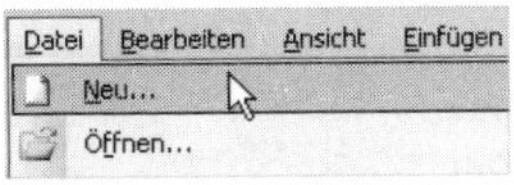

1 Wählen Sie die Menüoption *Datei/Neu*.

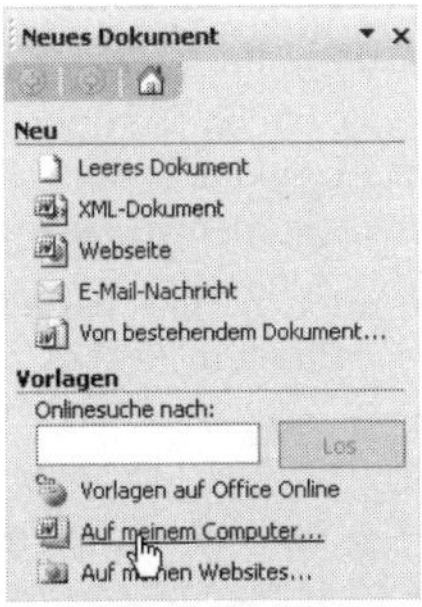

2 Wählen Sie im Aufgabenbereich *Auf meinem Computer*.

3 Ein Doppelklick auf das Symbol *Brief* im Dialogfeld *Vorlagen* startet die gespeicherte Dokumentvorlage.

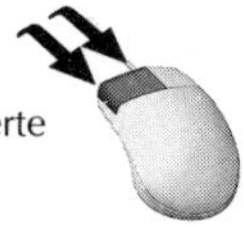

Achtung

Beachten Sie, dass sich das Datum in diesem Beispiel bei jedem Öffnen des fertigen Schreibens stets ***aktualisiert****. Sie können also nicht erkennen,* ***wann*** *Sie den Brief geschrieben haben. Beim Erstellen des Briefes sollten Sie das hier erstellte Datum auf eine* ***feste Datumsangabe*** *zurücksetzen. Dazu klicken Sie in das Datum und drücken die Tastenkombination* Strg+⇧+F9*. Das Datum aktualisiert sich nun nicht mehr automatisch.*

Sie brauchen jetzt nur noch den entsprechenden Text einzugeben.

Wenn Sie ein Schreiben an eine Person aufbewahren wollen, speichern Sie es als ganz normales Dokument unter einem eigenen Dateinamen ab.

Vorlagen in Word 2003

Entsprechend zu den Einträgen im Aufgabenbereich *Neues Dokument* erstellen Sie neu: Dokument, Webseite, E-Mail (= elektronische Post). Hier öffnen Sie über den Eintrag *Auf meinem Computer...* auch Ihre bereits vorhandenen Dokumentvorlagen.

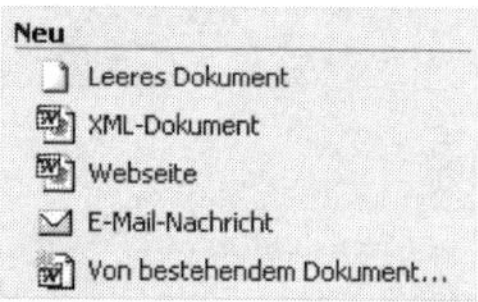

Sie erhalten auch bereits **vorgefertigte Dokumentvorlagen** in Word 2003. Diese enthalten Vorschläge, die Sie übernehmen können. Die Namen sind so vergeben, dass man meistens ahnt, was sich dahinter verbirgt.

Die Vorschläge können Sie übernehmen, abändern und Ihre persönlichen Angaben eintragen.

1 Klicken Sie im Menü *Datei* auf den Eintrag *Neu.*

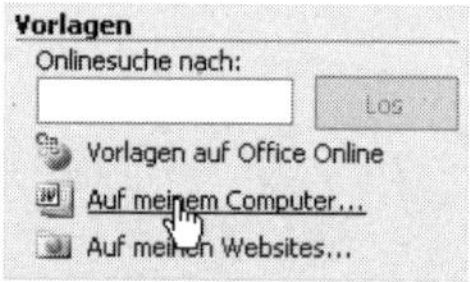

2 Wählen Sie im Aufgabenbereich *Auf meinem Computer...*

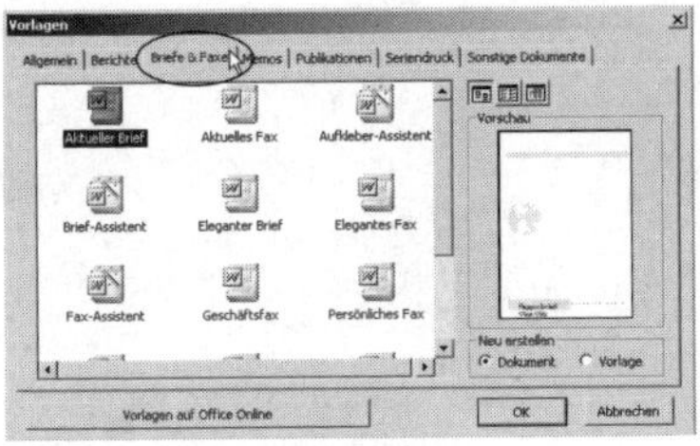

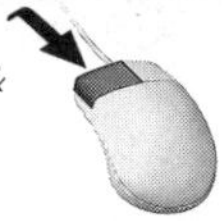

3 Holen Sie die Registerkarte *Briefe & Faxe* in den Vordergrund.

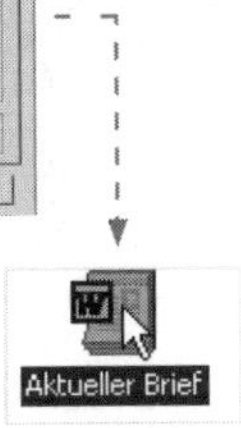

4 Starten Sie die Vorlage *Aktueller Brief* per Doppelklick.

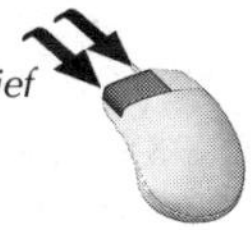

Es öffnet sich anschließend **kein leeres Dokument**, sondern ein bereits **vorgefertigter Text**. Das bedeutet, Sie arbeiten nicht mit einem Dokument, sondern mit einer Vorlage. Die Vorschläge überschreiben Sie einfach mit Ihren Daten.

Die Assistenten

Außer den bereits erwähnten Vorlagen bietet Word 2003 zusätzlich Assistenten an. Diese können Ihnen manche überflüssige Arbeit abnehmen.

> **Was ist das?**
>
> *Die **Assistenten** helfen bei der Durchführung bestimmter Arbeitsschritte. Sie unterstützen den Anwender dabei, ähnlich aufgebaute Aufgaben zu lösen. Die Arbeitsschritte werden ähnlich wie bei einer Gebrauchsanweisung einzeln angegeben.*

Word bietet Ihnen Hilfen u.a. zu Briefen und Faxen (in der Registerkarte *Briefe & Faxe*).

1 Wählen Sie die Menüoption *Datei/Neu.*

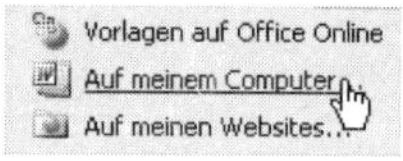

2 Wählen Sie im Aufgabenbereich *Allgemeine Vorlagen.*

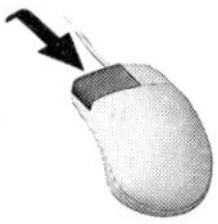

Aber auch für Ihren Lebenslauf ist etwas dabei. Auf der Registerkarte *Sonstige Dokumente* erkennen Sie den **Lebenslauf-Assistenten**.

Er führt Sie **Schritt für Schritt** zum Ziel. Aktivieren Sie diesen mit einem Doppelklick auf das Symbol.

1 Holen Sie die Registerkarte *Sonstige Dokumente* in den Vordergrund.

2 Starten Sie z. B. den Lebenslauf-Assistenten per Doppelklick.

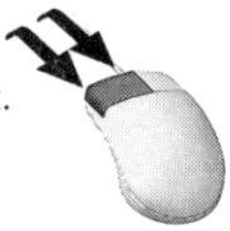

Der **Lebenslauf-Assistent** erscheint auf dem Bildschirm. In der linken Spalte sehen Sie zunächst Kästchen. Sie erkennen dort, wo Sie sich gerade im Assistenten befinden. Klicken Sie eine andere Auswahl an, überspringen Sie die jeweiligen Punkte.

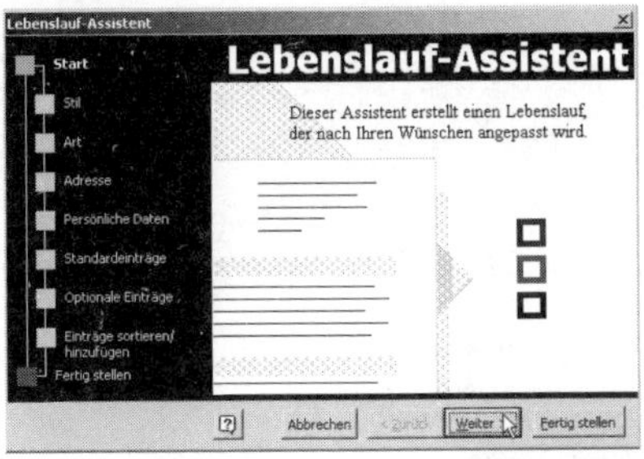

Über die Schaltfläche *Weiter* am unteren Rand des Dialogfeldes gelangen Sie ebenfalls zur nächsten Eingabeseite.

Sie gehen Schritt für Schritt vor. In der rechten Hälfte machen Sie die Angaben. Meistens erfolgen diese durch ein einfaches Anklicken mit der Maus.

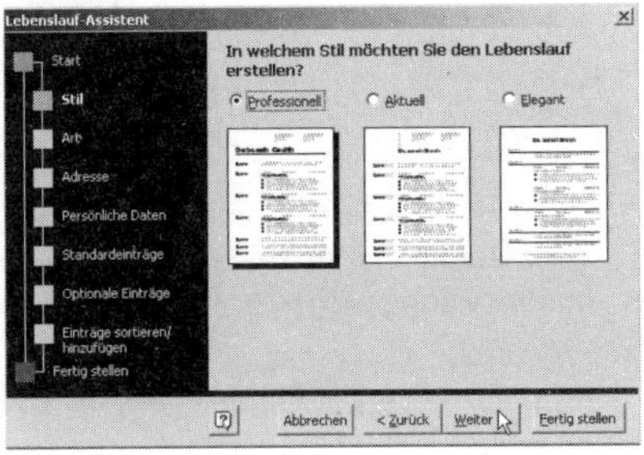

Tipps zum Kapitel

1. Wenn Sie auf den Menüpunkt *Datei/Neu* klicken, erscheint der Aufgabenbereich *Neues Dokument*. Aktivieren Sie den Eintrag *Von bestehendem Dokument...*, können Sie wiederum ein Dokument über die Schaltfläche *Neu erstellen* öffnen. Klicken Sie nach getaner Arbeit auf die Schaltfläche *Speichern*, können Sie einen **neuen Dateinamen** vergeben. Die Daten des ursprünglichen Dokumentes bleiben unverändert.
2. Starten Sie über *Datei/Neu* im Aufgabenbereich *Auf meinem Computer...* das Dialogfeld *Vorlagen*. Wenn Sie hier auf die Schaltfläche *Vorlagen auf Office Online klicken*, erweitern Sie Ihre Vorlagensammlung übers Internet.

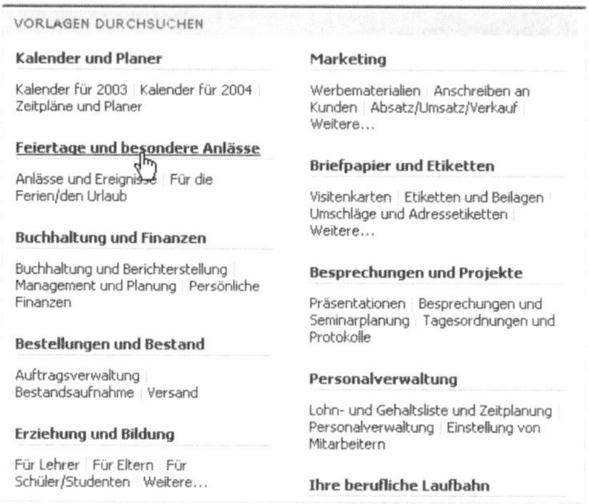

3. Wenn Sie die Tastenkombinationen [Alt]+[⇧]+[D] drücken, fügen Sie das aktuelle Datum Ihres PCs in das Dokument ein. Über die Tastenkombinationen [Alt]+[⇧]+[T] erfolgt die Angabe der Uhrzeit.

4. Schreiben Sie ein Datum, wird es mit einer gepunkteten Linie unterstrichen.

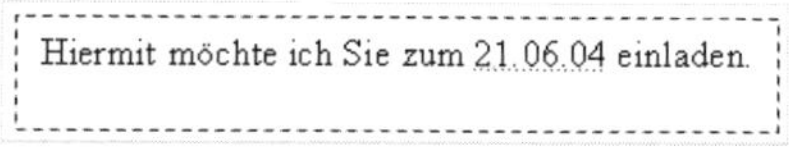

Platzieren Sie den Mauszeiger auf das Datum, erscheint ein Smarttag. Wenn Sie diesen öffnen, erhalten Sie eine Auswahl. Wählen Sie z. B. den Eintrag *Termin vereinbaren*, können Sie über **Microsoft Office Outlook** eine E-Mail versenden. Aktivieren Sie den Eintrag *Meinen Kalender anzeigen*, öffnet sich Ihr **Terminkalender** in **Microsoft Office Outlook**, damit Sie Ihre Termine abstimmen können. Vorausgesetzt ist natürlich, dass Sie das Programm Microsoft Office Outlook installiert haben.

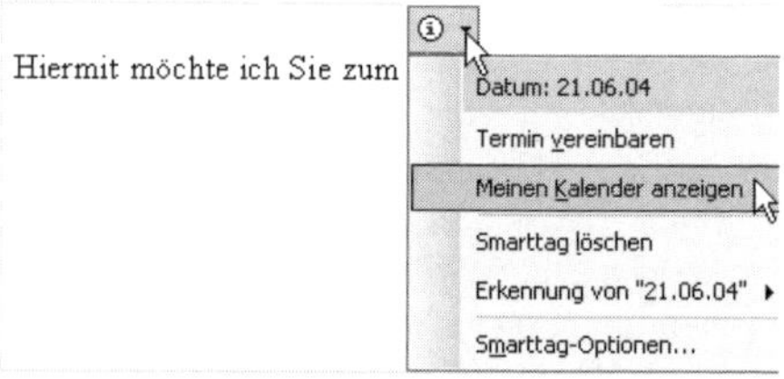

Der Word-Übungs-Trainer

1. Über welchen Befehl öffnen Sie eine Dokumentvorlage?
2. Was ist ein Vorlagen-Assistent?
3. Sie können in Word 2003 u.a. Folgendes öffnen:
   a) Dokumentvorlage
   b) Dokument
   c) Assistent

   Was ist was? Ordnen Sie den richtigen Buchstaben zu:

Kapitel 9

Der Serienbrief

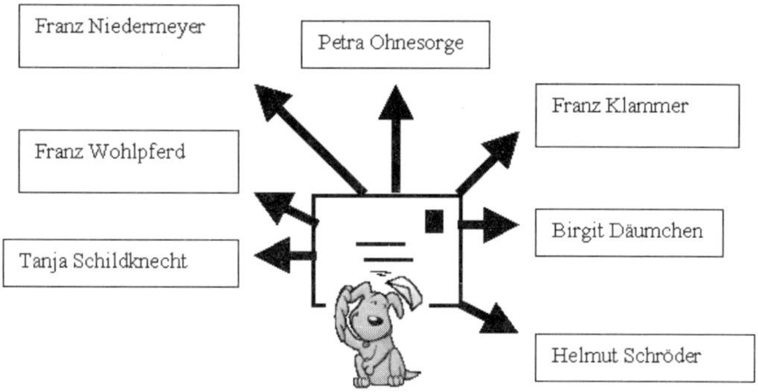

Stellen Sie sich einmal vor, Sie wollen eine Einladung an 99 Personen versenden. Sie müssen nicht jedes Mal die Adressen einfügen, sondern Sie erstellen einmalig einen Brief, geben ihn dann »in Serie« und drucken ihn 99-mal aus. Ihre Adressdatenbank kann auch für andere Serienbriefe genutzt werden. Und eleganter ist es auch, wenn Sie eine Frau mit »Sehr geehrte Frau ... « und einen Mann mit »Sehr geehrter Herr ... « ansprechen. Finden Sie nicht auch, sehr geehrte Leserin, sehr geehrter Leser?

Das können Sie schon:

Das lernen Sie neu:

Was ist ein Serienbrief?

Briefe wie Einladungen können an mehrere Personen gleichzeitig verschickt werden.

> **Was ist das?**
>
> *Zu einem Serienbrief gehören zwei Bestandteile: 1.) der immer gleich lautende Brieftext und 2.) die einzelnen Angaben, die den Empfänger persönlich ansprechen.*

Sie brauchen einen Brief nicht neu anzufertigen, sondern verwenden die Funktion der Serienbriefe in Word 2003. Auf diese Weise müssen nicht jedes Mal die Adressen und Anreden einzeln eingefügt werden.

Sie schreiben die Angaben der Briefempfänger (Name, Straße, Ort usw.) in eine separate Datei – **Steuerdatei** genannt – und **verbinden** diese mit dem Hauptdokument.

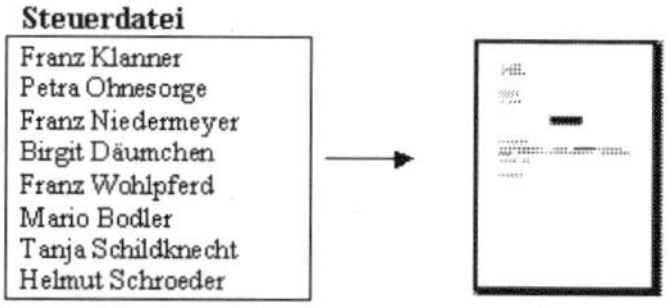

Einen Serienbrief erstellen

Sie teilen Word 2003 mit, dass Sie einen **Serienbrief erstellen** möchten.

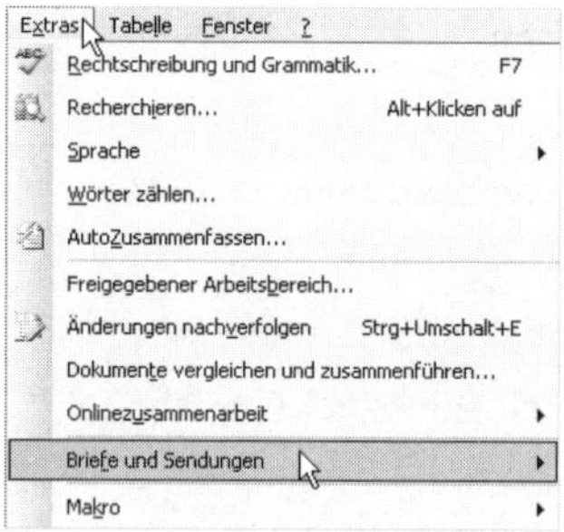

1 Öffnen Sie das Menü *Extras,* und zeigen Sie auf den Eintrag *Briefe und Sendungen.*

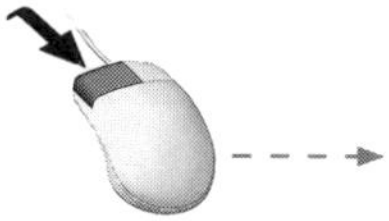

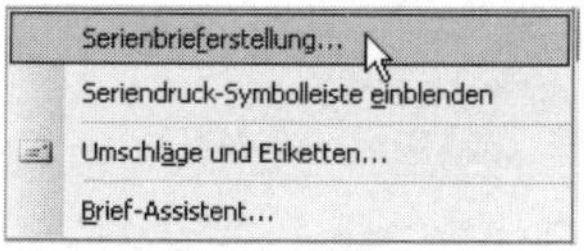

2 Starten Sie den Befehl *Serienbrief-erstellung.*

Sie gelangen in den Aufgabenbereich **Seriendruck**. Da Sie Serienbriefe erstellen wollen, wählen Sie *Briefe* aus.

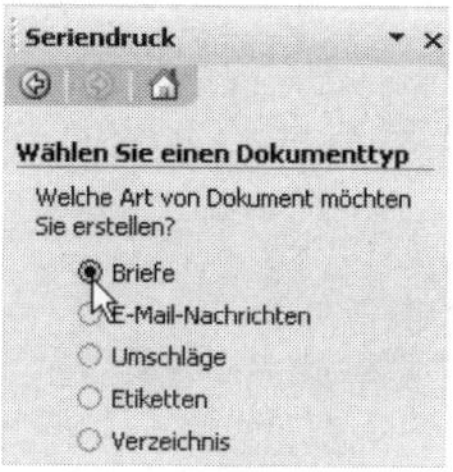

1 Klicken Sie *Briefe* an.

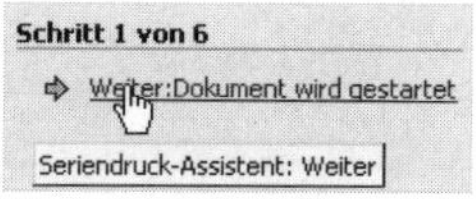

2 Wählen Sie den zweiten Schritt.

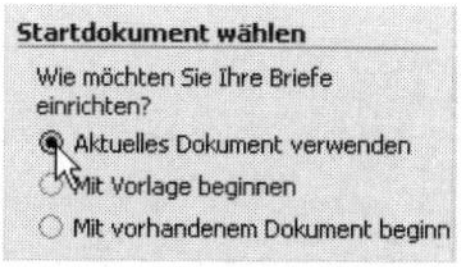

3 Achten Sie darauf, dass die Option *Aktuelles Dokument verwenden* aktiviert ist.

> Was ist das?
>
> ***Aktuelles Dokument*** *bedeutet, dass Sie sich auf das Dokument beziehen, das auf dem Monitor gerade geöffnet ist.*

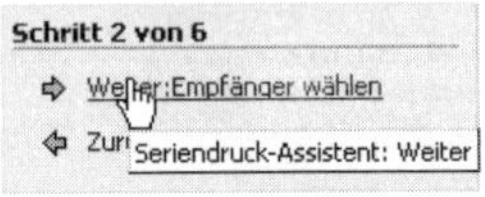

4 Gehen Sie zum dritten Schritt über.

Die Quelle eines Serienbriefes

Sie müssen die Adressen für Ihren Brief noch anlegen, also eine Datenquelle (**Neue Liste**) erstellen. Hätten Sie bereits eine Adressenliste angelegt, könnten Sie diese über *Vorhandene Liste verwenden* öffnen. Da das aber noch nicht der Fall ist, müssen Sie nun in den nächsten Schritten eine Liste erstellen.

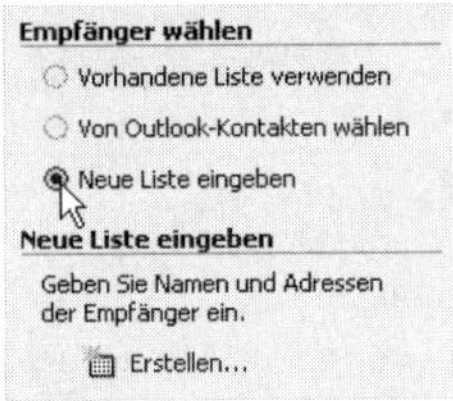

1 Aktivieren Sie *Neue Liste eingeben.*

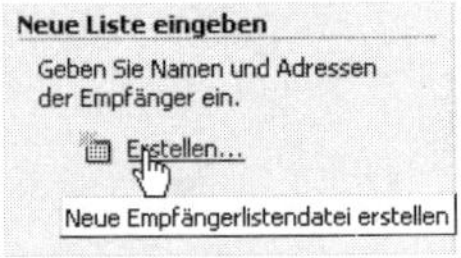

2 Klicken Sie auf *Erstellen.*

3 Aktivieren Sie die Schaltfläche *Anpassen.*

Ohne Drücken der Schaltfläche *Anpassen* könnten Sie bereits Ihre Daten eintragen.

Im nächsten Schritt des Seriendrucks werden bereits einige **Voreinstellungen** für den späteren Serienbrief getätigt. Sie müssen sich überlegen, welche Felder Sie im Brief benötigen, da Sie diese im nächsten Punkt angeben müssen.

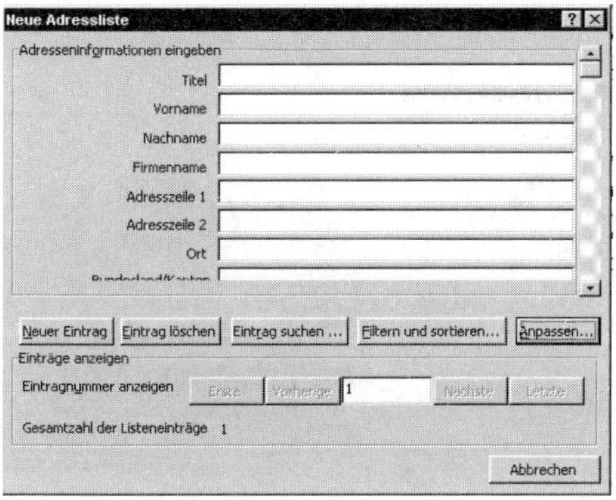

Im Text fügen Sie später die Platzhalter für Anrede, Name, Straße usw. ein. Diese werden **Feldnamen** genannt.

Welche Feldnamen benötigen Sie für diesen Brief?

Allgemein	**Beispiel**
Anrede	Herrn
Vorname	Franz
Nachname	Kanner
Straße	Albrecht-Dürer-Str. 13
Postleitzahl	56789
Wohnort	Hinterhausen

Feldnamen löschen

Wie Sie Ihre Liste anfertigen, bleibt Ihnen überlassen. Word 2003 gibt meist **zu viele** Feldnamen vor. Solche Angaben können Sie für den späteren Beispieltext aus der Liste **entfernen**. Dazu klicken Sie zuerst den Feldnamen und anschließend die Schaltfläche *Löschen* an.

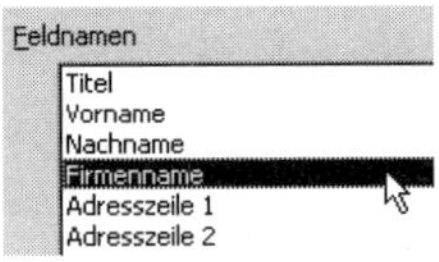

1 Klicken Sie den Feldnamen »Firmenname« an.

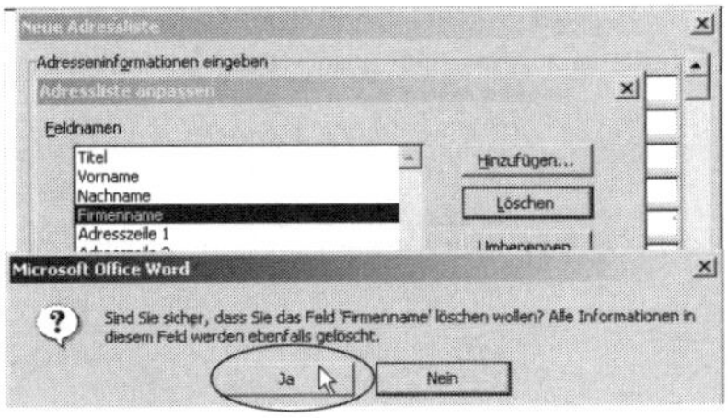

2 Aktivieren Sie die Schaltfläche *Löschen*, und bestätigen Sie die Rückfrage mit *Ja*.

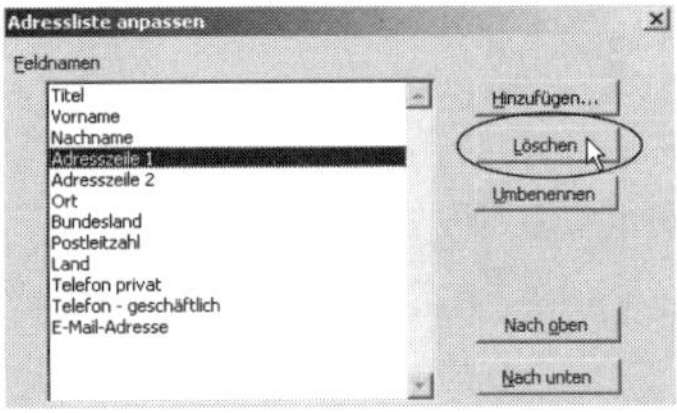

3 Löschen Sie die Einträge »Adresszeile 1, Adresszeile 2, Bundesland, Land, Telefon privat, Telefon geschäftlich, E-Mail-Adresse«.

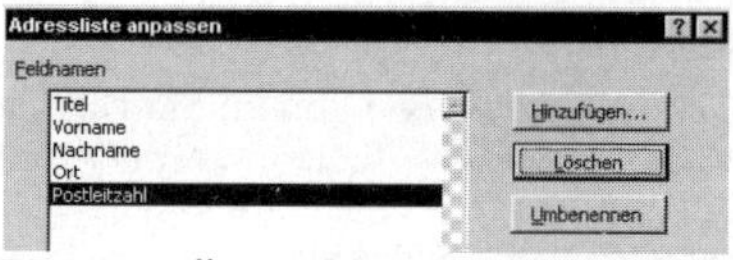

4 Die Liste sollte nun so aussehen.

Feldnamen einfügen

Über die Schaltfläche *Hinzufügen* tragen Sie **neue Feldnamen** ein. In diesem Beispiel fügen Sie noch die Angabe »Straße« hinzu.

1 Bestätigen Sie den Eintrag über die Schaltfläche *Hinzufügen*.

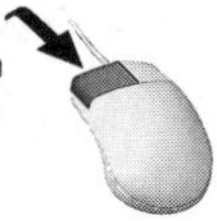

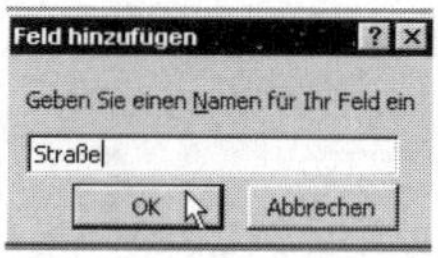

2 Geben Sie als neuen Feldnamen »Straße« ein, und bestätigen Sie über die Schaltfläche *OK*.

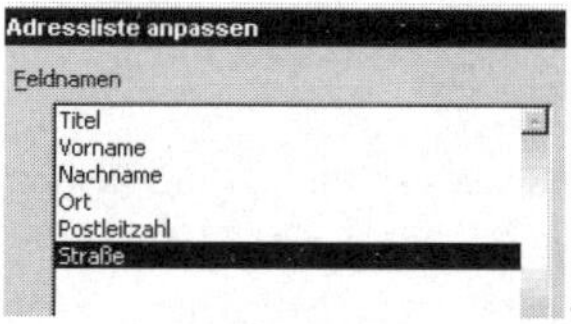

3 Der neue Feldname wurde in die Liste aufgenommen.

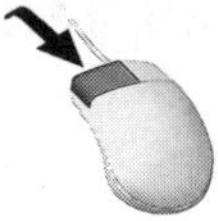

Feldnamen umbenennen

Über die Schaltfläche *Umbenennen* ändern Sie Feldnamen. In diesem Beispiel wandeln Sie den Namen »Titel« in »Anrede« um.

1 Aktivieren Sie den Eintrag »Titel«.

2 Klicken Sie auf die Schaltfläche *Umbenennen*.

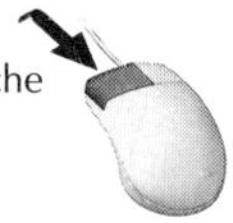

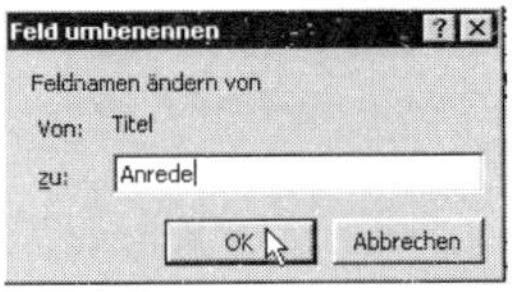

3 Geben Sie als neuen Feldnamen »Anrede« ein, und bestätigen Sie über die Schaltfläche *OK*.

Feldnamen sortieren

Analog zum Aufbau des Briefes sollte hier die **Reihenfolge** der Einträge (Anrede, Vorname, Name, Straße, Postleitzahl, Ort) sein.

Die richtige Reihenfolge vereinfacht die Sache später erheblich. Mit Hilfe der Schaltflächen *Nach oben* und *Nach unten* können Sie Ihre Liste entsprechend ändern.

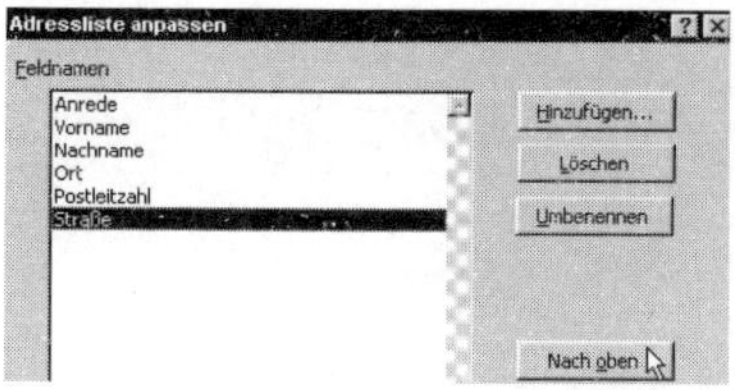

1 Verändern Sie die Reihenfolge der Feldnamen »Straße« und ...

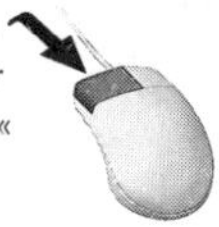

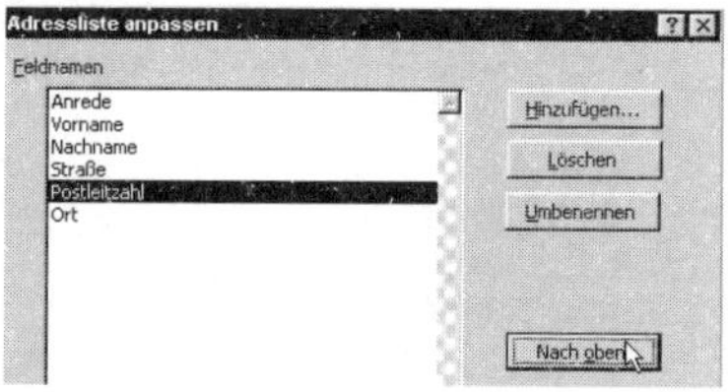

2 ... »Postleitzahl«, bis die Liste so aussieht.

3 Bestätigen Sie Ihre Angaben über die Schaltfläche *OK*.

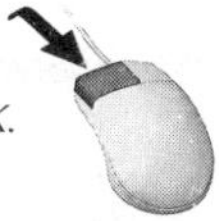

Sie tragen die Angaben zu den einzelnen Personen ein. Dazu klicken Sie in das jeweilige Eingabefeld. Alternativ dazu bewegen Sie die Einfügemarke von einem zum anderen Feld durch Drücken der [⇆]-Taste.

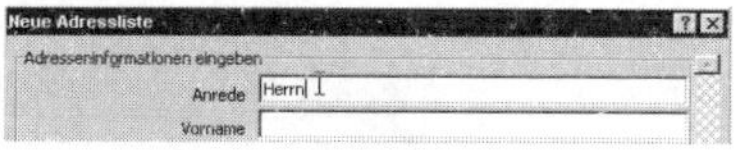

1 Geben Sie den ersten Datensatz ein.

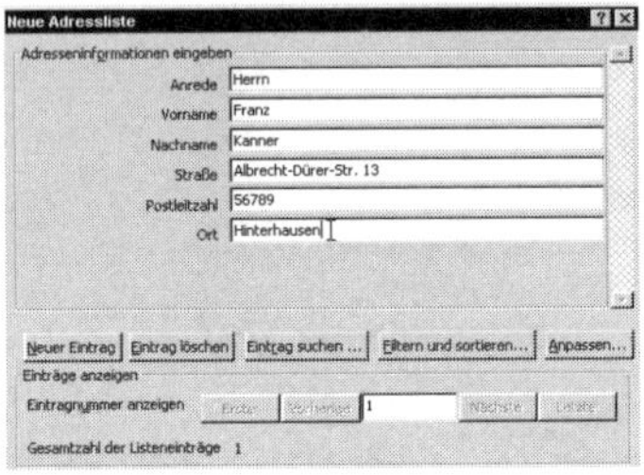

2 Tragen Sie die Angaben in die entsprechenden Felder ein:

Herrn
Franz
Kanner
Albrecht-Dürer-Str. 13
56789
Hinterhausen

Haben Sie Ihre ersten **Eingaben** (den ersten Eintrag) **beendet**, aktivieren Sie die Schaltfläche *Neuer Eintrag*.

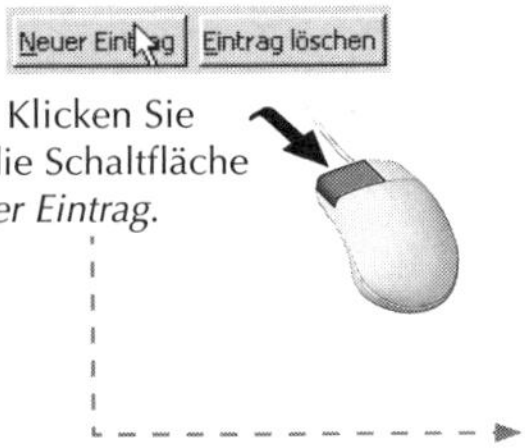

1 Klicken Sie auf die Schaltfläche *Neuer Eintrag*.

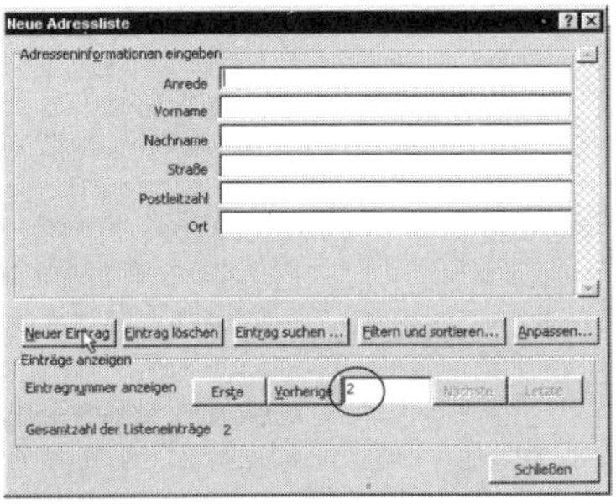

2 Sie gelangen in eine neue Eingabe. Sie erkennen die Zahl »2«.

Sie geben den **zweiten** Datensatz ein.

Zur Vereinfachung der Übung sind hier nur zwei Adressen aufgeführt. Das reicht vollkommen aus, um die Funktion der Serienbriefe zu erklären. Allerdings verwenden Sie jeweils einen männlichen und einen weiblichen Empfänger.

Fleißige können allerdings zur Übung gerne noch mehr eingeben:

Anrede	**Vorname**	**Name**	**Straße**	**PLZ**	**Ort**
Herrn	Peter	Unrath	Unkerstr. 66	53225	Bonnhausen
Herrn	Hansi	Fort	Schuldenberg 15	77777	Sonderheim
Frau	Petra	Futsch	Einbahnstr. 45	89899	Greismühlen
Herrn	Franz	Laus	Spinnweber Allee 1	22222	Dorfstadt
Herrn	Boris	Korrupt	Dagobert-Duck-Str. 7	78888	Entenhausen
Frau	Frieda	Pleite	Gabenstr. 88	21200	Irgendwo

Haben Sie sämtliche Adressen eingetragen, **verlassen** Sie die *Neue Adressliste* über die Schaltfläche *Schließen*.

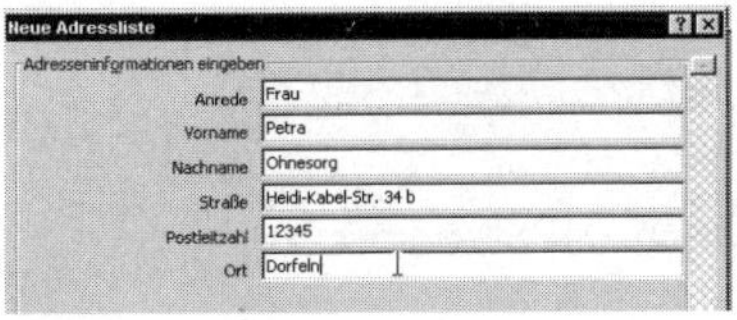

1 Geben Sie den zweiten Datensatz ein. Tragen Sie die Angaben in die entsprechenden Felder ein:

Frau
Petra
Ohnesorg
Heidi-Kabel-Str. 34 b
12345
Dorfeln

2 Wenn Sie alle Datensätze eingetragen haben, bestätigen Sie über die Schaltfläche *Schließen*.

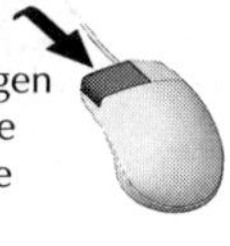

Damit Sie die Adressdatei (also sämtliche Adressen), die Sie gleich anlegen, auch für andere Serienbriefe verwenden können, **speichern** Sie diese ab. Beachten Sie den Speicherort (meist das Verzeichnis »Eigene Datenquellen«), falls Sie später Ihre Adressdatei für einen anderen Serienbrief verwenden möchten

Tipp

*Verwenden Sie so genannte **»sprechende« Namen** (wie Kunden, Lieferanten, Verwandte), damit Sie später wissen, welche Daten in welcher Datei stehen. In diesem Beispiel geben Sie den Namen »Adressen« an.*

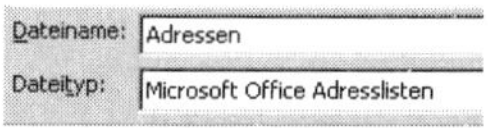

1 Geben Sie als *Dateiname »Adressen«* ein.

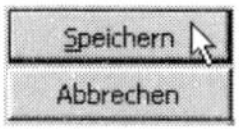

2 Speichern Sie die Datei.

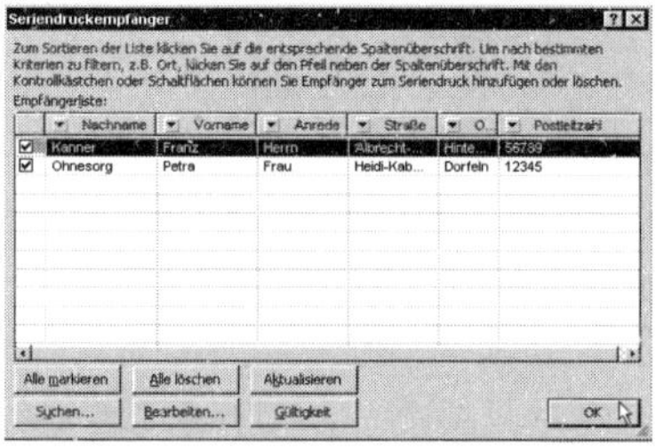

3 Hier können Sie die Adressen über die entsprechenden Schaltflächen bearbeiten. Sind die Angaben richtig, klicken Sie auf die Schaltfläche *OK*. Sie verlassen die Eingabe.

4 Sie können den Aufgabenbereich schließen. Alles, was Sie jetzt für das Beispiel brauchen, finden Sie in der *Seriendruck*-Symbolleiste, die im nächsten Schritt erklärt wird.

Seriendruckfelder einfügen

Sie erkennen eine neue **Symbolleiste** mit verschiedenen Funktionen zum Serienbrief auf dem Bildschirm.

> **Achtung**
>
> *Sollte die Seriendruck-Symbolleiste nicht eingeblendet sein, aktivieren Sie diese über Extras/Briefe und Sendungen/Seriendruck-Symbolleiste einblenden.*

Mit einem Mausklick z.B. auf die Schaltfläche *Seriendruckempfänger* in der Symbolleiste bearbeiten Sie die Datenquelle. Sie können beispielsweise neue Datensätze anlegen oder Korrekturen durchführen.

Mit zwei weiteren Schaltflächen *Adressblock einfügen* und *Grußzeile einfügen* geben Sie das Empfangsfeld und die Anrede ein. Hier aktivieren bzw. deaktivieren Sie Feldnamen. In diesem Beispiel gehen Sie aber anders vor, um die einzelnen Funktionen besser kennen zu lernen. Viele Wege führen zum selben Ergebnis.

Zurück zum Brief. Sie müssen noch die **Felder** selbst und deren Position innerhalb des Briefes angeben.

Heinz·Mustermann¶
Blumenallee·4711¶
56789·Musterhausen¶

1 Tippen Sie zunächst den Absender ein.

Heinz·Mustermann¶
Blumenallee·4711¶
56789·Musterhausen¶
¶
¶
¶
¶
¶
¶

2 Schalten Sie sechsmal mit der (↵)-Taste.

3 Aktivieren Sie in der Seriendruck-Symbolleiste *Seriendruckfeld einfügen*, oder verwenden Sie im Aufgabenbereich *Weitere Elemente* und fügen Sie Seriendruckfelder ein.

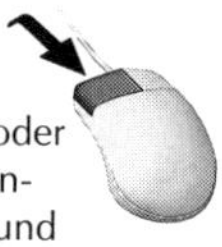

Platzieren Sie die Schreibmarke in Ihrem Dokument genau dort, wo das erste Feld (hier »Anrede«) erscheinen soll.

56789·Musterhausen¶
¶
¶
¶
¶
¶
¶

1 Positionieren Sie die Einfügemarke genau fünf Leerzeilen unter dem Absender.

2 Klicken Sie auf die Schaltfläche *Seriendruckfelder einfügen*.

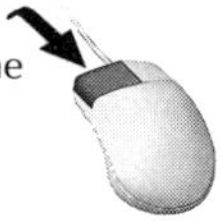

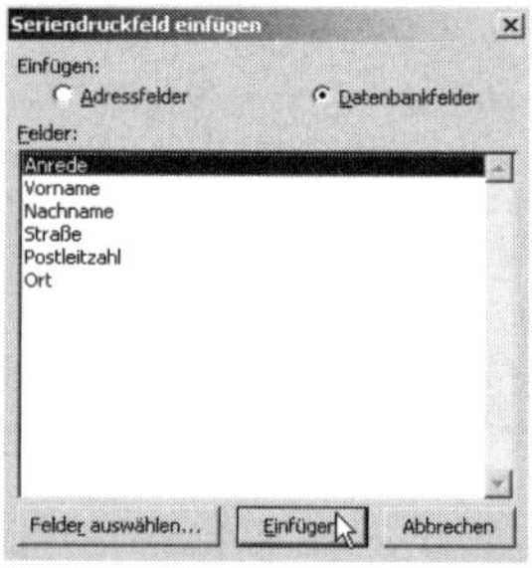

3 Klicken Sie ggf. auf den Eintrag *Anrede* und dann auf die Schaltfläche *Einfügen*.

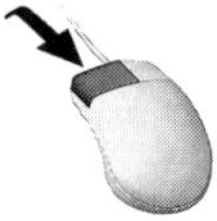

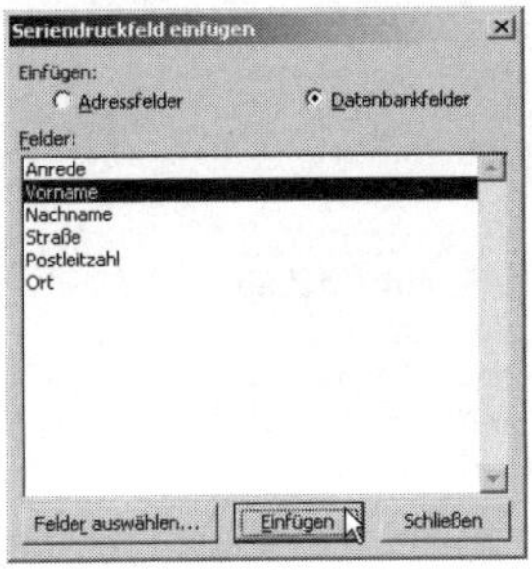

4 Aktivieren Sie *Vorname* und fügen Sie ein.

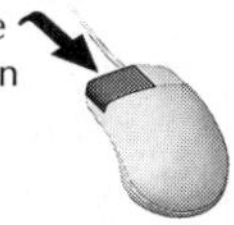

5 Geben Sie die übrigen Einträge an.

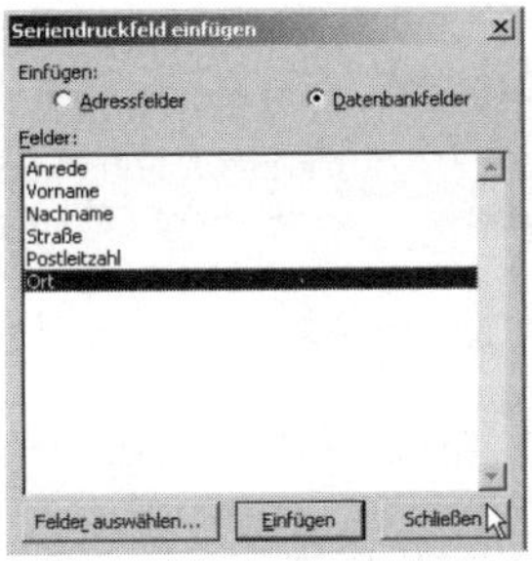

6 Zum Schluss klicken Sie auf die Schaltfläche *Schließen*.

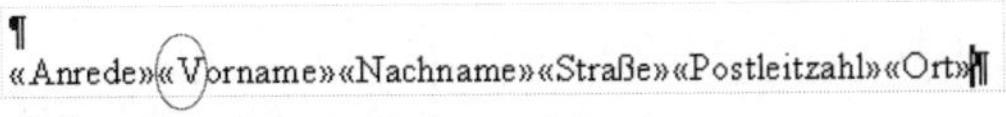

7 Klicken Sie präzise zwischen «Anrede» und «Vorname», und drücken Sie dann die [↵]-Taste.

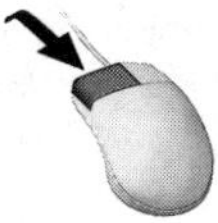

«Anrede»¶
«Vorname»·«Nachname»¶
«Straße»¶
¶
«Postleitzahl»·«Ort»¶

8 Passen Sie die übrigen **Seriendruckfelder** (Vorname, Name, Straße, Postleitzahl und Ort) in der korrekten **Reihenfolge** des Empfangsfeldes an. Verwenden Sie zwischen «Vorname» und «Name», «Postleitzahl» und «Ort» jeweils die [ ]-Taste.

Feldfunktionen – ja oder nein?

Entscheidend für das **Aussehen** Ihres Feldes im Dokument ist, ob die Option *Feldfunktionen* unter dem Menüpunkt *Extras/Optionen* auf der Registerkarte *Ansicht* aktiv ist.

«Anrede»¶
«Vorname»·«Nachname»¶
«Straße»¶
¶
«Postleitzahl»·«Ort»¶

Ist diese **eingeschaltet,** erscheint z. B. das Feld »Anrede« wie hier dargestellt.

Ist die Option dagegen **deaktiviert**, erhalten Sie eine andere Darstellung. Blenden Sie dann für die einheitliche Vorgehensweise im Buch über den Menübefehl *Extras/Optionen* auf der Registerkarte *Ansicht* die Feldfunktionen ein.

Hinweis

Für welches Erscheinungsbild Sie sich auch entscheiden (mit oder ohne Feldfunktionen) ist gleichgültig, da hierdurch der Ablauf des Serienbriefes nicht gestört wird.

Die persönliche Anrede

Nicht jeder Briefempfänger erhält den gleichen Text. Am deutlichsten wird das am Beispiel der **persönlichen Anrede** (Sehr geehrter Herr ..., Sehr geehrte Frau ...).

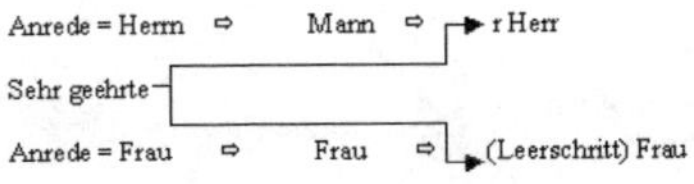

Sie brauchen die persönliche Anrede im Datenformular überhaupt nicht aufzunehmen. Diese Eingabe können Sie sich sparen.

Eine **Frau** sollte mit »Sehr geehrte Frau«, ein **Mann** dagegen mit »Sehr geehrter Herr« angesprochen werden. Welche Buchstaben haben diese Anreden gemeinsam?

»Sehr geehrte« kommt bei **beiden Geschlechtern** vor.

1 Drücken Sie fünfmal die ↵-Taste.

2 Tippen Sie den Text ein.

Wenn ... Dann ... Sonst ...

Wenn das Wörtchen »Wenn« nicht wär! Der Computer kennt nur zwei Fälle bzw. Zustände:

Ja oder Nein!

Wenn ...

Wenn es keine Frau ist, dann ist es für das Programm ein Mann. Eine Mitte gibt es nicht (für die Software).

Bedingung	**Bedingung trifft nicht zu**
Mann	Frau
Hören	Taub
Sehen	Blind
Tod	Leben
Ein	Aus

Gibt es ein Kriterium, mit dem Word unterscheiden kann, ob es sich jeweils um einen Mann oder eine Frau handelt? Ja, es ist das **Feld** »Anrede« in der Adressdatei. Dieses Feld ist jeweils anders aufgebaut.

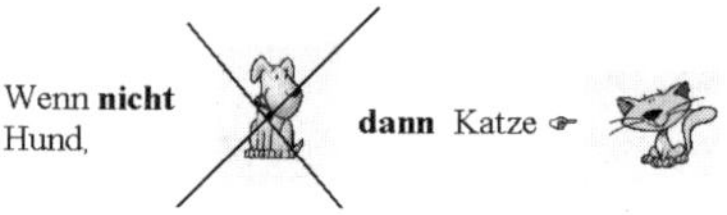

Geschlecht	Unterschied
Mann	Herrn
Frau	Frau

1 Klicken Sie auf die Schaltfläche *Bedingungsfeld einfügen*.

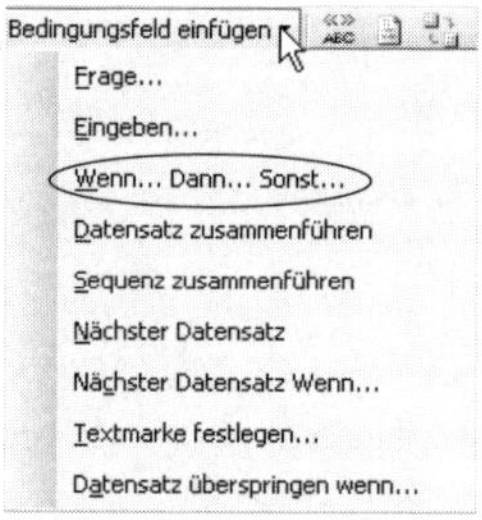

2 Aktivieren Sie den Eintrag *Wenn ... Dann ... Sonst ...*.

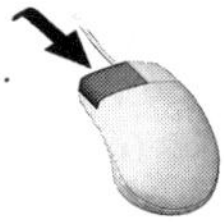

3 Klicken Sie in das Feld *Vergleichen mit*.

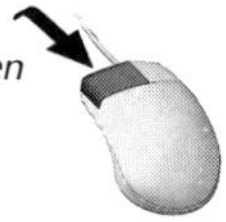

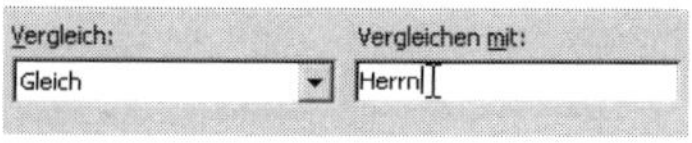

4 Tippen Sie »Herrn« ein.

Geschlecht	**Auswirkung in der Anrede »Sehr geehrte ...«**
Mann	r Herr
Frau	Frau

Dann ...

Wenn das Feld Anrede »Herr« enthält, dann soll Word die Anweisung »r Herr« ausführen.

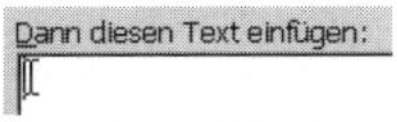

1 Klicken Sie das Feld an.

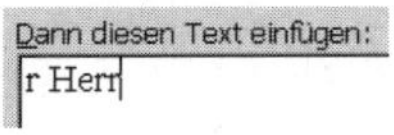

2 Geben Sie »r Herr« ein.

Sonst ...

Ist es kein »Herr«, soll ein Leerschritt und »Frau« eingetragen werden.

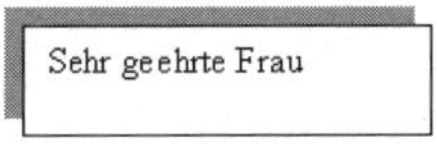

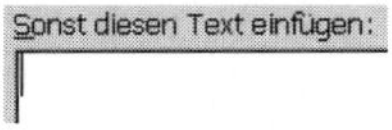

1 Klicken Sie das Feld an.

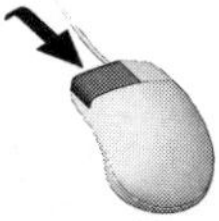

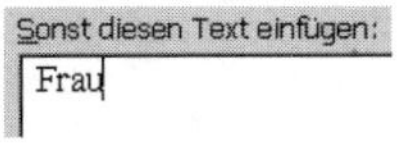

2 Drücken Sie die [ ]-Taste. Geben Sie das Wort »Frau« ein.

> **Achtung**
>
> *Beachten Sie, dass bei Sonst diesen Text einfügen ein **Leerschritt** und dann erst das Wort »Frau« folgt.*

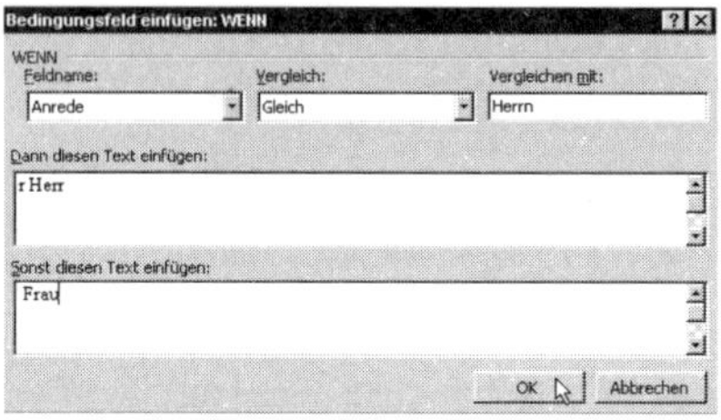

3 Bestätigen Sie über die Schaltfläche *OK*.

«Anrede»¶
«Vorname»·«Name»¶
«Straße»¶
¶
«Postleitzahl»·«Ort»¶
¶
¶
¶
¶
Sehr·geehrter·Herr¶

Sie gelangen zum Dokument zurück und sehen jetzt in der Anrede »Sehr geehrter Herr«.

Der Ausdruck erscheint, da Sie den Brief mit der **Datenquelle** noch nicht verbunden haben. Im 1. Datensatz steht ein Herr!

In der Anrede werden die Empfänger mit dem **Nachnamen** angesprochen. Vervollständigen Sie die Anrede, indem Sie einen Leerschritt durch Drücken der [ ]-Taste und anschließend das Seriendruckfeld »Name« einfügen.

Sehr·geehrter·Herr·¶

1 Erzeugen Sie einen Leerschritt mit der [ ]-Taste.

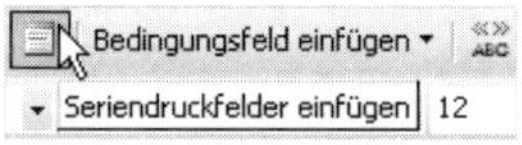

2 Klicken Sie auf die Schaltfläche *Seriendruckfelder einfügen*.

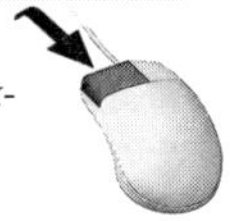

3 Wählen Sie in der Seriendruck-Symbolleiste den nächsten Datensatz.

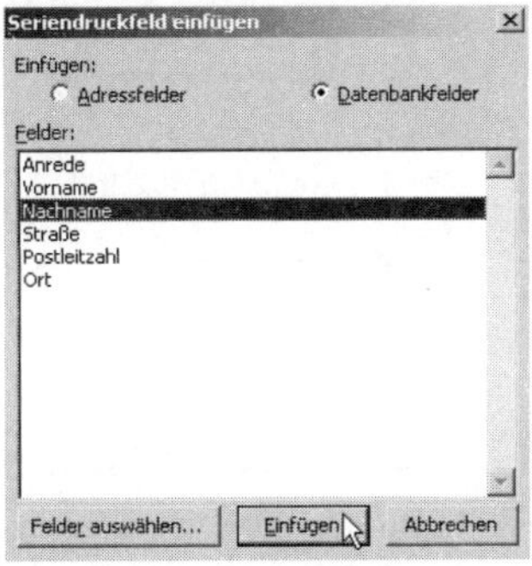

5 Fügen Sie das Seriendruckfeld *Nachname ein.*

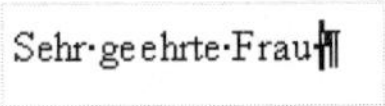

4 Die Anrede ändert sich sofort in Frau um, da es sich im zweiten Datensatz um eine Frau handelt. Bis jetzt scheint also alles richtig zu sein.

6 Schließen Sie das Dialogfeld. Das Seriendruckfeld wurde in das Dokument eingefügt.

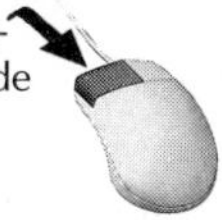

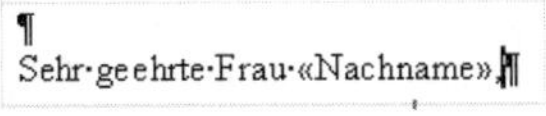

7 Tippen Sie noch ein **Komma** ein.

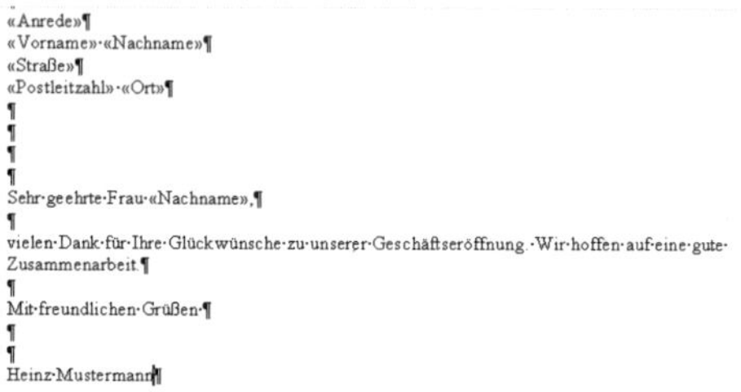
«Anrede»¶
«Vorname»·«Nachname»¶
«Straße»¶
«Postleitzahl»·«Ort»¶
¶
¶
¶
¶
Sehr·geehrte·Frau·«Nachname»,¶
¶
vielen·Dank·für·Ihre·Glückwünsche·zu·unserer·Geschäftseröffnung.·Wir·hoffen·auf·eine·gute·Zusammenarbeit.¶
¶
Mit·freundlichen·Grüßen·¶
¶
¶
Heinz·Mustermann¶

8 Vervollständigen Sie den Brief.

Datenquelle und Serienbrief verbinden

Über die Schaltfläche *Seriendruck-Vorschau* erkennen Sie die Serienbriefe auf dem Bildschirm im **Voraus**.

1 Klicken Sie auf die Schaltfläche *Seriendruck-Vorschau.*

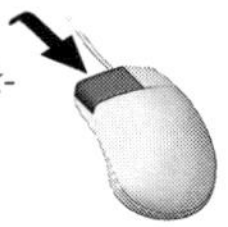

2 Sehen Sie sich die Datensätze an, indem Sie vor- und zurückblättern.

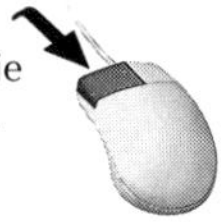

Wenn Sie die Schaltfläche *Seriendruck-Vorschau* wiederum anklicken, gelangen Sie zum Hauptdokument zurück.

1 Haben Sie keine Fehler festgestellt, kehren Sie nach dem erneuten Anklicken der Schaltfläche *Seriendruck-Vorschau* zum Hauptdokument zurück.

2 Drucken Sie die Serienbriefe aus.

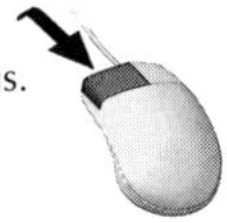

Natürlich können Sie auch über den Aufgabenbereich mit den Schritten 5 und 6 den Serienbrief beenden.

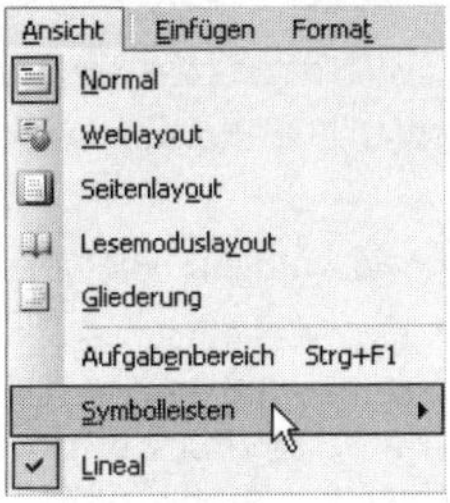

1 Haben Sie Ihren Serienbrief beendet? Dann klicken Sie auf den Menüpunkt *Ansicht* und zeigen mit dem Mauszeiger auf den Eintrag *Symbolleisten*.

2 Blenden Sie ggf. die Seriendruck-Symbolleiste aus.

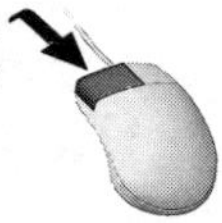

Tipps zum Kapitel

1. Lassen Sie sich den gesamten Seriendruck über die entsprechende Schaltfläche in der *Seriendruck*-Symbolleiste erst in ein neues Dokument einfügen, und überprüfen Sie ihn auf eventuelle Fehler, bevor Sie ihn ausdrucken.

2. Über die Menüoption *Extras/Briefe und Sendungen/Brief-Assistent* können Sie einen Brief schnell erstellen.

3. Aktivieren Sie über das Menü *Datei/Neu* im Aufgabenbereich *Auf meinem Computer...* Auf der Registerkarte *Seriendruck* erhalten Sie zahlreiche Vorlagen zum Serienbrief (siehe auch Kapitel 8). Sie brauchen dann nur die jeweiligen Angaben einzugeben.

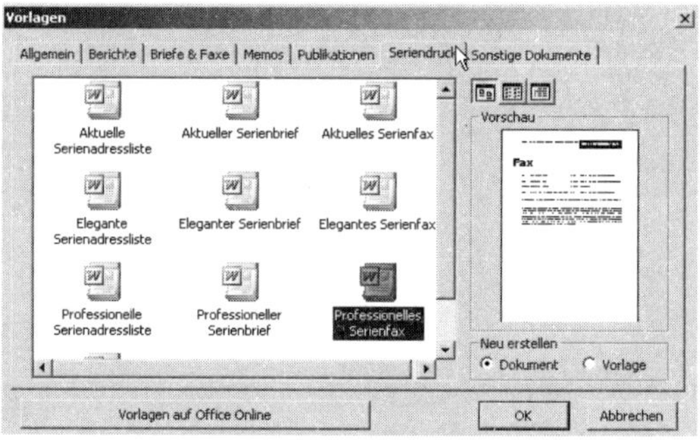

Der Word-Übungs-Trainer

- Legen Sie die folgenden Daten in einer Adressdatei an:

Anrede	Vorname	Name	Straße	Postleitzahl	Ort	Betrag in €
Herrn	Peter	Unrath	Unkerstr. 66	53225	Bonnhausen	250
Herrn	Hansi	Fort	Schuldenberg 15	77777	Sonderheim	450
Frau	Petra	Futsch	Einbahnstr. 45	89899	Greismühlen	890
Herrn	Franz	Laus	Spinnweber Allee 1	22222	Dorfstadt	300
Herrn	Boris	Reich	Dagobert-Duck-Str. 7	78888	Entenhausen	120
Frau	Frieda	Pleite	Gabenstr. 88	21200	Irgendwo	450

- Erstellen Sie den Serienbrief! Lösen Sie die persönliche Anrede elegant mit *Wenn ... Dann ... Sonst ...*

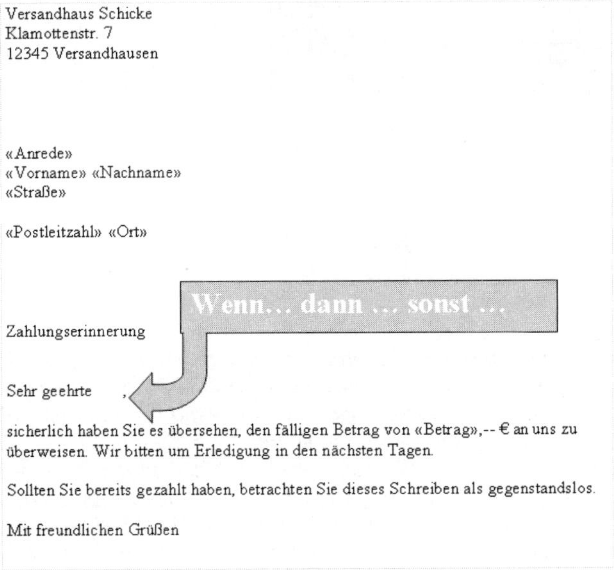
Versandhaus Schicke
Klamottenstr. 7
12345 Versandhausen

«Anrede»
«Vorname» «Nachname»
«Straße»

«Postleitzahl» «Ort»

Zahlungserinnerung

Sehr geehrte ,

sicherlich haben Sie es übersehen, den fälligen Betrag von «Betrag»,-- € an uns zu überweisen. Wir bitten um Erledigung in den nächsten Tagen.

Sollten Sie bereits gezahlt haben, betrachten Sie dieses Schreiben als gegenstandslos.

Mit freundlichen Grüßen

Kapitel 10

Stopp – einmal eingeben reicht!

Das ist doch reine Zauberei! Sie schreiben ein winziges Kürzel, nehmen Ihren Zauberstab (!) oder eine Prise Zaubersalz (!), und eine ganze Textpassage erscheint. Sind Sie nun quasi ein unentdeckter Harry Potter in Word? Nein, Sie nutzen einfach den AutoText oder die AutoKorrektur. Nur statt des Zauberstabes drücken Sie die [F3]-Taste, und statt des Zaubersalzes nehmen Sie die [ ]-Taste Ihrer Tastatur. Durch diese Möglichkeiten können Sie Briefe schnell erstellen und variieren.

Das können Sie schon:

Das lernen Sie neu:

Der AutoText

Abkürzungen für Wörter sind in Word 2003 bereits angelegt. Sie finden diese über die Menüoption *Extras/AutoKorrektur-Optionen* auf der Registerkarte *AutoText.*

Hier legen Sie auch eigene Ausdrücke an. Das könnte Ihr Name oder längere Wörter sein (z. B. »Schifffahrtslotsenhilfsausbildungsleiter«). Diese brauchen so nur einmal geschrieben und dann gespeichert werden.

Zunächst blenden Sie die AutoText-Symbolleiste ein. Das erspart ein paar Mausklicks.

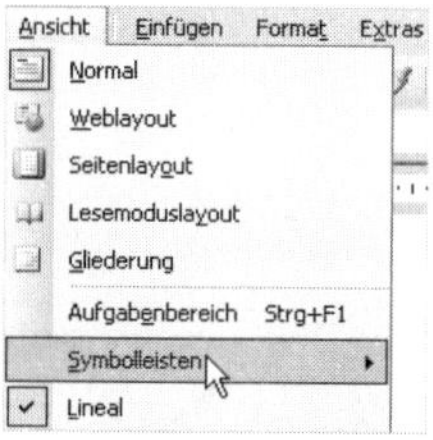

1 Klicken Sie auf das Menü *Ansicht,* und zeigen Sie auf den Eintrag *Symbolleisten.*

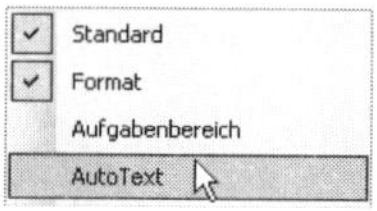

2 Blenden Sie die AutoText-Symbolleiste ein.

In diesem Beispiel geben Sie »Thomas Mustermann« an. Sie können entweder den Namen im Dokument schreiben und ihn markieren oder später im Dialogfeld eintragen.

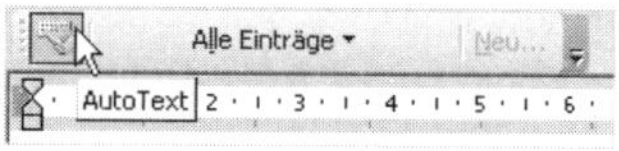

1 Wählen Sie die Schaltfläche *AutoText* in der neuen Symbolleiste.

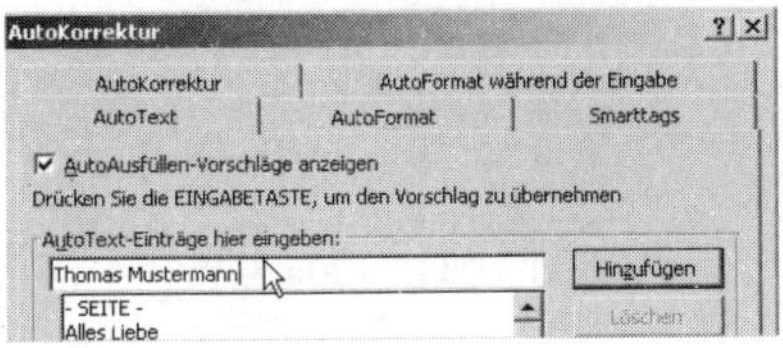

2 Geben Sie »Thomas Mustermann« ein.

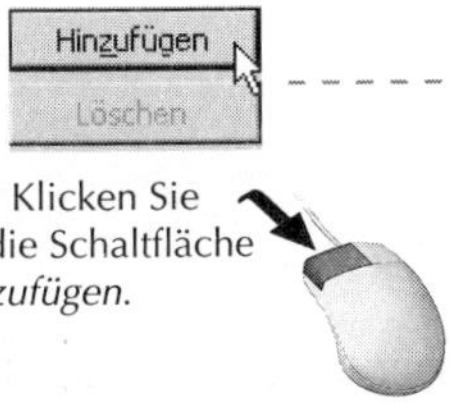

3 Klicken Sie auf die Schaltfläche *Hinzufügen*.

4 Bestätigen Sie die Angaben über die Schaltfläche *OK*.

Einen AutoText entfernen

Einen AutoText löschen Sie im Dialogfeld wieder, indem Sie diesen und anschließend die Schaltfläche *Löschen* anklicken.

Einen AutoText einfügen

Nachdem Sie »Thomas Mustermann« als AutoText angelegt haben, schreiben Sie den Namen. Wenn Sie die ⏎-Taste drücken, übernimmt Word den kompletten Namen und fügt ihn an der Stelle ein.

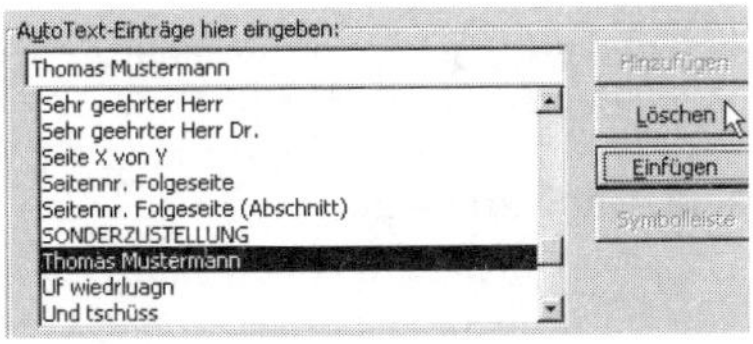

> **Hinweis**
>
> *Möchten Sie einen AutoText **nicht übernehmen**, schreiben Sie einfach durch.*

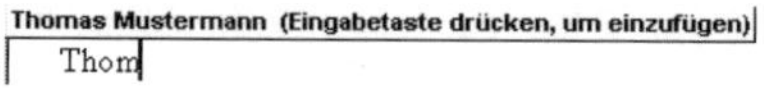

1 Schreiben Sie »Thom«.

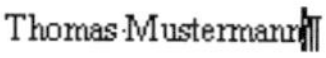

2 Bestätigen Sie über die [↵]-Taste.

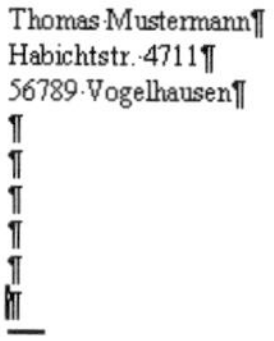

3 Vervollständigen Sie die Adresse und schalten Sie sechsmal mit der [↵]-Taste.

AutoText oder AutoKorrektur?

Das ist hier die Frage! In Word 2003 können Sie **Floskeln** oder **Textpassagen** einmalig angeben und bei Bedarf immer wieder neu **einfügen**. Sie haben hier zwei Möglichkeiten.

Der AutoText

Sie speichern einen Text ab und vergeben für diesen einen Namen. Sobald Sie diesen Namen schreiben und die [F3]-Taste drücken, fügt Word den gespeicherten Text ein.

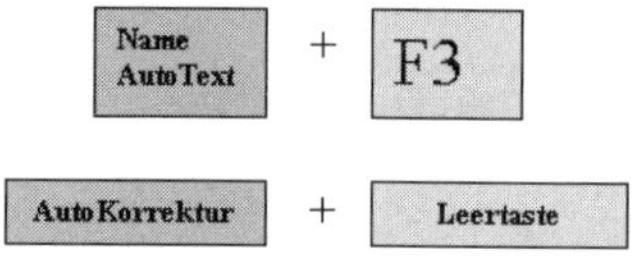

Die AutoKorrektur

Diese Möglichkeit dient eigentlich dazu, dass Sie Fehler, die Sie immer wieder machen, hier angeben und Word sie automatisch korrigiert (beispielsweise Cursor statt Corsur).

Sie können diese Funktion aber ein wenig entfremden: **Texte** lassen sich ebenso anlegen. Sie vergeben Namen für die Textpassagen. Wenn Sie diesen Namen schreiben und die [ ]-Taste drücken, fügt Word automatisch den abgespeicherten Text ein.

Welche Funktion sollten Sie wählen – AutoText oder AutoKorrektur?

Das hängt ganz von Ihnen ab und ist sicherlich reine Geschmackssache. In der Praxis wählt man für **Textpassagen** meistens den **AutoText**.

In diesem Beispiel legen Sie zunächst den Absender als AutoText an. Sie geben ihm den Namen »abs«.

Wenn Sie wissen, wie viele Leerzeilen nach dem Absender folgen müssen, geben Sie diese mit an. So springt die Schreibmarke später immer auf die richtige Position.

Klicken Sie auf die Schaltfläche *Neu* in der AutoText-Symbolleiste. Alternativ dazu können Sie die Menüoption *Einfügen/AutoText* und hier den Eintrag *Neu* wählen.

1 Markieren Sie den dargestellten Textbereich einschließlich der Zeilen.

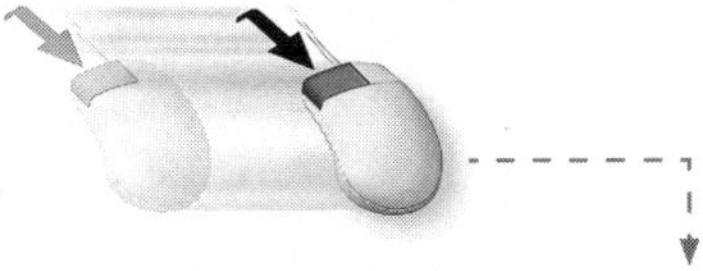

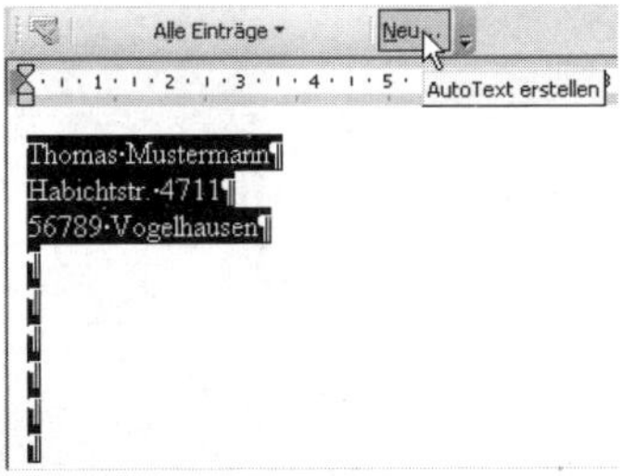

Tipp

Sie können statt der Schaltfläche Neu *oder der Menüoption auch die* ***Tastenkombination*** *[Alt]+[F3] ausführen.*

2 Klicken Sie auf die Schaltfläche *Neu* in der AutoText-Symbolleiste.

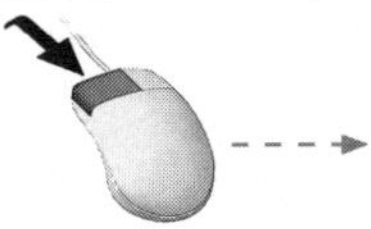

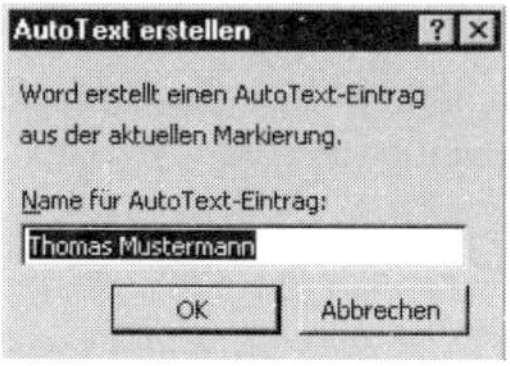

3 Word schlägt zwar einen Namen vor. Sie vergeben jedoch einen kürzeren.

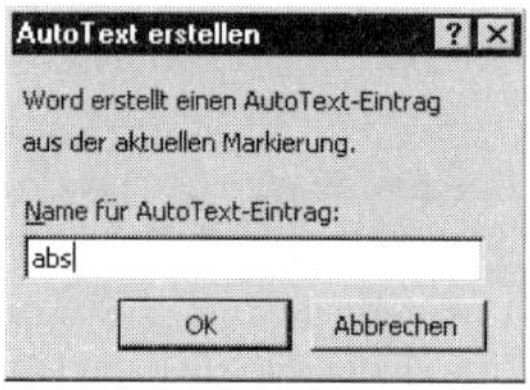

4 Tragen Sie das Kürzel »abs« ein, und bestätigen Sie über die Schaltfläche *OK*.

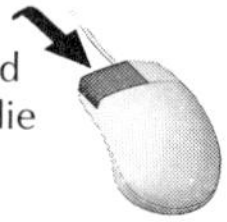

Sie haben einen AutoText angelegt. Die kompletten Daten für Thomas Mustermann sind unter dem Namen »abs« **gespeichert**.

Sobald Sie das Kürzel »abs« schreiben und die F3-Taste drücken, fügt Word den gesamten Text (einschließlich der markierten Leerzeilen) ein.

1 Schreiben Sie »abs«.

2 Drücken Sie die F3-Taste.

3 Das Kürzel »abs« verschwindet und wird durch den gespeicherten Text ausgetauscht.

Mehrere Autotexte anlegen

Legen Sie auf dieselbe Art und Weise andere Textpassagen an.

Ihre Stellenbeschreibung in der|

1 Geben Sie den Text unter dem Namen »**Betreff**« an.

in Ihrer Anzeige suchen Sie einen ....

2 Vergeben Sie den Namen »**Text1**«.

mit großem Interesse habe ich Ihr Stellenangebot gelesen.

3 Speichern Sie den AutoText unter »**Text2**«.

Die Aufgaben, die Sie beschreiben, interessieren mich sehr. Ich suche eine neue berufliche Herausforderung.

4 Geben Sie »**Text3**« ein.

Ich bin seit zwei Jahren als Sachbearbeiter für Gummischläuche zuständig. Da ich mich stets an der Volkshochschule weiterbilde, konnte ich mein Wissen stets auffrischen.

5 Diese Textpassage wird als »**Text4**« angelegt.

Leider wurde mein Arbeitsplatz aus betriebswirtschaftlichen Gründen wegrationalisiert.

6 Verwenden Sie »**Text5**«.

Ich würde mich darüber freuen, meine Bewerbung in einem Gespräch mit Ihnen zu ergänzen.

7 Speichern Sie die Textpassage unter »**Text6**« als AutoText ab.

Die AutoKorrektur

Kürzel verkürzen die Eingabe! In der AutoKorrektur legen Sie am besten **Floskeln** oder **Abkürzungen** an.

Beispiel:

Sie lesen immer die »Frankfurter Welt Zeitung«, abgekürzt »FWZ«. Sie finden hier eine Stellenanzeige, die Ihnen zusagt, und beziehen sich in Ihrem Schreiben auf die Zeitung. Geben Sie das gebräuchliche Kürzel »FWZ« für »Frankfurter Welt Zeitung« in der AutoKorrektur an.

Für die Angabe der AutoKorrektur ist es vollkommen gleichgültig, ob Sie den Text zuerst schreiben und markieren oder ihn später im Dialogfeld eintragen.

Klicken Sie wiederum auf die Schaltfläche *AutoText* (anstatt auf die Menüoption *Extras/AutoKorrektur-Optionen).*

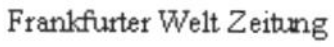

1 Schreiben Sie »Frankfurter Welt Zeitung«.

2 Markieren Sie diese Eingabe.

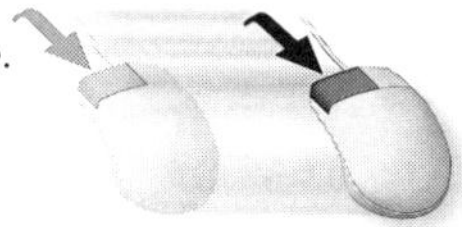

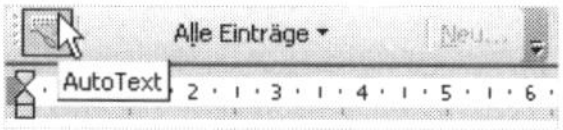

3 Klicken Sie die Schaltfläche *AutoText* an.

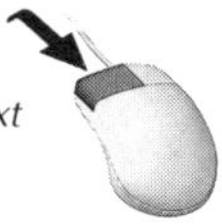

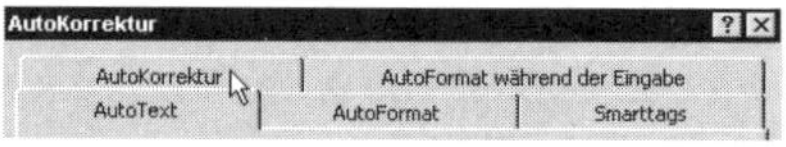

4 Holen Sie die Registerkarte *AutoKorrektur* in den Vordergrund.

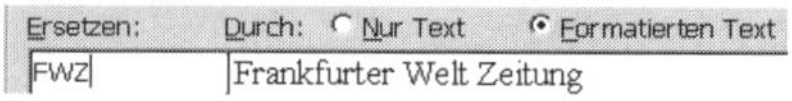

5 Geben Sie unter *Ersetzen* »FWZ« ein.

6 Aktivieren Sie die Schaltfläche *Hinzufügen*.

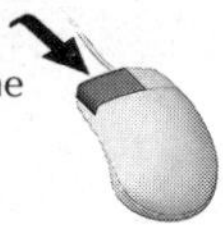

7 Bestätigen Sie über die Schaltfläche *OK*.

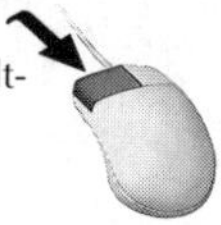

Noch mehr Kürzel ...

Sie legen noch weitere Kürzel in der AutoKorrektur an, da Sie auch noch andere Zeitungen lesen. Es sind das »Glückstädter Morgenblatt« und der »Rasende Reporter«.

Speichern Sie die folgenden Angaben in der AutoKorrektur, wie Sie es bereits kennen gelernt haben.

Glücksstädter Morgenblatt

1 Legen Sie den Namen »GM« fest.

Rasenden Reporter

2 Vergeben Sie den Namen »RR«.

AutoKorrektur und AutoText in einem Brief nutzen

Sie werden überrascht sein, wie schnell ein Brief verfasst ist, wenn bereits alles gespeichert wurde. »Auf geht's!«

Legen Sie ein **neues Dokument** an. Sie geben zunächst das Kürzel »abs« ein und drücken die F3-Taste. Word fügt automatisch den Absender Thomas Mustermann inklusive der Leerzeilen ein.

1 Klicken Sie auf die Schaltfläche *Neues leeres Dokument*.

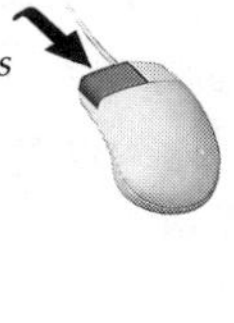

abs

2 Schreiben Sie das Kürzel »abs«.

Thomas·Mustermann¶
Habichtstr. 4711¶
56789·Vogelhausen¶
¶
¶
¶
¶
¶
¶

Schmitz·&·Co.¶
Arbeiter·Str.·815·a¶
¶
56788·Lohnhausen¶
¶
¶
¶
¶
¶

3 Drücken Sie die [F3]-Taste.

4 Geben Sie den Empfänger des Briefes ein. Drücken Sie danach fünfmal die [↵]-Taste.

Betreff

5 Schreiben Sie das Wort »Betreff«.

Ihre·Stellenbeschreibung·in·der

6 Drücken Sie die [F3]-Taste.

Die Stellenbeschreibung haben Sie in der »Frankfurter Welt Zeitung« gelesen. Sie ist unter dem Kürzel »FWZ« in der AutoKorrektur angegeben.

Ihre·Stellenbeschreibung·in·der·FWZ¶

1 Schreiben Sie »FWZ«.

Ihre·Stellenbeschreibung·in·der·Frankfurter·Welt·Zeitung¶

2 Drücken Sie die [ ]-Taste.

Ihre·Stellenbeschreibung·in·der·Frankfurter·Welt·Zeitung¶
¶
¶
¶

3 Drücken Sie dreimal die [↵]-Taste.

Hinweis

Das Kürzel »Sgdh« besteht bereits in AutoKorrektur.

Hier steht die Anrede »Sehr geehrte Damen und Herren«.

Sgdh¶

1 Schreiben Sie »Sgdh«.

Sehr·geehrte·Damen·und·Herren·¶

2 Drücken Sie die [ ]-Taste.

Sehr·geehrte·Damen·und·Herren,¶

3 Die AutoKorrektur »Sehr geehrte Damen und Herren« ist nicht richtig angelegt, denn Sie müssen nach »Herren« einen Leerschritt über die [⇐]-Taste löschen und ein Komma eintippen. Diese Darstellung ist dann korrekt.

Tipp

*Ändern Sie die Auto-Korrektur »**Sgdh**« in die korrekte Darstellung um, indem Sie einfach ein Komma setzen (Schaltfläche* AutoText/ *Registerkarte* AutoKorrektur*).*

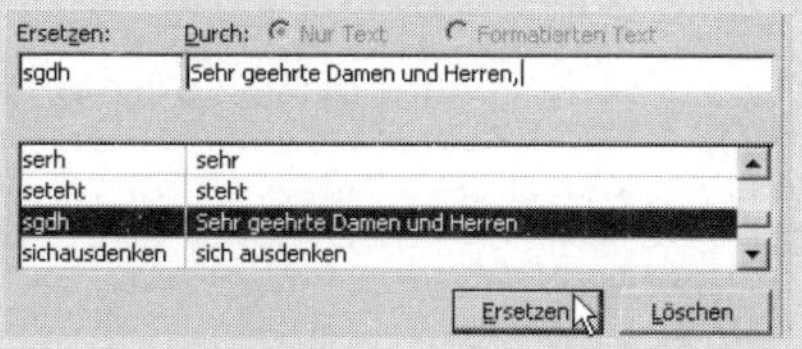

Es folgt eine Reihe von Textpassagen. Sie geben den Namen an und drücken die [F3]-Taste.

Sehr·geehrte·Damen·und·Herren,¶
¶
Text2¶

1 Betätigen Sie zweimal die [↵]-Taste. Schreiben Sie »**Text2**«. Drücken Sie die [F3]-Taste.

Sehr·geehrte·Damen·und·Herren,¶
¶
mit·großem·Interesse·habe·ich·Ihr·Stellenangebot·gelesen.¶
¶
Text3¶

2 Drücken Sie zweimal die [↵]-Taste. Tippen Sie »**Text3**«. Drücken Sie die [F3]-Taste.

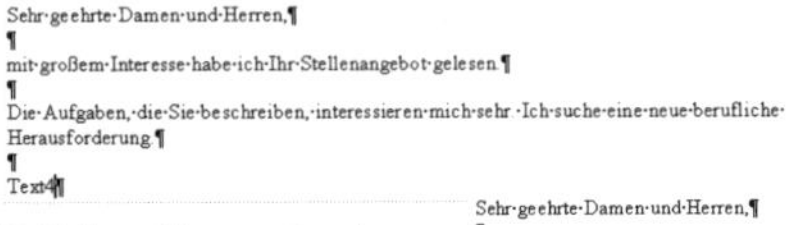
Sehr·geehrte·Damen·und·Herren,¶
¶
mit·großem·Interesse·habe·ich·Ihr·Stellenangebot·gelesen.¶
¶
Die·Aufgaben,·die·Sie·beschreiben,·interessieren·mich·sehr.·Ich·suche·eine·neue·berufliche·Herausforderung.¶
¶
Text4¶

3 Drücken Sie zweimal die [↵]-Taste. Schreiben Sie »**Text4**«. Drücken Sie die [F3]-Taste.

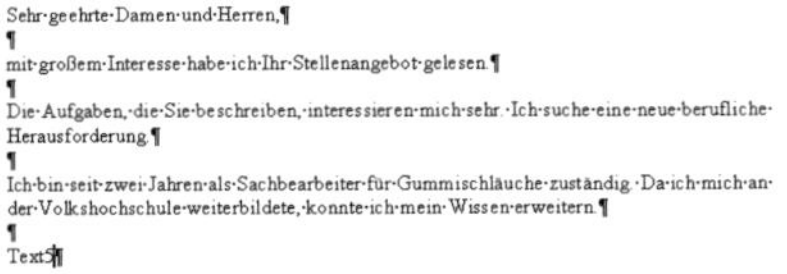
Sehr·geehrte·Damen·und·Herren,¶
¶
mit·großem·Interesse·habe·ich·Ihr·Stellenangebot·gelesen.¶
¶
Die·Aufgaben,·die·Sie·beschreiben,·interessieren·mich·sehr.·Ich·suche·eine·neue·berufliche·Herausforderung.¶
¶
Ich·bin·seit·zwei·Jahren·als·Sachbearbeiter·für·Gummischläuche·zuständig.·Da·ich·mich·an·der·Volkshochschule·weiterbildete,·konnte·ich·mein·Wissen·erweitern.¶
¶
Text5¶

4 Betätigen Sie zweimal die [↵]-Taste. Geben Sie »**Text5**« ein. Drücken Sie die [F3]-Taste.

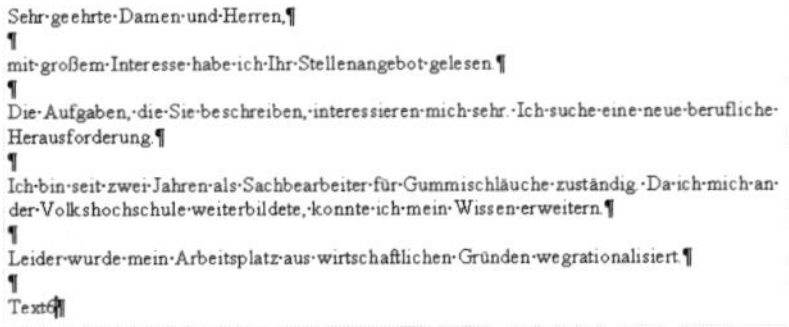
Sehr·geehrte·Damen·und·Herren,¶
¶
mit·großem·Interesse·habe·ich·Ihr·Stellenangebot·gelesen.¶
¶
Die·Aufgaben,·die·Sie·beschreiben,·interessieren·mich·sehr.·Ich·suche·eine·neue·berufliche·Herausforderung.¶
¶
Ich·bin·seit·zwei·Jahren·als·Sachbearbeiter·für·Gummischläuche·zuständig.·Da·ich·mich·an·der·Volkshochschule·weiterbildete,·konnte·ich·mein·Wissen·erweitern.¶
¶
Leider·wurde·mein·Arbeitsplatz·aus·wirtschaftlichen·Gründen·wegrationalisiert.¶
¶
Text6¶

5 Drücken Sie zweimal die [↵]-Taste. Schreiben Sie »**Text6**«. Betätigen Sie die [F3]-Taste.

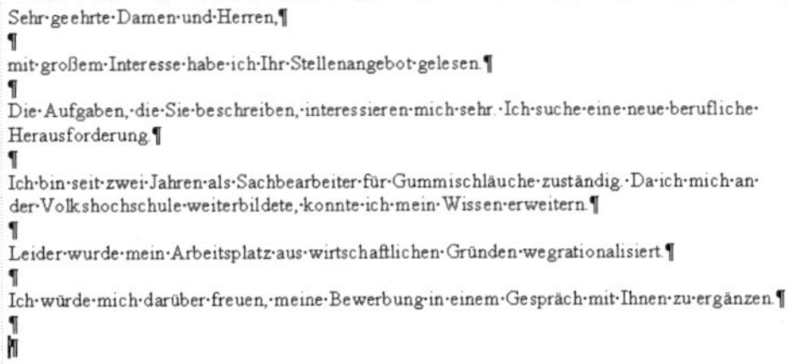
Sehr·geehrte·Damen·und·Herren,¶
¶
mit·großem·Interesse·habe·ich·Ihr·Stellenangebot·gelesen.¶
¶
Die·Aufgaben,·die·Sie·beschreiben,·interessieren·mich·sehr.·Ich·suche·eine·neue·berufliche·Herausforderung.¶
¶
Ich·bin·seit·zwei·Jahren·als·Sachbearbeiter·für·Gummischläuche·zuständig.·Da·ich·mich·an·der·Volkshochschule·weiterbildete,·konnte·ich·mein·Wissen·erweitern.¶
¶
Leider·wurde·mein·Arbeitsplatz·aus·wirtschaftlichen·Gründen·wegrationalisiert.¶
¶
Ich·würde·mich·darüber·freuen,·meine·Bewerbung·in·einem·Gespräch·mit·Ihnen·zu·ergänzen.¶
¶
¶

Hinweis

Das Kürzel »mfg« ist bereits in der AutoKorrektur enthalten.

Zum Abschluss des Briefes erscheint die **Grußformel**. Sie schreiben »mfg« und drücken die [ ]-Taste. Daraus wird »Mit freundlichen Grüßen«.

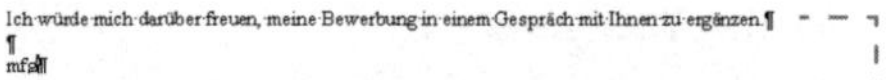

1 Drücken Sie zweimal die [↵]-Taste. Schreiben Sie »mfg«.

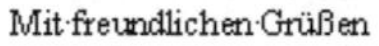

2 Drücken Sie die [ ]-Taste.

Nach dem Gruß unterschreibt Thomas Mustermann. Für den Brief bedeutet das: Der Name wird noch einmal wiederholt.

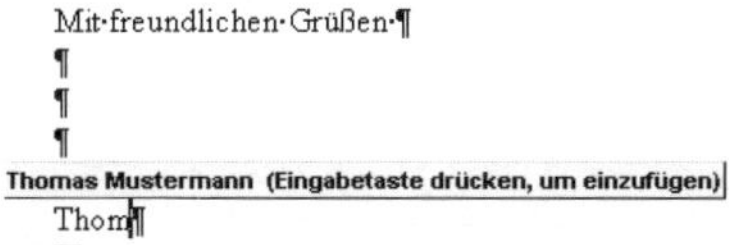

1 Betätigen Sie die [↵]-Taste so oft, dass der Platz für eine Unterschrift reichen könnte. Tippen Sie »Thom«.

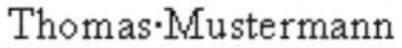

2 Übernehmen Sie »Thomas Mustermann« durch Drücken der [↵]-Taste.

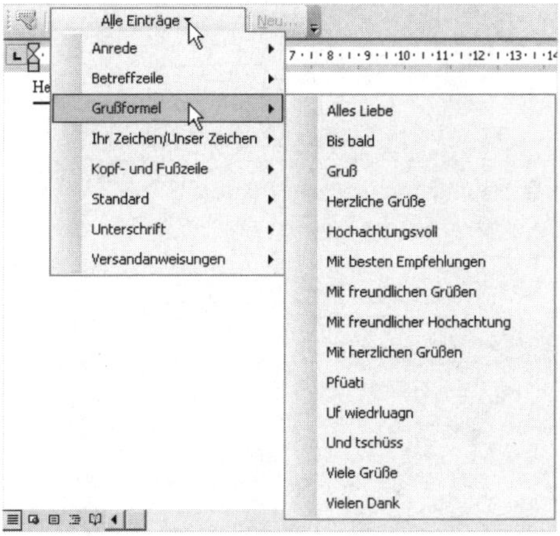

Wenn Sie in der *AutoText*-Symbolleiste auf die Schaltfläche *Alle Einträge* klicken, können Sie weitere AutoTexte per Mausklick aktivieren. Hier erhalten Sie z. B. auch für die Grußformel eine Auswahl.

Das Euro-Zeichen als AutoText einfügen

Schreiben Sie z. B. »20 Euro«, wäre es vielleicht nützlich, statt des Wortes »Euro« das Zeichen »€« anzugeben. Sie legen einfach das Symbol »€« als AutoText fest.

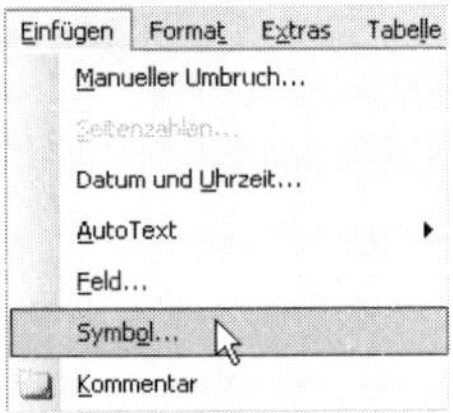

1 Rufen Sie den Menübefehl *Einfügen/Symbol* auf.

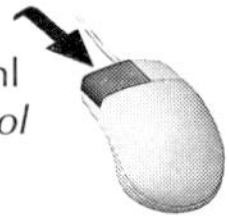

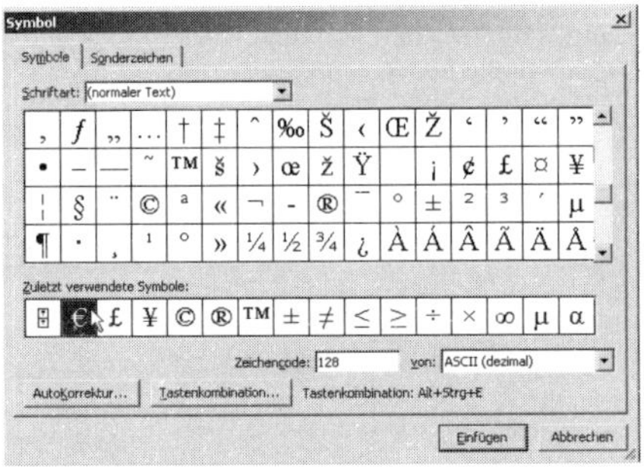

2 Geben Sie das Zeichen »€« an.

3 Klicken Sie auf die Schaltfläche *AutoKorrektur*.

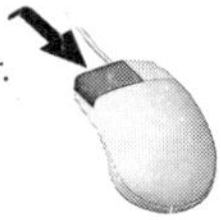

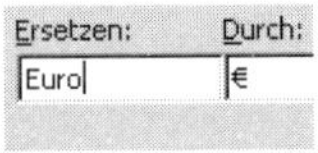

4 Tippen Sie »Euro«.

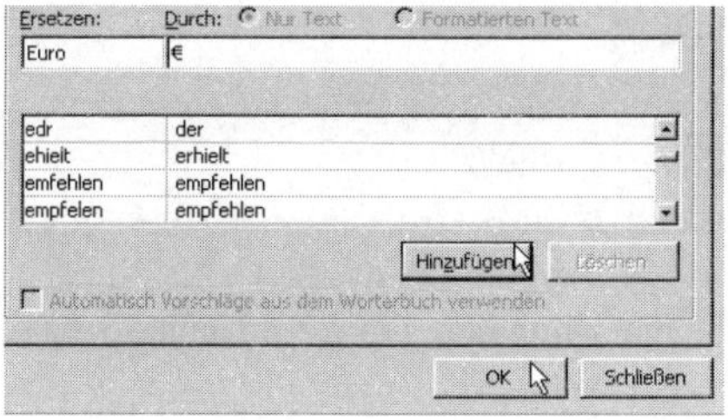

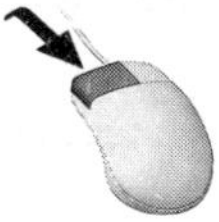

5 Klicken Sie auf die Schaltfläche *Hinzufügen*, dann auf *OK*.

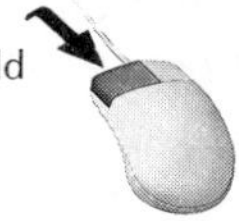

6 Schließen Sie das Dialogfeld *Symbol*.

20 Euro

7 Schreiben Sie »20 Euro«, und drücken Sie die -Taste.

20 €

8 Das €-Zeichen wird eingefügt.

Das Kapitel ist zu Ende. Fast! Blenden Sie ggf. die AutoText-Symbolleiste aus.

1 Platzieren Sie den Mauszeiger auf die AutoText-Symbolleiste, und klicken Sie mit der rechten Maustaste.

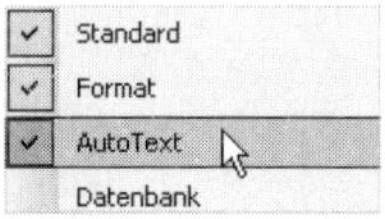

2 Blenden Sie die AutoText-Symbolleiste aus.

Tipps zum Kapitel

1. Das Euro-Zeichen € können Sie auch über die Tastenkombination Alt+Strg+E oder AltGr+E einfügen.
2. Tippen Sie »(e)«, erscheint ebenfalls das Euro-Zeichen €.
3. Für jedes Symbol können Sie im Dialogfeld *Symbol* (*Einfügen/Symbol*) eine Tastenkombination über die gleichnamige Schaltfläche zuweisen.
4. Legen Sie Ihre eigene Adresse als AutoText oder in der AutoKorrektur an. Das spart Zeit!
5. Beachten Sie zum Thema **Symbole einfügen** die weiteren Erklärungen und Tipps in Kapitel 12.
6. Tippen Sie »(c)« ein, erscheint das Copyright-Zeichen »©«.
7. Haben Sie versehentlichen einen AutoText eingefügt, heben Sie den letzten Schritt über die Schaltfläche *Rückgängig* wieder auf.

Der Word-Übungs-Trainer

1. Geben Sie das Zeichen @ (gesprochen: ät) als »at« in der AutoKorrektur an.
2. Mit welcher Taste fügen Sie einen AutoText ein?
3. Legen Sie die folgenden AutoTexte an:

Text	Name des AutoTextes
Maschinenfabrik Kasernenstr. 111 81577 Glücksstadt	**abs**
Ihre Bewerbung vom ... Ihre Kurzbewerbung vom ... Ihre telefonische Anfrage ...	**b1** **b2** **b3**
Sehr geehrter Herr ..., Sehr geehrte Frau ...,	**anrede1** **anrede2**
vielen Dank für Ihr Interesse an unserem Unternehmen.	**tex1**
Bitte übersenden Sie uns Ihre kompletten Bewerbungsunterlagen zu.	**tex2**
Wir laden Sie zu einem Vorstellungsgespräch am .... ein.	**tex3**
Leider haben wir uns für einen anderen Bewerber entschieden.	**tex4**
Für Ihren weiteren beruflichen Weg wünschen wir Ihnen alles Gute.	**tex5**

Führen Sie mit Hilfe der angelegten AutoTexte die nachfolgenden Schreibanweisungen an die drei Personen durch. Tragen Sie die fehlenden Angaben ein.

1. Peter Erfolg, Rasthofstr. 4711, 47123 Lümmelhausen, b2 02.02., anrede1, tex1, tex2, MfG
2. Rosi Unschuld, Jungfernsteg 1 a, 55555 Klosterhagen, b1 01.02., anrede2, tex1,tex3 17.03, MfG
3. Fritz Emsig, Hans-Eifer-Str. 999, 45676 Glewe, b1 03.02, anrede1, tex1, tex4, tex5, MfG

Kapitel 11

Grafiken mit Word 2003

Ein Bild sagt mehr als 1000 Worte! Sie entwerfen mit Bildern persönliche Schreiben wie Geburtstagswünsche oder Einladungen. Mithilfe der Zeichnen-Symbolleiste legen Sie z. B. Formen an. Ein weiteres Programm – WordArt, das zu Word gehört – stellt Schrifteffekte her.
Sie nutzen diese Werkzeuge, um Ihren Dokumenten eine individuelle Note zu geben. Mit Phantasie und Geschick können Sie »einiges anstellen«.

Das können Sie schon:

Das lernen Sie neu:

Eine ClipArt-Grafik einfügen

In Word finden Sie unter der Menüoption *Einfügen/Grafik/ClipArt* vorgefertigte Grafiken. Diese heißen **ClipArts oder Clips**. Mit dem **Microsoft Clip Organizer** verwalten Sie die Grafiken. Hier können Sie auch eigene Bilder per Scanner oder über das Internet einbinden.

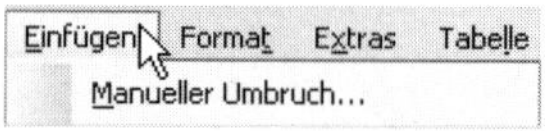

1 Öffnen Sie das Menü *Einfügen.*

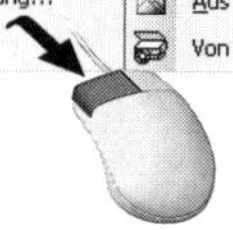

2 Wählen Sie den Eintrag *Grafik,* und rufen Sie den Befehl *ClipArt* auf.

Der Clip Organizer

Zunächst lernen Sie den Clip Organizer kennen. Diesen starten Sie über den Aufgabenbereich. Hier finden Sie zahlreiche Sammlungslisten.

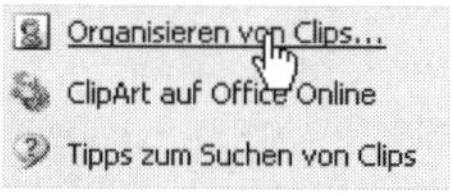

1 Klicken Sie auf *Organisieren von Clips...*

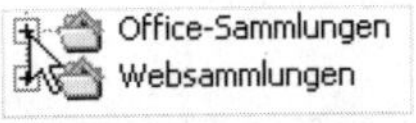

2 Sie haben mit dem Clip Organizer bis jetzt wahrscheinlich noch nicht gearbeitet. In diesem Dialogfeld können Sie Clips organisieren. Für dieses Beispiel müssen Sie nur unter der Sammlungsliste auf das Pluszeichen vor *Office Sammlungen* klicken.

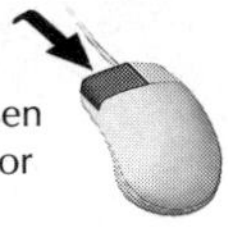

3 Hier sind ClipArts nach Kategorien sortiert. Mithilfe der Bildlaufleiste ziehen Sie, bis Sie z. B. die Sammlung *Tiere* sehen.

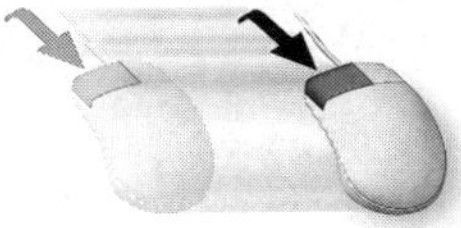

4 Wählen Sie z. B. die Sammlung **Tiere** aus.

5 Platzieren Sie den Mauszeiger auf einen ClipArt, erhalten Sie Schlüsselwörter angezeigt. Diese sind für eine spätere Suche wichtig. Diese Schlüsselwörter können Sie bearbeiten und ergänzen.

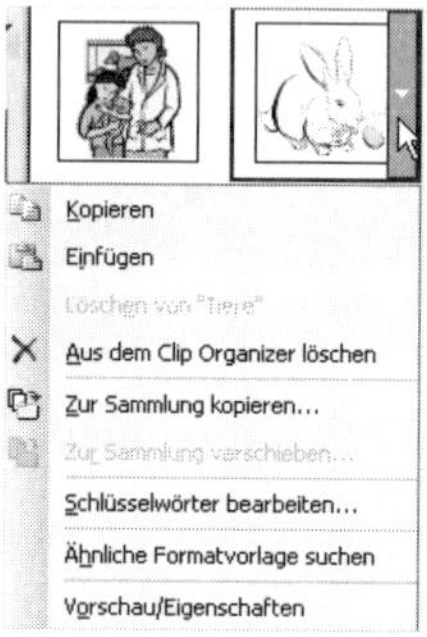

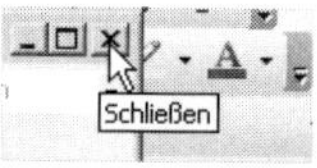

6 Klicken Sie auf die erscheinende Schaltfläche. Hier könnten Sie den ClipArt bereits einfügen.

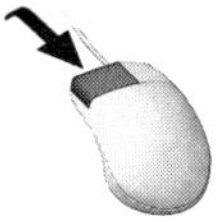

7 Sie **könnten** einfügen! Sie werden jedoch eine elegantere Lösung (über die Suchfunktion) kennen lernen. Schließen Sie daher den Clip Organizer.

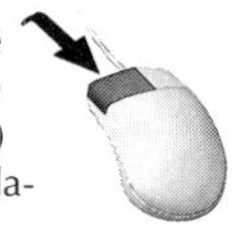

Eine ClipArt-Grafik suchen

In diesem Beispiel nehmen Sie für eine Osterkarte den Hasen. Oder ist es ein Kaninchen? Jedenfalls legt das Tier Ostereier!

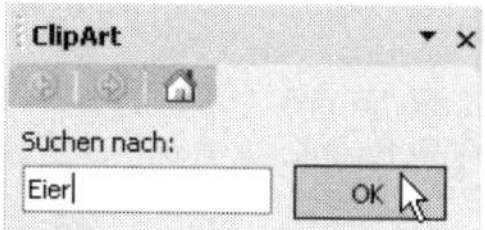

1 Geben Sie im Aufgabenbereich *ClipArt* unter *Ergebnisse* an, dass Sie einen ClipArt suchen.

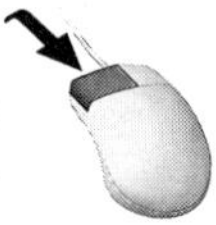

2 Tippen Sie das Schlüsselwort »Eier«, und starten Sie die Suche mit Klick auf die Schaltfläche *OK*.

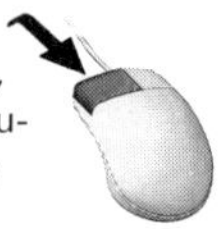

3 Platzieren Sie den Mauszeiger wiederum auf den ClipArt, und fügen Sie ihn ein.

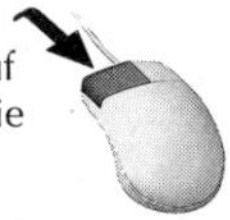

Klicken Sie direkt auf den ClipArt und fügen Sie diesen ebenfalls in das aktive Dokument ein.

Wenn Sie möchten, können Sie den Aufgabenbereich z. B. über *Ansicht/Aufgabenbereich* ausblenden.

Eine Grafik bearbeiten

Möchten Sie eine ClipArt-Grafik bearbeiten, muss diese aktiviert sein. Dazu klicken Sie in den »Hasen«. Kleine Quadrate – **Ziehpunkte** genannt – erscheinen.

1 Klicken Sie in die Grafik.

2 Um die Grafik erscheinen kleine Quadrate.

Anhand des angezeigten Rahmens erkennen Sie die Größe der ClipArt-Grafik. Der Rahmen verschwindet, wenn Sie außerhalb des Bildes beliebig in das Dokument klicken.

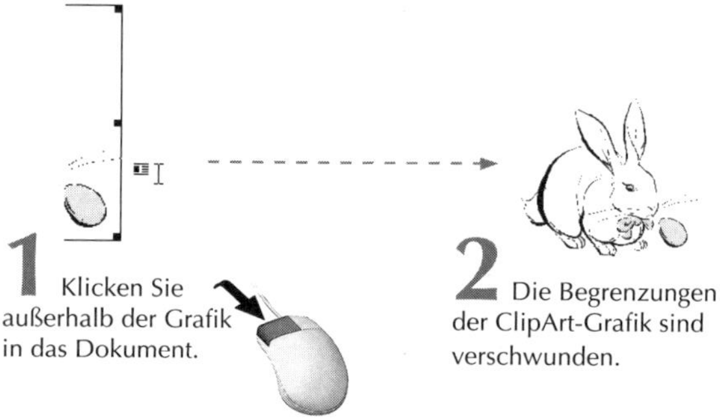

1 Klicken Sie außerhalb der Grafik in das Dokument.

2 Die Begrenzungen der ClipArt-Grafik sind verschwunden.

Positionieren Sie den Mauszeiger auf einen der Ziehpunkte und verändern Sie die **Größe** des Bildes entsprechend der **Pfeilrichtung**. Mit gedrückter linker Maustaste vergrößern oder verkleinern Sie hier den »Hasen«

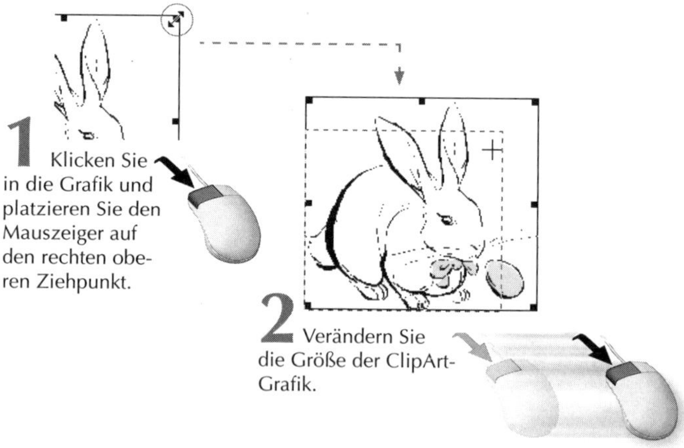

1 Klicken Sie in die Grafik und platzieren Sie den Mauszeiger auf den rechten oberen Ziehpunkt.

2 Verändern Sie die Größe der ClipArt-Grafik.

Tipp

Sollte der »Hase« auf Ihrem Monitor ein wenig zu groß oder zu klein sein und dadurch die Übersichtlichkeit einschränken, verkleinern Sie einfach Ihren ***Zoom****. Das ist kein Muss, sondern nur ein Vorschlag. Die Einstellung des Zoom hat keinen Einfluss auf den späteren Ausdruck.*

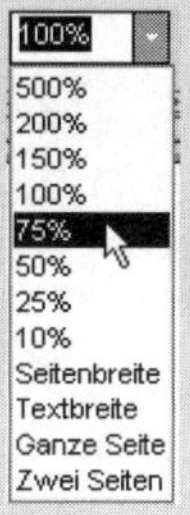

Um die Grafik auf dem Bildschirm zu bewegen, muss sie **formatiert** werden. Sie platzieren dazu den Mauszeiger auf den ClipArt und doppelklicken.

1 Platzieren Sie den Mauszeiger innerhalb der ClipArt-Grafik.

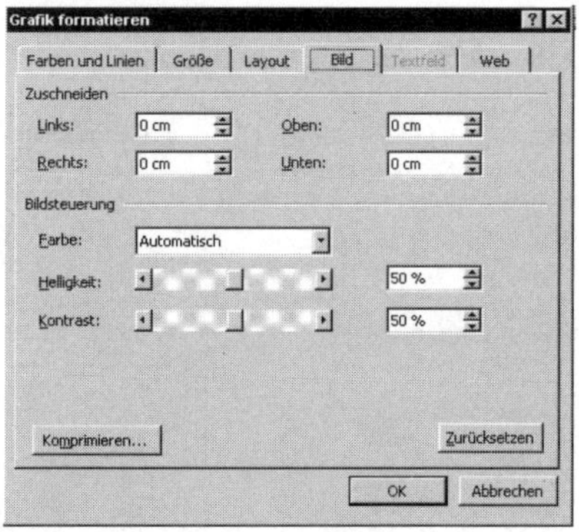

2 Per Doppelklick auf das Bild erscheint das Dialogfeld *Grafik formatieren.*

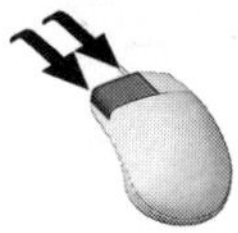

> **Tipp**
>
> *Sie können die Umbrucharten auch über die Grafik-Symbolleiste festlegen Blenden Sie diese ggf. ein (Ansicht/Symbolleisten/Grafik).*

In dem darauf folgenden Dialogfeld geben Sie auf der Registerkarte *Layout* unter *Umbruchart* an, wie ein Text später um die Grafik platziert werden bzw. fließen soll. Über das Kontextmenü (rechter Mausklick auf die Grafik) und den Eintrag *Grafik formatieren* gelangen Sie ebenfalls in dieses Dialogfeld.

Übersicht der Umbrucharten

Wahl der Umbruchart	Auswirkung des Textes im Dokument

Wahl der Umbruchart	**Auswirkung des Textes im Dokument**

Gleichgültig, für welche Umbruchart Sie sich in diesem Beispiel auch entscheiden, die Grafik muss formatiert werden, sonst lassen sich die nachfolgenden Schritte nicht durchführen!

1 Holen Sie die Registerkarte *Layout* in den Vordergrund.

2 Wählen Sie die Umbruchart *Rechteck*.

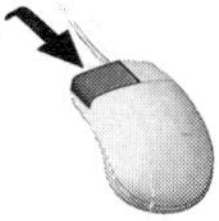

3 Bestätigen Sie die Angaben über die Schaltfläche *OK*.

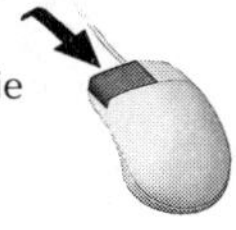

Eine Grafik drehen

In Word 2003 können Sie die Welt auf den Kopf stellen. Sie haben die Möglichkeit, Grafiken bis zu 360 Grad zu **drehen**.

Wenn Sie den Mauszeiger auf den »grünen Punkt« positionieren, wandelt er sich in einen **Drehpunkt** um. Sie können den »armen Hasen« drehen. Wenn Sie wollen, um die ganze Achse!

1 Platzieren Sie den Mauszeiger auf den »grünen Punkt«.

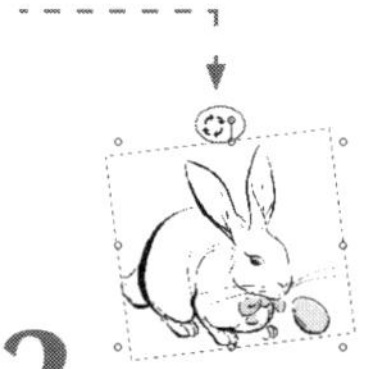

2 Drehen Sie mit gedrückter Maustaste den »Hasen« ein wenig nach links. Haben Sie das gewünschte Aussehen erreicht, lassen Sie die Maustaste los.

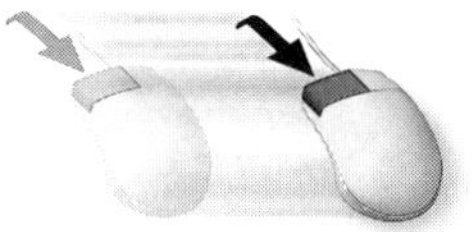

Bewegen Sie den Mauszeiger in die Grafik hinein, erscheint am Mauszeiger eine Art »Fadenkreuz«. Wird diese Darstellung angezeigt, können Sie das Bild bei gedrückter linker Maustaste in dem Dokument beliebig **verschieben**.

1 Platzieren Sie den Mauszeiger auf die ClipArt-Grafik.

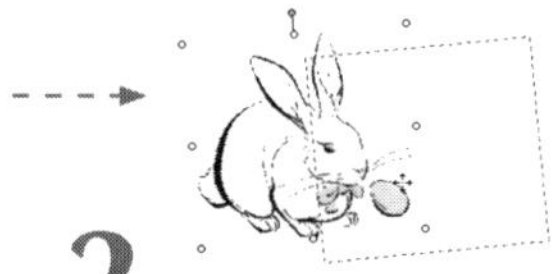

2 Verschieben Sie mit gedrückter linker Maustaste die ClipArt-Grafik in die Mitte des Dokuments.

Die Zeichnen-Symbolleiste

Die *Zeichnen*-Symbolleiste muss gesondert gestartet werden. Klicken Sie dazu auf die Schaltfläche *Zeichnen* in der *Standard*-Symbolleiste. Die *Zeichnen*-Symbolleiste erscheint anschließend meist am unteren Bildschirmrand.

> **Tipp**
>
> *Über die Schaltfläche* ClipArt einfügen *in der* Zeichnen-*Symbolleiste können Sie ebenfalls ClipArt-Grafiken einbinden.*

Welcher Hintergrund darf's denn sein?

Jetzt benötigen Sie die Schaltfläche mit dem Eimer, der ausgeschüttet wird. Sie bestimmen dadurch die **Füllfarbe** und geben an, mit welcher Farbe eine Fläche ausgemalt (ausgefüllt) werden soll.

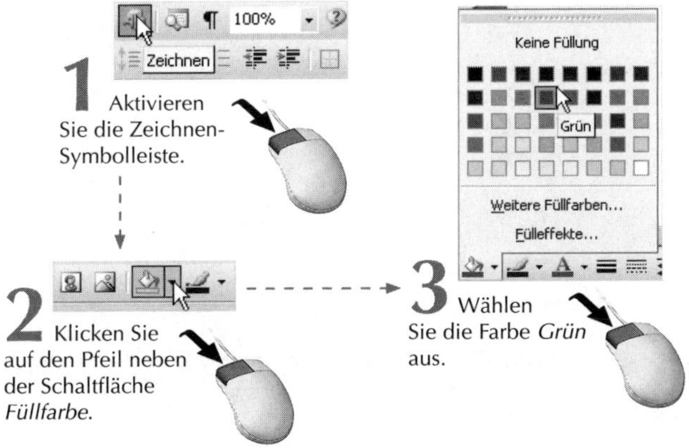

Wünschen Sie keine Farbe, oder wollen Sie eine bereits zugewiesene Farbe wieder löschen, klicken Sie hier den Eintrag *Keine Farbe* an.

Formen in der Zeichnen-Symbolleiste

Mit Hilfe der *Zeichnen*-Symbolleiste lassen sich **Formen** wie Rechtecke oder Kreise gestalten.

> **Tipp**
>
> *Über die Schaltfläche* AutoFormen *erhalten Sie noch weitere Darstellungsmöglichkeiten. Bereits angelegte Formen können Sie über die Schaltfläche* Zeichnen *ändern.*

Was liegt bei einem Osterhasen näher, als diesem ein Ei »unterzuschieben«? Dazu eignet sich am besten die **Ellipse**. Sie klicken auf die Schaltfläche und bestimmen mit gedrückter linker Maustaste die Größe der Form.

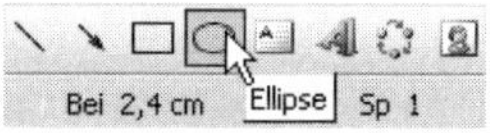

1 Klicken Sie auf die Schaltfläche *Ellipse*.

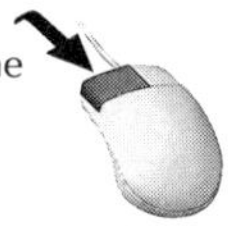

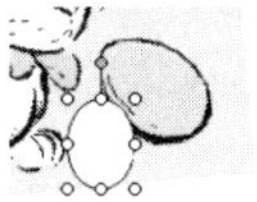

2 Positionieren Sie den Mauszeiger.

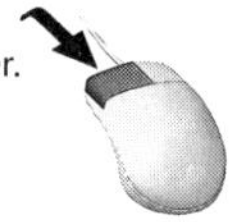

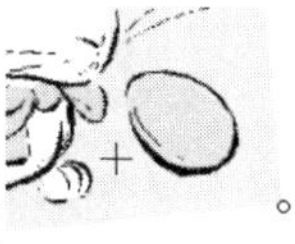

3 Ziehen Sie die Form auf.

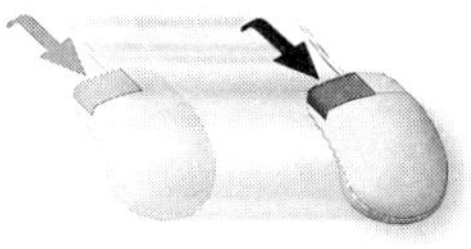

Zu Ostern gibt es bunte Ostereier. Kein Problem, diese farbig zu gestalten. Sie verwenden wieder die Auswahl *Füllfarbe*.

1 Klicken Sie neben der Schaltfläche *Füllfarbe* auf den kleinen Pfeil.

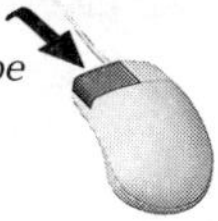

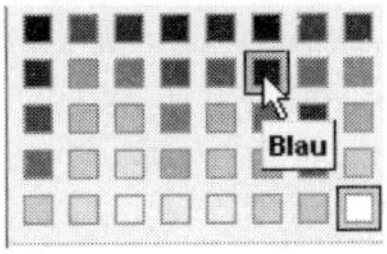

2 Wählen Sie eine »schöne bunte« Farbe aus.

3 »Legen« Sie noch ein paar Ostereier und malen Sie diese wie in Schritt 1 und 2 aus.

Sie können aus der Ellipse auch einen Kreis ziehen. In der *Zeichnen-*Symbolleiste können Sie ebenfalls ein Rechteck über die gleichnamige Schaltfläche anlegen.

Weiterhin haben Sie noch die Möglichkeit, über die Schaltflächen in der Zeichnen-Symbolleiste **Linien** und **Pfeile** anzulegen, die in alle Richtungen zeigen. Diese Grafikobjekte können Sie unterschiedlich darstellen.

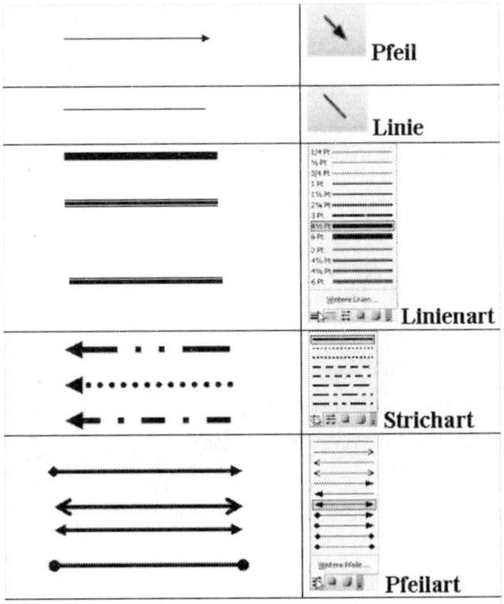

Einen Schatten werfen

In der *Zeichnen*-Symbolleiste finden Sie die Schaltfläche *Schattenart*. Damit können Sie die Grafik mit einem **Schatten** unterlegen.

Das brauchen jetzt nicht die Eier zu sein, sondern dies können Sie bei jeder beliebigen Grafik machen. Neben dem Schatten haben Sie auch die Möglichkeit, über die Schaltfläche *3D-Art* entsprechende Effekte anzugeben.

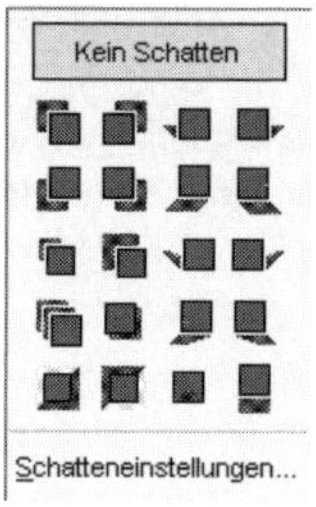

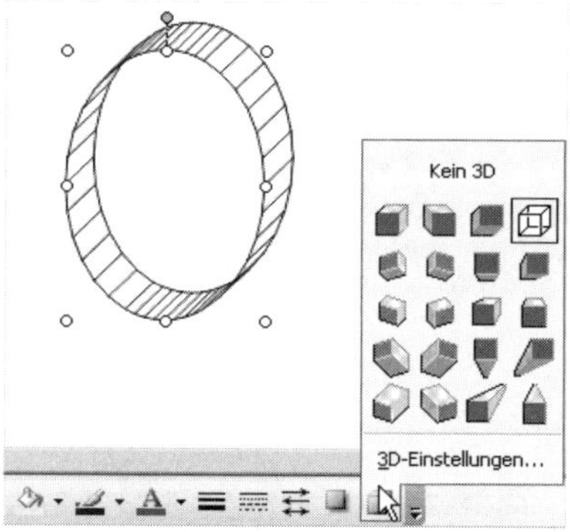

Um ein Grafikobjekt in 3D darzustellen, muss es angeklickt bzw. aktiviert sein.

Eine 3D-Grafik nehmen Sie wieder zurück, indem Sie den Eintrag *Kein 3D* wählen.

In unserem **Beispiel** werfen Sie den **Schatten** von oben, unten, links oder rechts. Sie verfügen hier über mehrere Möglichkeiten der optischen Schatteneffekte.

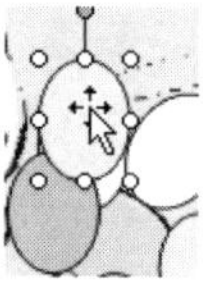

1 Klicken Sie eine Ellipse bzw. ein »Ei« an.

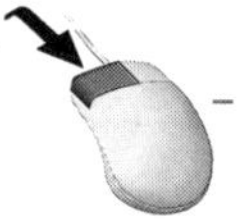

2 Aktivieren Sie die Schaltfläche *Schattenart*.

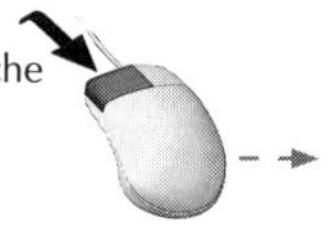

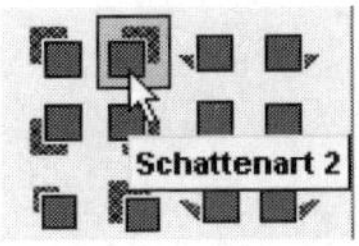

3 Wählen Sie eine Schattenart aus.

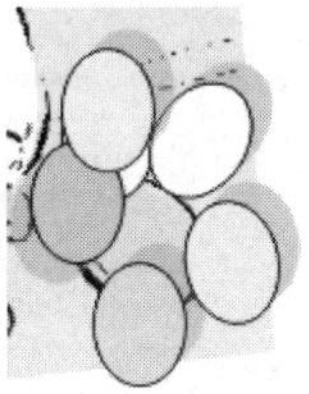

4 Machen Sie beliebig so weiter.

WordArt – Schrifteffekte

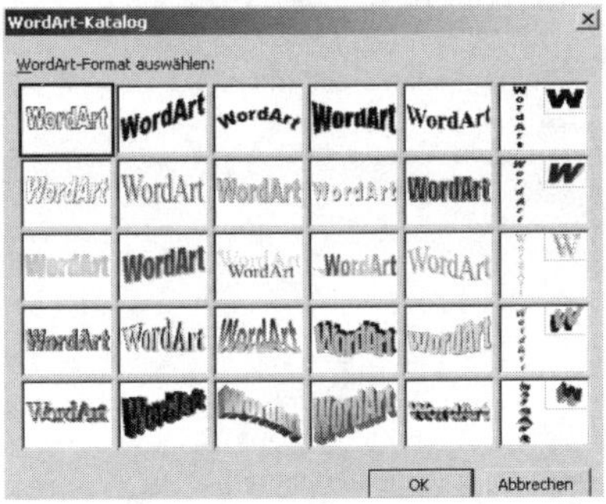

Sie möchten jemanden mit dem Schriftzug »Frohe Ostern« beglücken? Das kann bei einer Geburtstagskarte auch »Herzlichen Glückwunsch zum Geburtstag« oder »Alles Gute zum ... « sein.

Sie können mit Hilfe von **WordArt** Texte originell gestalten. Sie starten das Zusatzprogramm mit einem Klick auf die Schaltfläche in der *Zeichnen*-Symbolleiste und gelangen zu einem Katalog, in dem Sie ein Format wählen können.

1 Klicken Sie auf die Schaltfläche *WordArt einfügen* in der *Zeichnen*-Symbolleiste.

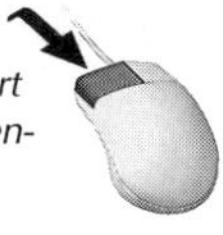

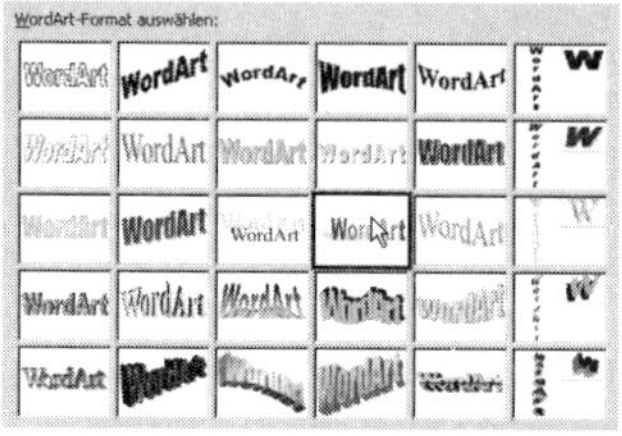

2 Doppelklicken Sie auf den gewünschten Schrifteffekt.

3 Hier können Sie ggf. noch die Schriftart und den Schriftgrad wechseln. Tippen Sie »Frohe Ostern« ein.

4 Bestätigen Sie über die Schaltfläche *OK*.

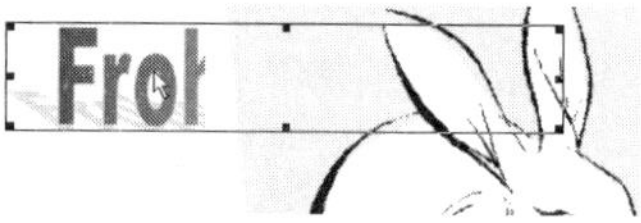

5 Klicken Sie genau in die WordArt-Grafik bzw. in den Schriftzug, der auf dem Bildschirm zu erkennen ist.

> **Achtung**
>
> *Die Symbolleiste WordArt erscheint nur, wenn eine WordArt-Grafik aktiviert ist.*

6 Betätigen Sie die Schaltfläche *Textfluss*.

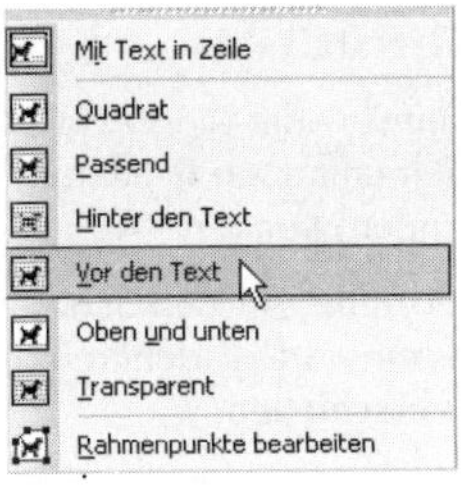

7 Geben Sie *Vor den Text* an.

Die »Frohe Ostern«-Wünsche wurden in das Dokument eingebunden. Gleichzeitig erscheint die Symbolleiste *WordArt* am Bildschirm. Immer, wenn die WordArt-Grafik angeklickt ist, erscheint diese ebenfalls. Klicken Sie außerhalb der Grafik, verschwindet die Symbolleiste.

1 Klicken Sie auf die Schaltfläche *WordArt-Form*.

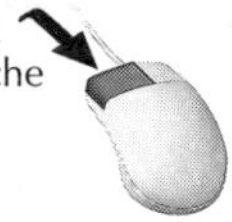

2 Wählen Sie eine Form aus.

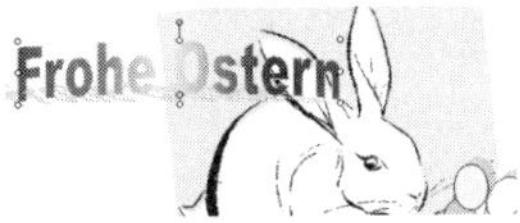

3 Die Form des Schriftzuges wurde geändert.

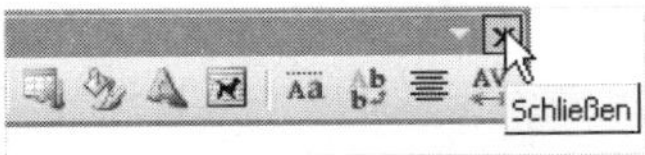

4 Blenden Sie die *WordArt*-Symbolleiste aus. Sie wird vorerst nicht mehr benötigt.

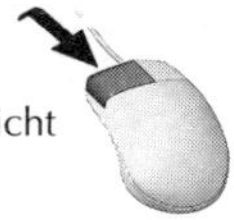

Grafiken verschieben

Sie bearbeiten den Schrifteffekt – die WordArt – wie eine normale Grafik. Klicken Sie auf ihn, erscheinen außen wiederum die kleinen Kreise, mit denen Sie die Größe verändern können.

Wenn Sie den Mauszeiger mitten in den Schrifteffekt positionieren, erscheint der Mauszeiger als eine Art »Fadenkreuz«. Dann können Sie den Schriftzug im Dokument **verschieben**.

Verwenden Sie zum Bearbeiten der Grafiken ggf. die Bildlaufleisten.

1 Bewegen Sie den Mauszeiger auf den Schriftzug.

2 Verschieben Sie die WordArt-Grafik ein wenig nach rechts und nach oben.

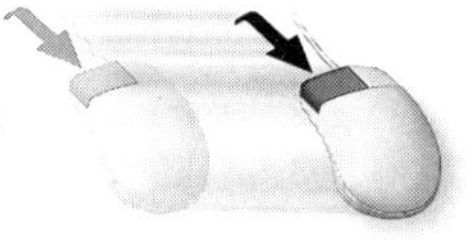

Unter dem Schriftzug erkennen Sie eine kleine gelbe **Raute**. Zeigen Sie mit dem Mauszeiger auf diese, verändert er abermals sein Aussehen. Sie können den Schriftzug dadurch ändern.

Textfelder

In die Grafik können Sie Texte schreiben. Sie müssen dazu ein **Textfeld** einfügen.

1 **Wichtig**: Klicken Sie in die Grafik »Hase«, sonst funktionieren die nächsten Schritte nicht.

2 Klicken Sie auf die Schaltfläche *Textfeld*.

3 Klicken Sie in die Grafik. Ein Textfeld wird angelegt. Der Cursor blinkt im Textfeld.

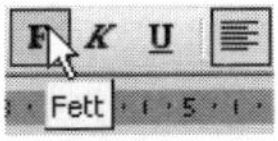

4 Geben Sie die Fettschrift an.

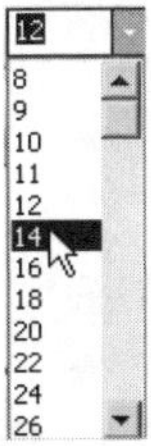

5 Wählen Sie den Schriftgrad »14« aus.

6 Tippen Sie den Text »Mama und Papa« in das Textfeld ein.

Anhand der bereits erwähnten Ziehpunkte ändern Sie die Größe eines Textfeldes. Bewegen Sie einen Ziehpunkt so, dass der Text »Mama und Papa« in eine Zeile passt.

1 Platzieren Sie den Mauszeiger auf den rechten, mittleren Ziehpunkt.

2 Ändern Sie das Textfeld, bis der Text »Mama und Papa« in eine Zeile passt.

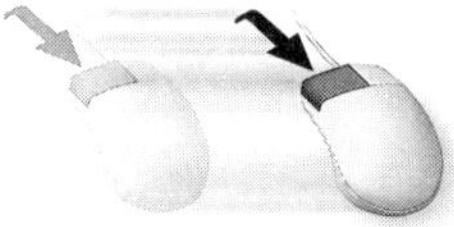

3 Platzieren Sie den Mauszeiger auf den unteren mittleren Ziehpunkt.

4 Verkleinern Sie das Textfeld.

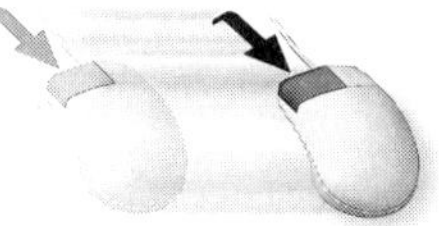

Um die Außenlinie verschwinden zu lassen, aktivieren Sie bei *Linienfarbe* die Angabe *Keine Linie*.

Aber denken Sie bitte immer daran: Wenn Sie ein Textfeld bearbeiten, muss es immer aktiviert sein! Sie erkennen dies daran, dass sich die kleinen Kreise darum befinden.

1 Klicken Sie neben der Schaltfläche *Linienfarbe* auf das kleine Dreieck.

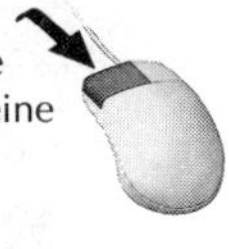

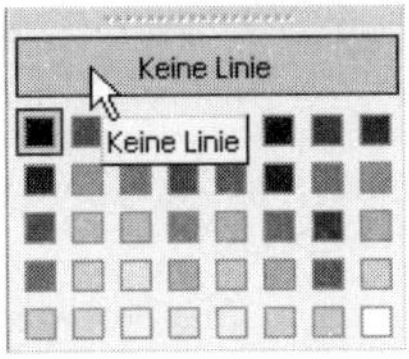

2 Wählen Sie die Angabe *Keine Linie*.

Das Weiße im Textfeld stört ein wenig. Als **Füllbereich** geben Sie *Keine Füllung* an. Sie machen das Textfeld dadurch transparent.

1 Klicken Sie neben der Schaltfläche *Füllfarbe* auf den Pfeil.

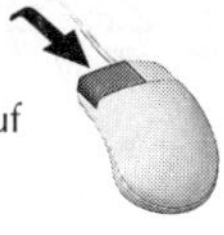

2 Geben Sie *Keine Füllung* an.

3 Bewegen Sie das **Textfeld** an den unteren Rand des Bildes.

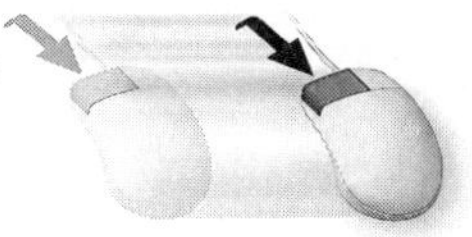

Legenden: Bilder sprechen lassen

Wie Sie es vielleicht aus zahlreichen Comics wie »Asterix und Obelix« oder »Donald Duck« kennen, können Sie Bilder mit »Sprechblasen« zum Reden bringen.

Dazu verwenden Sie eine **Legende**.

1 **Wichtig:** Klicken Sie in die Grafik »Hase«, sonst funktionieren die nächsten Schritte nicht.

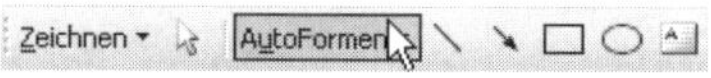

2 Klicken Sie auf die Schaltfläche *AutoFormen*.

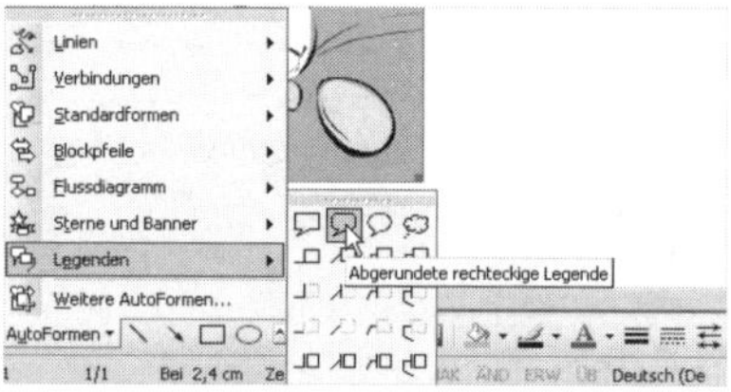

3 Legen Sie eine Legende per Mausklick an.

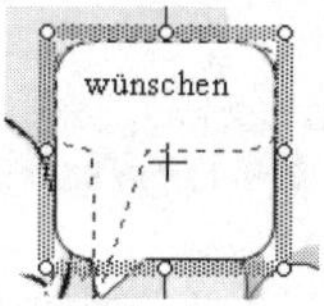

4 Ändern Sie die Position und die Größe der Legende, wie Sie es bereits vorher in diesem Buch kennen gelernt haben

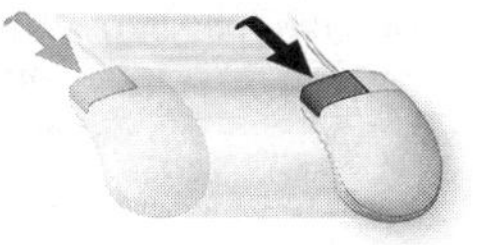

5 Positionieren Sie den Mauszeiger auf die kleine gelbe Raute der Legende.

6 Verschieben Sie mit gedrückter Maustaste die Position, indem Sie ...

7 ... die »Sprechblase« (näher an den Mund) platzieren.

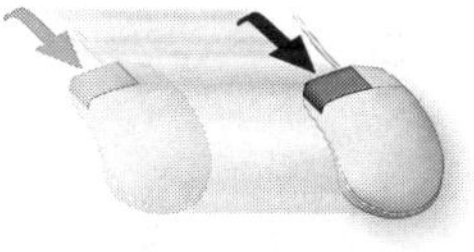

Versuchen Sie einmal in Ruhe, selbst Bilder mit den ClipArt-Grafiken und WordArt zu gestalten. Mit ein wenig Übung werden Sie feststellen, wie viel Spaß Sie dabei haben werden.

Tipps zum Kapitel

1. Über die Schaltfläche *Grafik einfügen* in der *Zeichnen*-Symbolleiste (oder *Einfügen/Grafik/Aus Datei*) fügen Sie eigene Bilder in Ihr Dokument ein.

2. Möchten Sie eine ClipArt-Grafik als **Wasserzeichen** beispielsweise in einem Briefformular verwenden, legen Sie als Umbruchart *Hinter den Text* fest. Anschließend wählen Sie auf der Registerkarte *Bild* bei *Farbe* den Eintrag *Graustufe* aus.

3. Verfügen Sie über einen **Internetanschluss**, können Sie sich im Aufgabenbereich *ClipArt* über die Schaltfläche *ClipArt auf Office Online* auf der **Webseite der Firma Microsoft** Bilder kostenlos herunterladen. Dort finden Sie auch saisonbedingte ClipArts. Damit zu Weihnachten auch wirklich der Weihnachtsmann kommt!

Der Word-Übungs-Trainer

1. a + b) Versuchen Sie die zwei ClipArts – wie abgebildet – zusammen darzustellen.

2. Versuchen Sie zwei ClipArts – wie abgebildet – zusammen mit der Legende darzustellen.

Kapitel 12

Tabellen

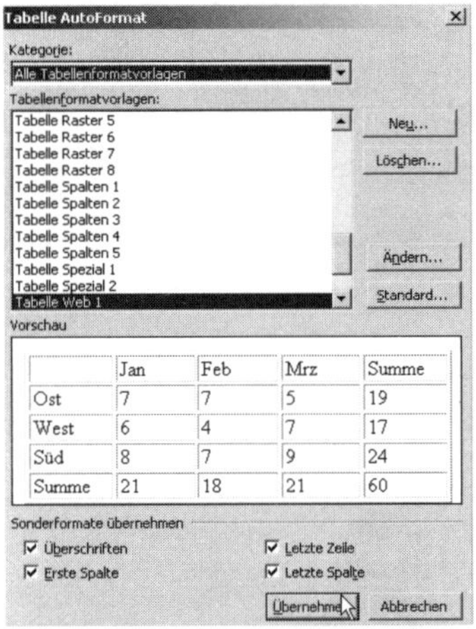

Die Vielfältigkeit einer Tabelle erkennen Sie bereits daran, dass in Word 2003 dazu ein eigenes Menü vorhanden ist. Eine Tabelle besteht aus Zeilen und Spalten. Sie legen in diesem Beispiel eine übersichtliche Adressenliste an und sortieren diese von A bis Z, damit Sie keine wichtigen Daten, Anlässe und Termine mehr »verschwitzen«. Unter der Menüoption Einfügen/Symbol erhalten Sie eine Auswahl von Symbolen wie beispielsweise Telefon oder Briefkasten.

Das können Sie schon:

Das lernen Sie neu:

Eine Tabelle einfügen

Zum Erstellen einer Tabelle wählen Sie die Menüoption *Tabelle/Einfügen/ Tabelle.*

Mit der hier dargestellten Schaltfläche *Microsoft Excel-Tabelle einfügen* fügen Sie eine Tabelle aus der Software Excel 2003 ein.

Wenn Sie die Schaltfläche anklicken, erscheint ein Untermenü, in dem Sie festlegen, welchen **Umfang** – also Zeilen und Spalten – die Tabellen haben sollen.

1 Klicken Sie auf die Schaltfläche *Tabelle einfügen.*

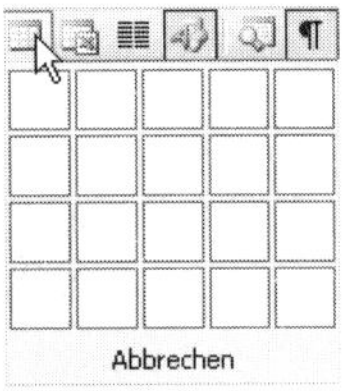

2 Es erscheint ein Untermenü.

Sie brauchen keine Maustaste zu drücken! Sie bewegen den Mauszeiger, bis die gewünschte Zeilen- und Spaltenanzahlangezeigt wird.

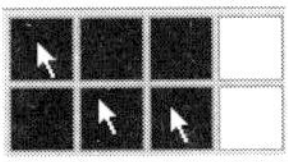

1 Bewegen Sie den Mauszeiger.

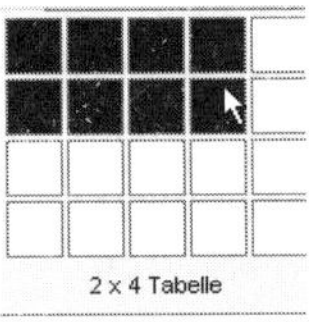

2 Legen Sie zwei Zeilen und vier Spalten (= 2 x 4) fest.

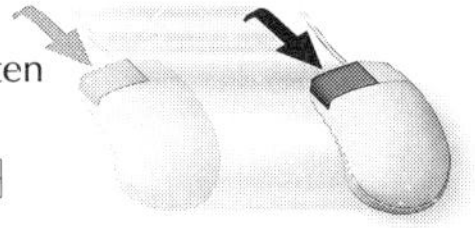

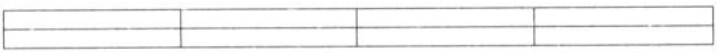

3 Bestätigen Sie durch einen Mausklick.

Tipp

*Haben Sie eine »**falsche Tabelle**« angelegt, können Sie den letzten Befehl mit der Schaltfläche* Rückgängig *in der* Standard-*Symbolleiste wieder aufheben.*

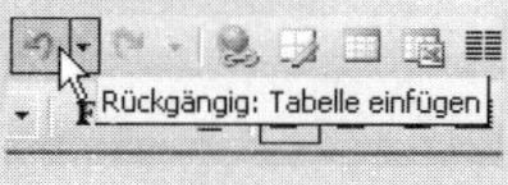

Im Dokument erscheinen die Linien der Tabelle. In diesem Beispiel genügen vorerst zwei Zeilen. Die Spalten legen Sie zunächst für Name, Vorname, Anschrift und Telefonnummer (= vier Spalten) an.

Der Tabellenkopf

In der ersten Zeile legen Sie die Tabellenüberschrift bzw. den **Tabellenkopf** fest.

Was ist das?

*Die einzelnen Felder in einer Tabelle werden **Zellen** genannt.*

Sie klicken in eine bestimmte Zelle und tippen den Text ein. In diesem Beispiel blinkt die Schreibmarke noch in der ersten linken Zelle. Hier geben Sie »Name« ein. Um zur **nächsten Zelle** zu gelangen, drücken Sie die [⇆]-Taste.

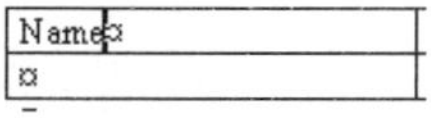

1 Klicken Sie in die erste Zelle, und schreiben Sie »Name«.

2 Drücken Sie die [⇆]-Taste.

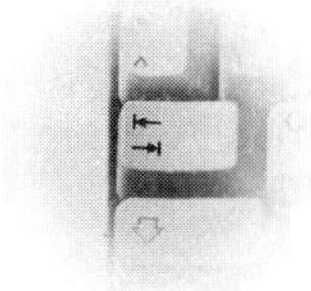

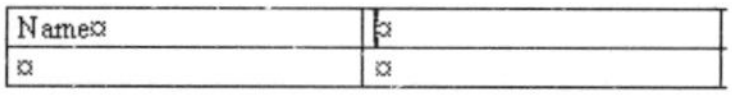

3 Sie gelangen in die zweite Zelle.

Sie gelangen auch von der einen Zelle in eine andere, indem Sie diese mit der Maus anklicken. Ferner bewegen Sie sich in Tabellen mit den Tasten [↑], [↓], [←] und [→].

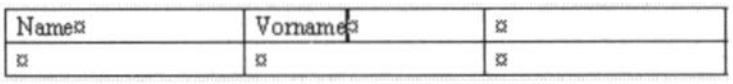

1 Tippen Sie »Vorname« ein.

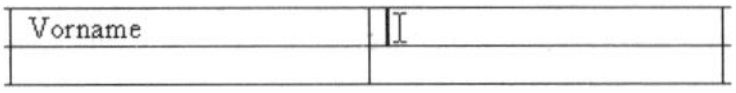

2 Klicken Sie die nächste Zelle mit der linken Maustaste an.

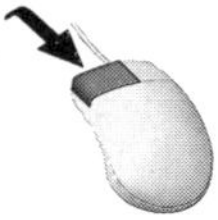

Symbole einfügen

Um die Adressenliste ein wenig abwechslungsreicher zu gestalten, fügen Sie **Symbol** ein.

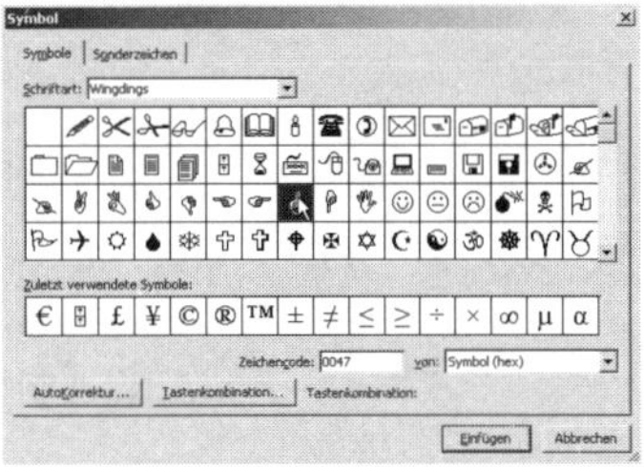

Was ist das?

Wingdings ist eine Schriftart, die Pfeile und Symbole enthält.

Sie wählen die Menüoption *Einfügen/Symbol*. Hier finden Sie die unterschiedlichsten Symbole und Schriftarten. Die ansprechendste ist sicherlich **Wingdings**.

1 Öffnen Sie das Menü *Einfügen*.

2 Wählen Sie den Eintrag *Symbol*.

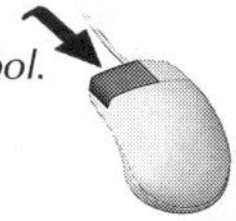

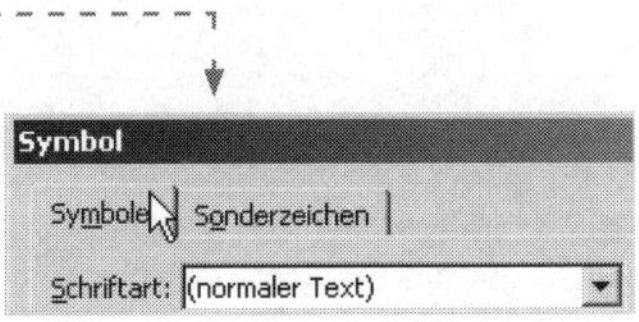

3 Aktivieren Sie ggf. die Registerkarte *Symbole*.

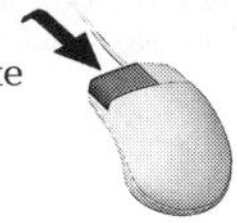

4 Wählen Sie die Schriftart *Wingdings*.

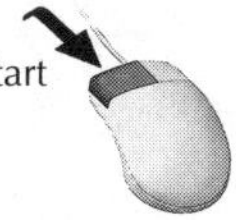

Mit ↑, ↓, ← und → über die Tastatur bewegen Sie sich im Dialogfeld hin und her. Möchten Sie ein Symbol verwenden, fügen Sie es mit einem Doppelklick der linken Maustaste ein oder betätigen die Schaltfläche *Einfügen*.

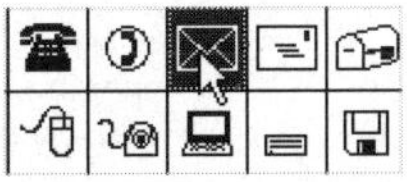

1 Wählen Sie das Briefkuvert-Symbol mit einem Doppelklick der linken Maustaste aus.

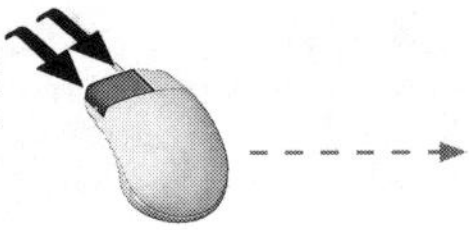

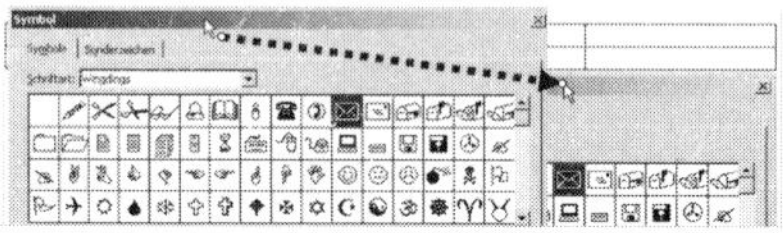

2 Platzieren Sie den Mauszeiger auf die Titelleiste des Dialogfeldes *Symbol*, und verschieben Sie es mit gedrückter Maustaste, ...

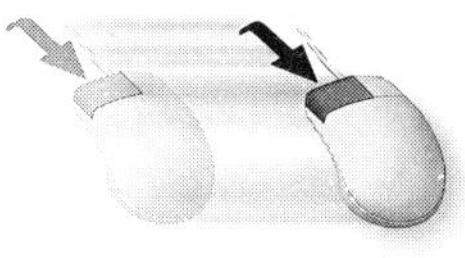

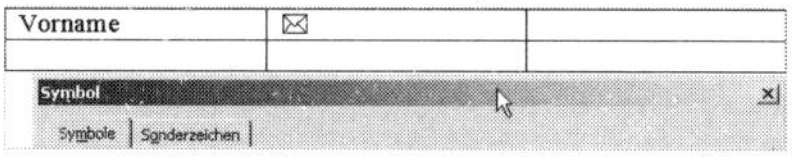

3 ... damit Sie die Tabelle besser erkennen können.

Sie erkennen oberhalb des Dialogfeldes die erste Zeile der Tabelle und sehen, dass Word 2003 das gewählte Symbol eingefügt hat.

Mit dem Dialogfeld *Symbol* können Sie weiterarbeiten und ein neues Symbol einfügen.

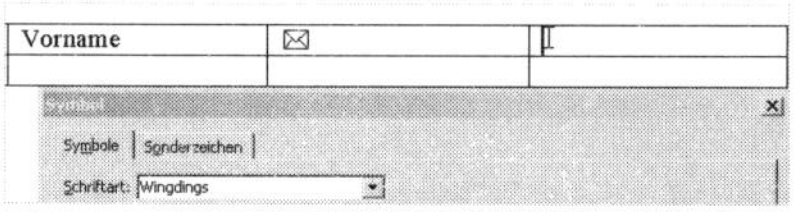

1 Klicken Sie in die vierte Zelle.

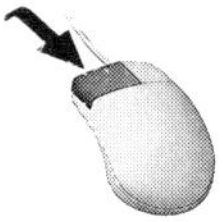

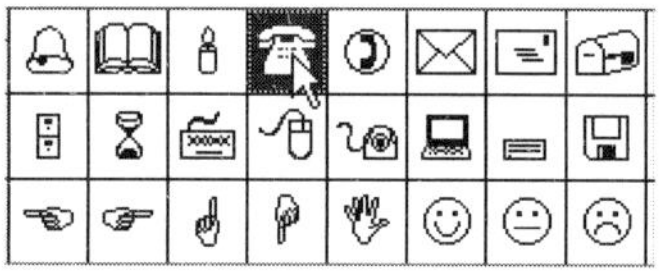

2 Klicken Sie doppelt auf das Telefon-Symbol.

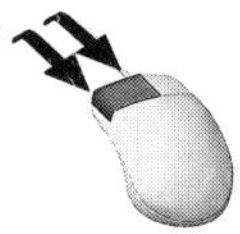

3 Schließen Sie das Dialogfeld durch Anklicken des Kreuzes (X) in der Titelleiste oder über die Schaltfläche *Abbrechen*.

Die Überschrift einer Tabelle angeben

Damit Word 2003 erkennt, dass die erste Zeile der Tabelle eine **Überschrift** darstellt, geben Sie dies über die Menüoption *Tabelle/Überschriftenzeilen wiederholen* an. Das hat später bezüglich der Übersichtlichkeit einen wesentlichen Vorteil. Haben Sie viele Einträge, reicht der Platz der Tabelle vielleicht **über** eine **Seite** hinaus.

Dadurch, dass Sie den Befehl angeben, erscheint die Tabellenüberschrift auf jeder neuen Seite.

Dazu müssen Sie sich mit dem Cursor in der ersten Zeile der Tabelle befinden.

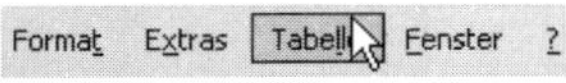

1 Öffnen Sie das Menü *Tabelle* und ...

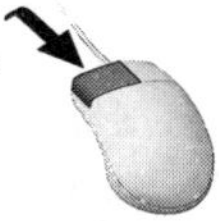

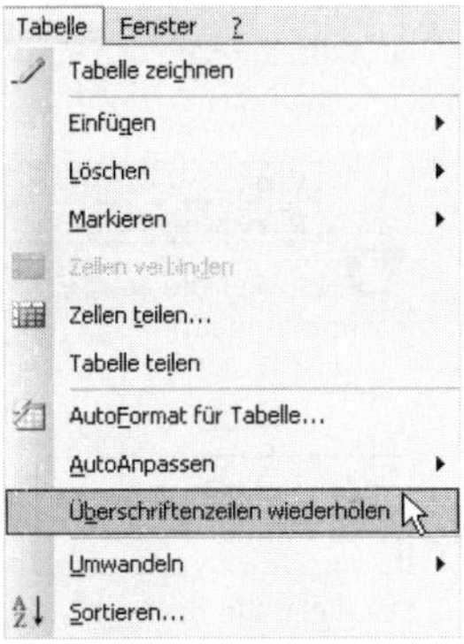

> **Hinweis**
>
> *Dass eine Überschrift **aktiviert** ist, erkennen Sie am Häkchen vor dem Menübefehl Überschriftenzeilen wiederholen.*

2 ... aktivieren Sie den Eintrag *Überschriftenzeilen wiederholen.*

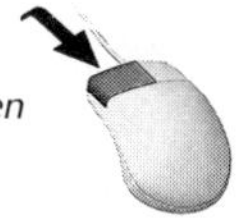

Eingabe des Tabellentextes

Nach Eingabe des Textes wechseln Sie von einer Zelle zur nächsten durch Drücken der [Tab]-Taste.

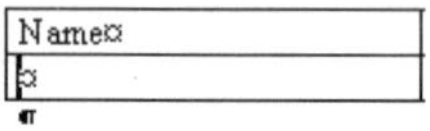

1 Klicken Sie die erste Zelle in der zweiten Zeile an.

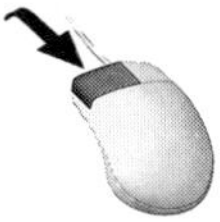

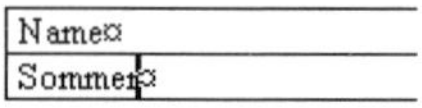

2 Tragen Sie den Nachnamen »Sommer« ein.

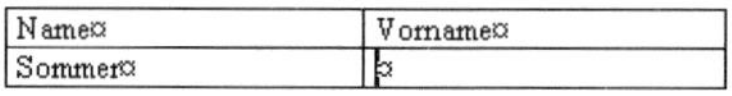

3 Drücken Sie die [Tab]-Taste.

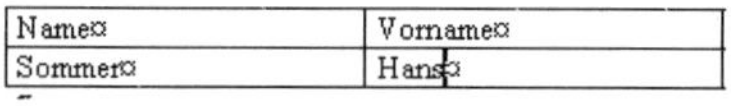

4 Schreiben Sie den Vornamen »Hans«.

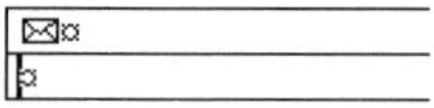

5 Drücken Sie wiederum die [Tab]-Taste.

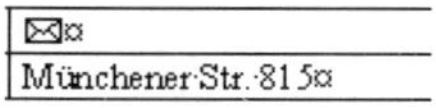

6 Es folgt die Straße: »Münchener Str. 815«

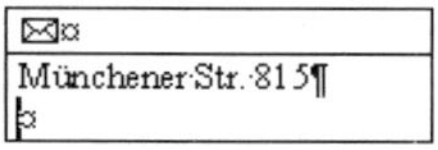

7 Betätigen Sie die [Enter]-Taste.

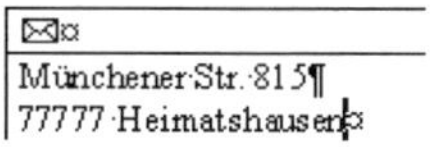

8 Schreiben Sie den Wohnort »77777 Heimathausen«.

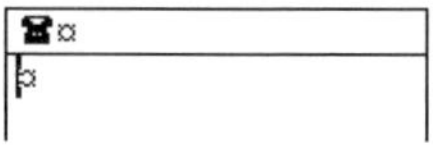

9 Aktivieren Sie die [Tab]-Taste.

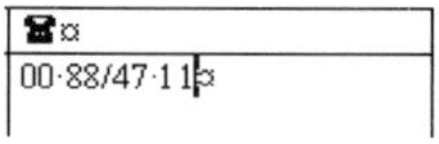

10 Tippen Sie die Telefonnummer »0088 4711«.

Möchten Sie weitere Adressen anlegen, benötigen Sie neue Zeilen. Befinden Sie sich in der letzten Zelle, drücken Sie nochmals die [⇥]-Taste. Word fügt automatisch eine **neue Tabellenzeile** ein.

1 Drücken Sie die [⇥]-Taste

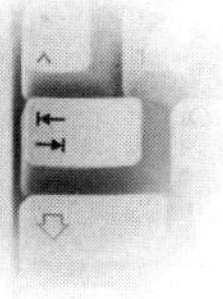

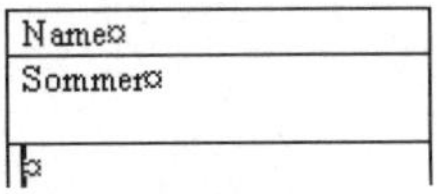

2 Word fügt eine neue Zeile ein. Die Schreibmarke blinkt in der ersten Zelle.

Name	Vorname	✉	☎
Sommer	Hans	Münchener Str. 815 77777 Heimatshausen	00 88/47 11
Meier	Sabine	Albrecht-Dürer-Str. 123 78999 Dorfhausen	0 78/3 78 55
Schwarz	Rosemarie	Gustav-Gans-Str. 78 21000 Winden	0 99/4 13
Maier	Günther	Rosenallee 4 47110 Dufthausen	0 89/9 99 99
Meyer	Marina	Mühlenweg 7a 28001 Hausstadt	0 38 73/2 81 60
Deppe	Gunther	Hauptallee 10011 Großstadt	0 10/55 33 33
Sommer	Adam	Marschallstr. 1 23457 Glücksstadt	08 15/77 77 77

3 Tragen Sie die folgenden Daten auf die gleiche Art und Weise ein:

»Meier [⇥] Sabine [⇥] Albrecht-Dürer-Str. 123 **Enter** 78999 Dorfhausen [⇥] 078 37855 [⇥] usw.«

Zellen markieren

Sie setzen »Name« und »Vorname« im Tabellenkopf in Fettschrift. Dazu **markieren** Sie die beiden Zellen. Klicken Sie die erste an und **ziehen** mit gedrückter Maustaste zur nächsten.

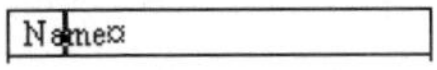

1 Klicken Sie die erste Zelle an und halten die Maustaste gedrückt.

2 Markieren Sie bis zur zweiten Zelle.

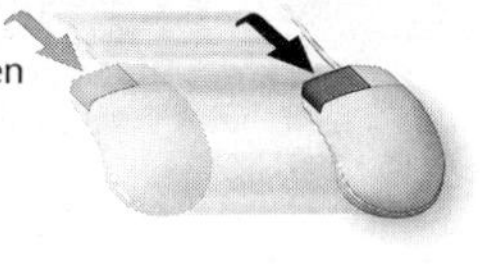

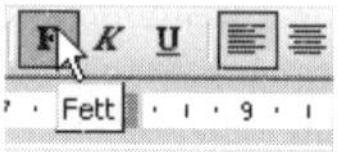

3 Aktivieren
Sie die Fettschrift.

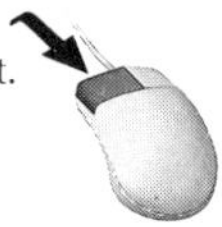

Spalten markieren

In der Tabelle zentrieren Sie die Inhalte der dritten und vierten Spalte. Sie markieren erst einmal die beiden. Positionieren Sie dazu den Mauszeiger auf die **oberste Linie**.

1 Platzieren Sie
den Mauszeiger ...

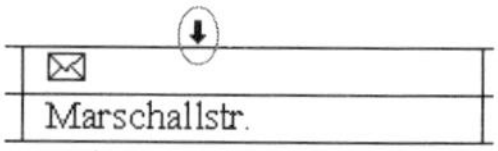

2 ... auf die oberste Linie
der dritten Spalte.

Der Mauszeiger verwandelt sich in einen schwarzen, nach unten zeigenden **Pfeil**. Das bedeutet, die gesamte Spalte kann **markiert** werden, indem Sie diese einfach mit der linken Maustaste anklicken. Um die nächste Spalte mit zu markieren, ziehen Sie die **Markierung** nach rechts. Nun klicken Sie auf die Schaltfläche *Zentriert.* Die Inhalte sind zentriert.

1 Markieren Sie
mit einem Mausklick
die dritte Spalte.

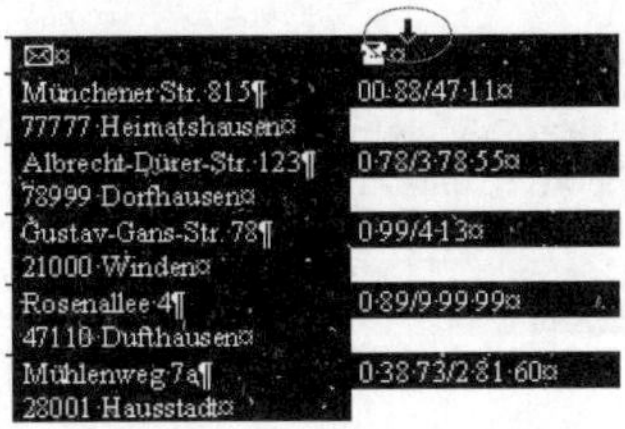

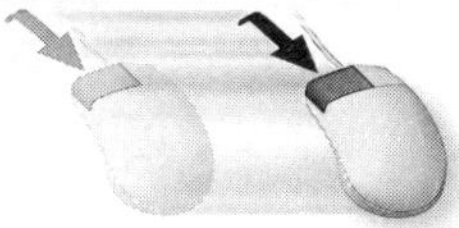

2 Ziehen Sie die Markierung in die vierte Spalte.

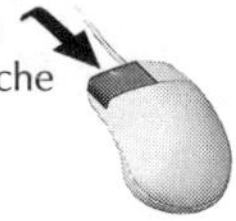

3 Klicken Sie auf die Schaltfläche *Zentriert*.

Zeilen markieren

Den Tabellenkopf vergrößern Sie ein wenig, indem Sie eine andere Schriftgröße wählen. Dazu muss eine Zeile markiert werden.

Wenn Sie den Mauszeiger **vor** einer **Zeile** positionieren, ändert sich seine **Zeigerichtung**.

Ein linker Mausklick, und die Zeile ist **markiert**. Möchten Sie mehrere Zeilen markieren, ziehen Sie die Markierung einfach nach oben bzw. unten.

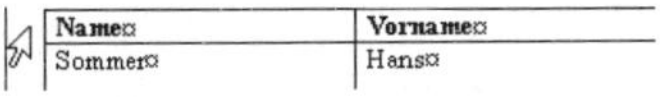

1 Positionieren Sie den Mauszeiger vor der Zeile.

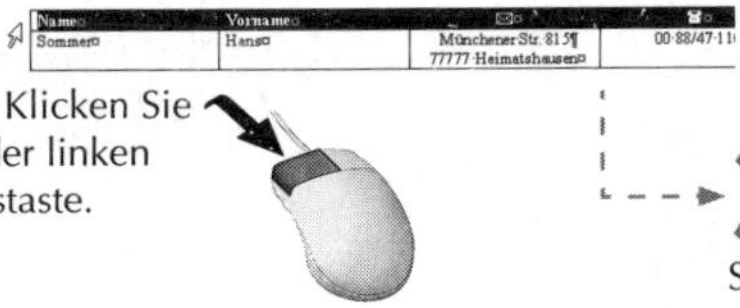

2 Klicken Sie mit der linken Maustaste.

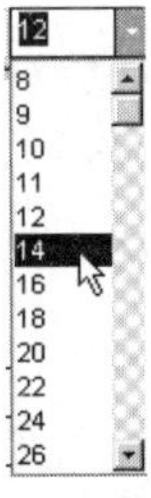

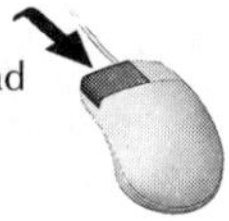

3 Vergrößern Sie den Schriftgrad auf »14«.

Neue Zeilen einfügen

In diesem Beispiel finden Sie den Herrn »Maier, Günther«. Er hat geheiratet. Natürlich möchten Sie seine Frau in die Adressenliste einfügen.

1 Markieren Sie die Zeile.

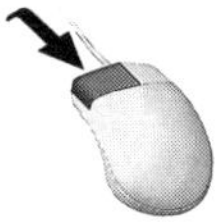

2 Klicken Sie auf die Schaltfläche *Zeilen einfügen.*

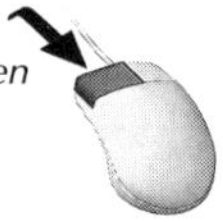

> **Achtung**
>
> *Die Schaltfläche Zeilen einfügen wird nur angezeigt, wenn eine* ***Zeile markiert*** *ist.*

3 Vervollständigen Sie die Angaben.

> **Hinweis**
>
> *Dieselbe Funktion finden Sie unter der Menüoption Tabelle/ Einfügen. Auf die gleiche Art und Weise lassen sich Zeilen aus einer Tabelle löschen (Tabelle/ löschen).*

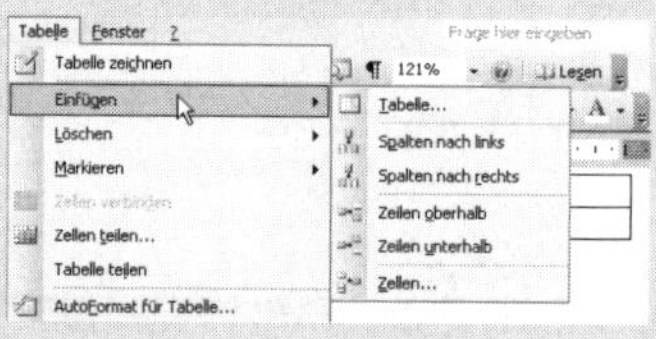

Neue Spalten einfügen

Sie möchten in der Tabelle eine weitere Spalte namens »Geburtstage« hinzufügen, damit Sie immer gratulieren können.

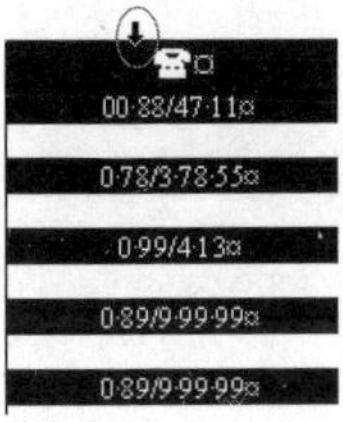

1 Markieren Sie die Spalte.

2 Klicken Sie auf die Schaltfläche *Spalten einfügen*.

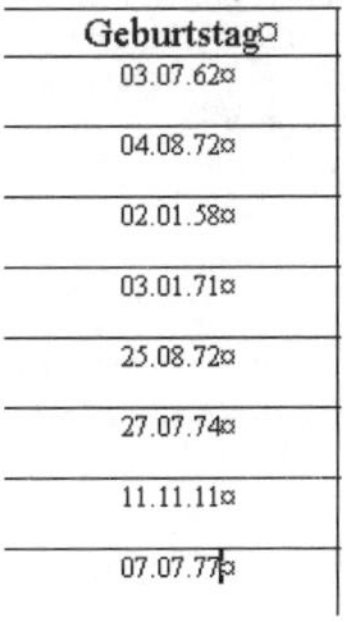

3 Tragen Sie die Geburtstage ein.

> **Achtung**
>
> *Sobald Sie eine Spalte* ***markieren****, ändert sich die Schaltfläche Zeilen einfügen in Spalten einfügen.*

Die Breite einer Spalte ändern

Aufgrund der Tabellengröße können Sie die Adressenliste kaum noch überblicken. Sie könnten den Zoom so einstellen, dass die Tabelle wieder auf den Bildschirm »passt«. Doch dann wäre die Schrift so klein, dass Sie nur noch mit einer Lupe vor Ihrem Monitor arbeiten könnten.

Die Spalten wie »Name« oder »Vorname« nehmen so viel überflüssigen Platz in Anspruch, dass Sie diese verkleinern.

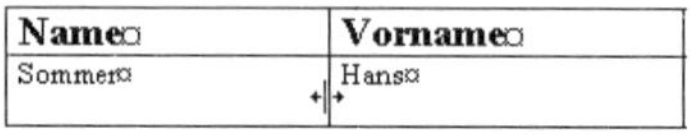

1 Platzieren Sie den Mauszeiger auf die Linie zwischen den Spalten »Name« und »Vorname«.

2 Der Mauszeiger ändert sein Aussehen.

Sie **ziehen** die Spaltenlinie mit gedrückter, linker Maustaste. Oben blendet sich ein Lineal ein.

> **Tipp**
>
> *Wenn Sie beim **Verschieben zusätzlich die rechte Maustaste** drücken, erkennen Sie im **Lineal** genau die Spaltenbreite.*

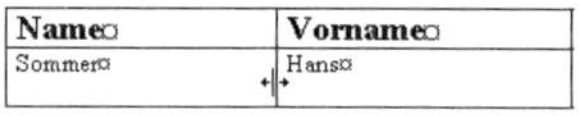

1 Positionieren Sie den Mauszeiger präzise auf die Spaltenlinie.

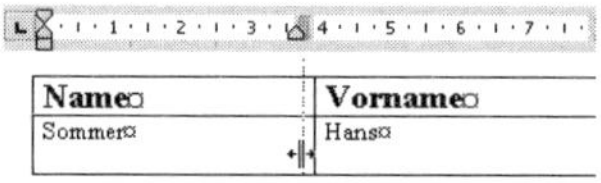

2 Schieben Sie den Mauszeiger mit gedrückter Maustaste etwas nach links ...

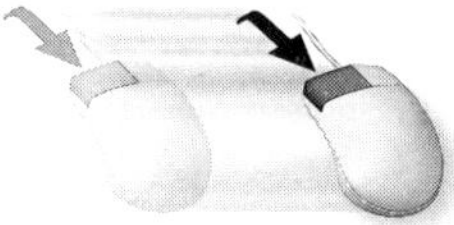

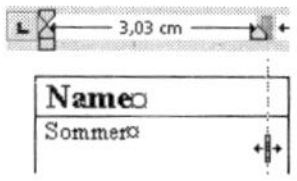

3 ... und **drücken gleichzeitig die rechte Maustaste**.

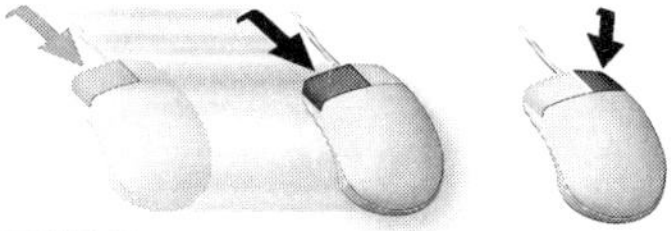

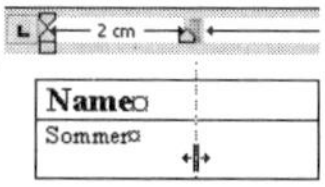

4 Legen Sie die neue Spaltenbreite fest.

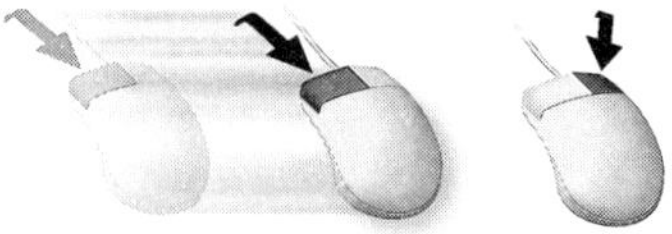

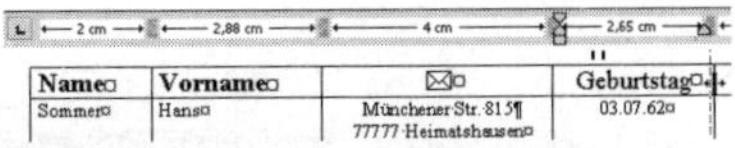

5 Passen Sie die Spaltenbreite für »Vorname, Adressen, Geburtstag« an.

> **Hinweis**
>
> *Die Zentimeter-Angaben aus diesem Beispiel müssen Sie natürlich nicht präzise übernehmen. Es reicht vollkommen aus, wenn Sie das Prinzip verstehen.*

6 Um die letzte Spalte »Telefonnummer« komplett zu erkennen, bewegen Sie ggf. die untere Bildlaufleiste nach rechts.

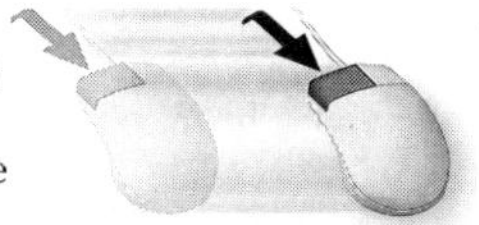

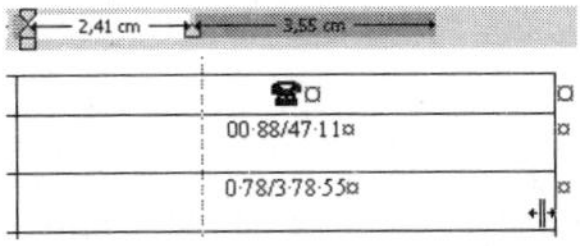

7 Verschieben Sie die letzte Spaltenlinie.

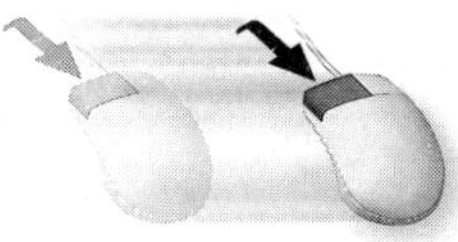

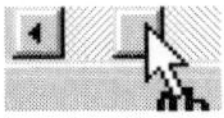

8 Bewegen Sie die Bildschirmleiste ggf. wieder nach links.

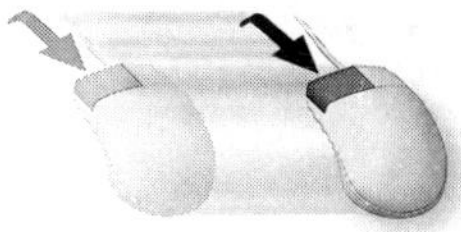

Tipp

Über die Menüoption Tabelle/ Tabelleneigenschaften *können Sie auf der Registerkarte* Spalte *die Breite von Spalten mit exakten Angaben festlegen.*

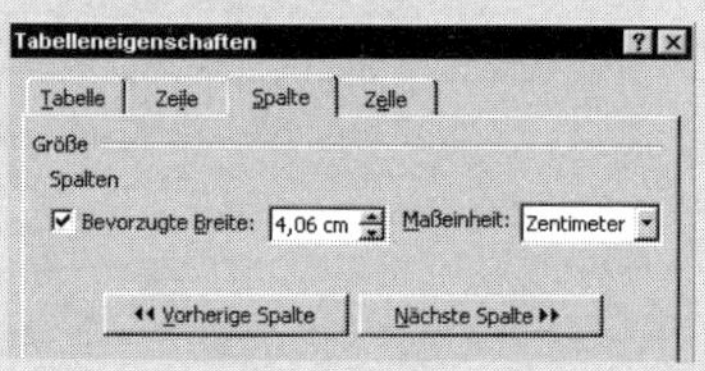

Hier nutzen Sie die Schaltflächen Vorherige Spalte *und* Nächste Spalte, *um von einer Spalte zur nächsten zu gelangen. Dazu muss sich die Schreibmarke innerhalb der Tabelle befinden.*

In Tabellen sortieren

Die einzelnen Namen sind noch ziemlich »durcheinander«. Sie sortieren diese von **A bis Z**.

Name¤	**Vorname¤**	✉¤	**Geburtstag¤**	☎¤
Sommer¤	Hans¤	Münchener·Str.·815¶ 77777·Heimatshausen¤	03.07.62¤	00·88/47·11¤
Meier¤	Sabine¤	Albrecht-Dürer-Str.·123¶ 78999·Dorfhausen¤	04.08.72¤	0·78/3·78·55¤
Schwarz¤	Rosemarie¤	Gustav-Gans-Str.·78¶ 21000·Winden¤	02.01.58¤	0·99/4·13¤
Maier¤	Günther¤	Rosenallee·4¶ 47110·Dufthausen¤	03.01.71¤	0·89/9·99·99¤
Maier¤	Sabine¤	Rosenallee·4¶ 47110·Dufthausen¤	25.08.72¤	0·89/9·99·99¤
Meyer¤	Marina¤	Mühlenweg·7a¶ 28001·Hausstadt¤	27.07.74¤	0·38·73/2·81·60¤
Deppe¤	Gunther¤	Hauptallee¶ 10011·Großstadt¤	11.11.11¤	0·10/55·33·33¤
Sommer¤	Adam¤	Marschallstr.·1¶ 23457·Glücksstadt¤	07.07.77¤	08·15/77·77·77¤

In diesem Beispiel tritt aber ein kleines Problem auf: Hier stehen Personen, die über **denselben Nachnamen** verfügen: Meier und Sommer.

Achtung

Zum ***Sortieren*** *muss sich die Schreibmarke* ***innerhalb der Tabelle*** *befinden.*

Es soll wie bei einem Telefonbuch sortiert werden, d. h. zuerst erscheint der **Nachname**, dann der **Vorname**.

1 Öffnen Sie das Menü *Tabelle*.

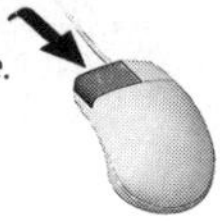

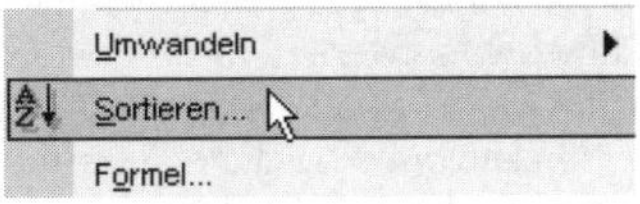

2 Wählen Sie den Befehl *Sortieren*.

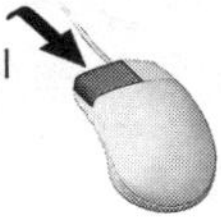

Sobald Sie die Menüoption wählen, markiert Word die Tabelle im Hintergrund automatisch.

Sie legen die Kriterien des Sortierens fest. Das erste Kriterium ist der Nachname. Es folgt der Vorname.

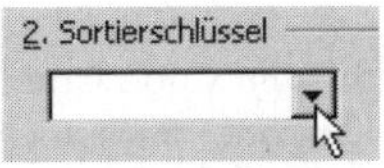

1 Klicken Sie auf das kleine Dreieck neben *2. Sortierschlüssel*.

2 Geben Sie »Vorname« an.

3 Bestätigen Sie über die Schaltfläche *OK*.

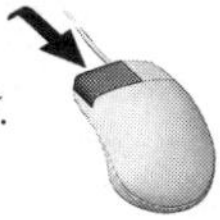

Name	Vorname	✉	Geburtstag	☎
Deppe	Gunther	Hauptallee 10011 Großstadt	11.11.11	010/55 33 33
Maier	Günther	Rosenallee 4 47110 Dufthausen	03.01.71	089/9 99 99
Maier	Sabine	Rosenallee 4 47110 Dufthausen	25.08.72	089/9 99 99
Meier	Sabine	Albrecht-Dürer-Str. 123 78999 Dorfhausen	04.08.72	078/3 78 55
Meyer	Marina	Mühlenweg 7a 28001 Hausstadt	27.07.74	0338 73/2 81 60
Schwarz	Rosemarie	Gustav-Gans-Str. 78 21000 Winden	02.01.58	099/413
Sommer	Adam	Marschallstr. 1 23457 Glücksstadt	07.07.77	0815/77 77 77
Sommer	Hans	Münchener Str. 81.5 77777 Heimatshausen	03.07.62	0088/47 11

4 Mit einem beliebigen Mausklick heben Sie die Markierung auf.

Tabellen und Rahmen

Mit Hilfe eines Tabellenstiftes können Sie eigene Tabellen entwerfen. Sie verwenden entweder die Menüoption *Tabelle/Tabelle zeichnen* oder klicken auf die Schaltfläche *Tabellen und Rahmen* in der Standardleiste

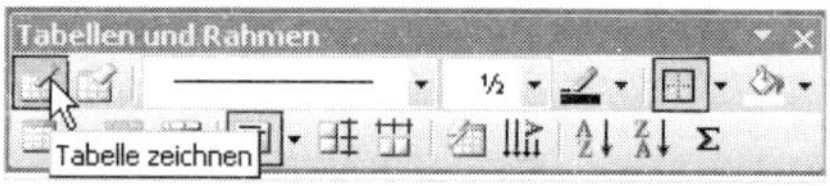

Gleichgültig, welchen Weg Sie wählen: Es erscheint eine weitere **Symbolleiste** auf dem Bildschirm. Mit ihr erhalten Sie eine Vielzahl von Möglichkeiten. Sie kennen bereits die Funktion der Schaltflächen *A* bis *Z* und *Z* bis *A*. Damit sortieren Sie in Tabellen, aber nur die erste Spalte. Ferner finden Sie in der Symbolleiste auch den **Tabellenstift**.

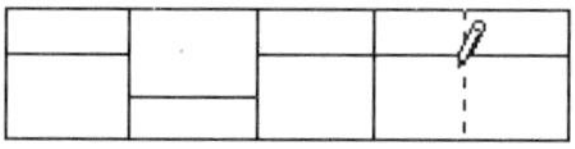

Wenn Sie auf die Schaltfläche *Tabelle zeichnen* klicken, ändert der Mauszeiger in einen Stift. Sie erhalten den »normalen« Mauszeiger wieder, indem Sie abermals auf die Schaltfläche klicken oder die Esc-Taste drücken.

Mit dem Stift als Mauszeiger legen Sie die Tabellen und damit Art und Größe der einzelnen Zellen nach Ihren Wünschen fest, wie Sie hier in diesem ein wenig »abstrakten« Beispiel erkennen können.

Tabellenlinien löschen

Die Schaltfläche mit dem **Radiergummi** ist Ihnen vielleicht schon aufgefallen. Und man kann mit ihm tatsächlich radieren. Sie brauchen nur die Schaltfläche anzuklicken, und der Mauszeiger verändert seine Form.

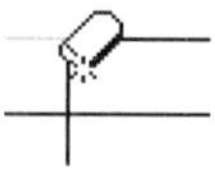

Anschließend klicken Sie in einer Tabelle die **Linie** an, die Sie **entfernen** möchten.

Mit einem erneuten Klick auf die Schaltfläche oder durch Drücken der Esc-Taste heben Sie die Funktion wieder auf.

Rahmenlinien einfügen

Die Zellen in Tabellen können durch eine Umrahmung hervorgehoben, quasi »eingerahmt«, werden. Die schwarzen Striche zeigen Ihnen, wo die Linie erscheinen soll, beispielsweise links, rechts, oben oder unten. Auch die Linienart und -stärke können Sie hier festlegen.

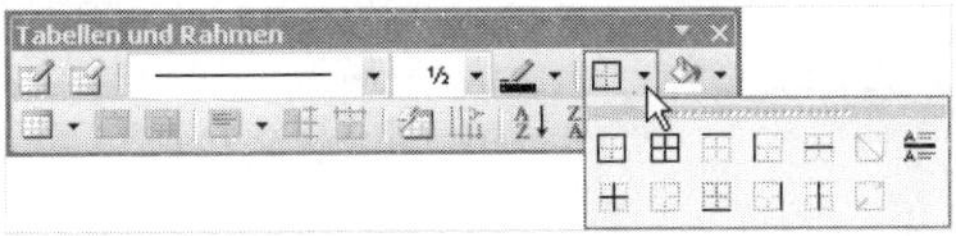

Das AutoFormat

Über die Menüoption *Tabelle/AutoFormat für Tabelle* können Sie ein bestimmtes Erscheinungsbild einer Tabelle festlegen.

Name	Vorname	✉	Geburtstag	☎
Sommer	Hans	Münchener Str. 815 77777 Heimatshausen	03.07.62	00 88/47 11
Meier	Sabine	Albrecht-Dürer-Str. 123 78999 Dorfhausen	04.08.72	0 78/3 78 55
Schwarz	Rosemarie	Gustav-Gans-Str. 78 21000 Winden	02.01.58	0 99/4 13
Maier	Günther	Rosenallee 4 47110 Dufthausen	03.01.71	0 89/9 99 99
Maier	Sabine	Rosenallee 4 47110 Dufthausen	25.08.72	0 89/9 99 99
Meyer	Marina	Mühlenweg 7a 28001 Hausstadt	27.07.74	0 38 73/2 81 60
Deppe	Gunther	Hauptallee 10011 Großstadt	11.11.11	0 10/55 33 33
Sommer	Adam	Marschallstr. 1 23457 Glücksstadt	07.07.77	08 15/77 77 77

1 Setzen Sie die Schreibmarke innerhalb der Tabelle.

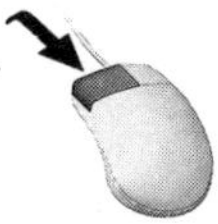

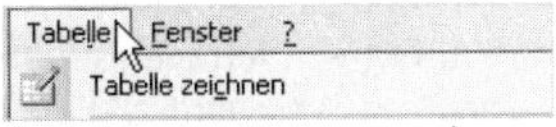

2 Wählen Sie im Menü *Tabelle* ...

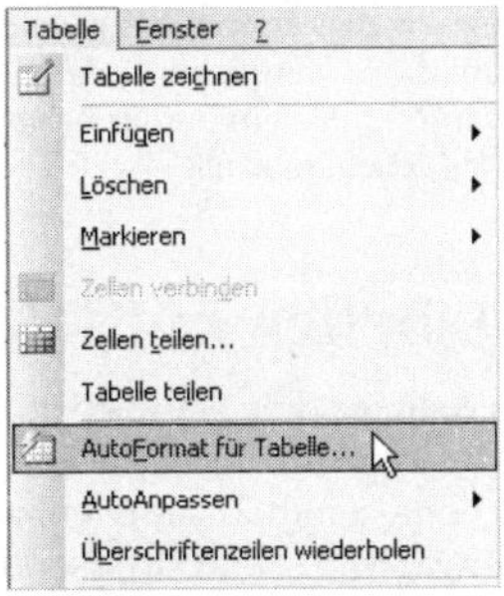

3 ... den Eintrag *AutoFormat für Tabelle.*

Hier haben Sie mehrere Vorgaben zur Auswahl. Sie erkennen in der Vorschau das spätere Aussehen.

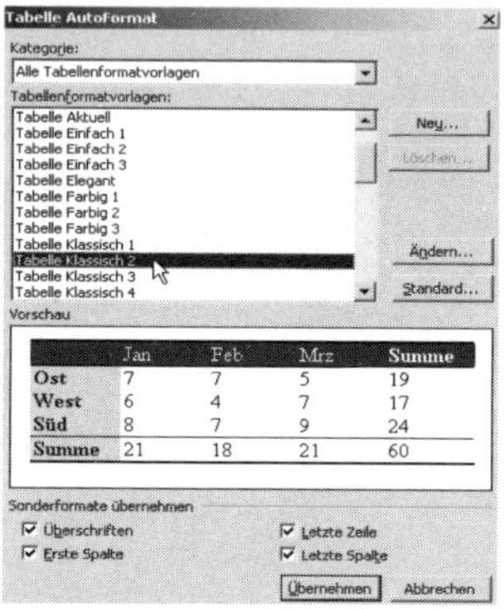

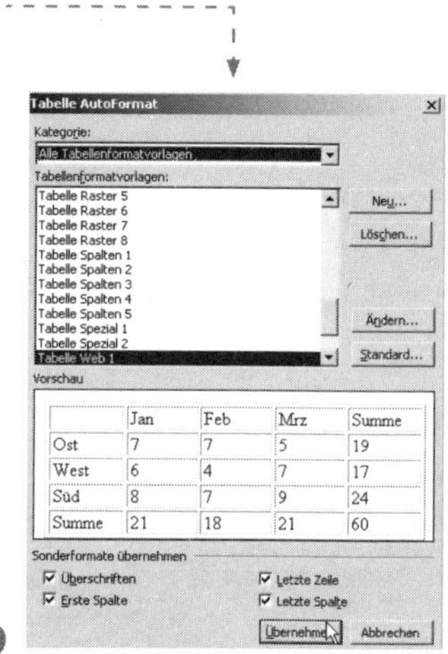

1 Sehen Sie sich die unterschiedlichen Tabellenformatvorlagen in der Vorschau an.

Über die Schaltfläche *Neu* legen Sie ein eigenes Format an. Wenn Sie auf die Schaltfläche *Ändern* klicken, variieren Sie ein bereits bestehendes Tabellenformat.

2 Haben Sie sich für ein Tabellenformat entschieden, bestätigen Sie über die Schaltfläche *Übernehmen*.

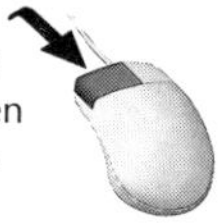

Tabellen mit Tabulatoren

Wenn Sie die [Tab]-Taste drücken, **springt** die Schreibmarke im Dokument. Das ist nicht nur schneller, Sie sparen sich auch das zigfache Drücken der Leertaste. Im Zusammenhang mit Tabulatoren werden mehrere Begriffe, etwa »Tab«, »Tabstopp« oder »Tabulatorstopp« verwendet, die aber alle das Gleiche bezeichnen.

> **Was ist das?**
>
> *Mit Hilfe der [Tab]-Taste und Tabulatoren springt die Einfügemarke um eine bestimmte Anzahl von Leerstellen weiter. Sie können dadurch Texte, die untereinander stehen sollen, geordnet wiedergeben.*

Der einfachste und schnellste Weg, Tabulatoren zu setzen, ist der über das **Lineal**.

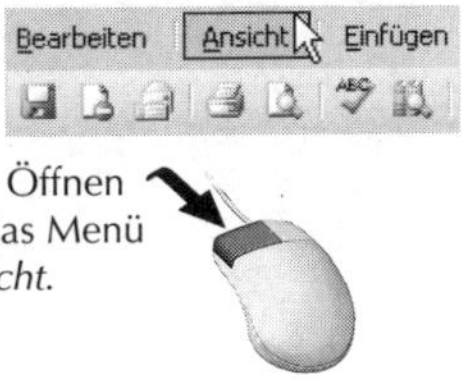

1 Öffnen Sie das Menü *Ansicht*.

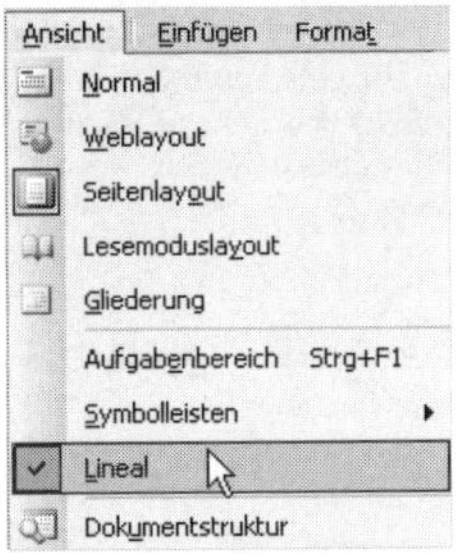

2 Blenden Sie ggf. das Lineal ein.

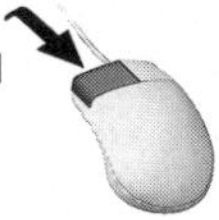

Von nun an ist das Lineal dauerhaft auf Ihrem Bildschirm eingeblendet. Auf demselben Weg blenden Sie das Lineal auch wieder aus.

Einen Tabulator setzen

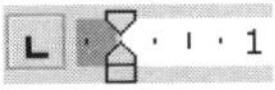

Links vor dem Lineal erkennen Sie ein »L«. Das bedeutet, Sie setzen mit einem Mausklick ins Lineal momentan **linksbündige** Tabulatoren. Der Text richtet sich wie gewohnt von links nach rechts aus.

Sie bewegen den Mauszeiger in das Lineal und klicken mit der Maustaste. Der Tabstopp erscheint.

1 Legen Sie für diese Übung ein neues Dokument an.

Hinweis

Es ist gleichgültig, ob Sie hier die linke oder rechte Maustaste drücken.

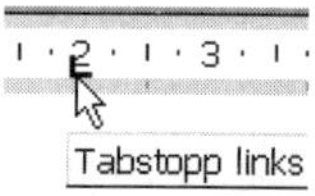

2 Setzen Sie den ersten Tabulator.

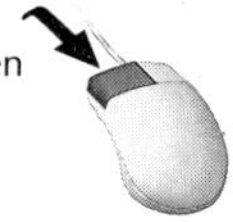

Drücken Sie die [Tab]-Taste, »springt« die Einfügemarke genau **unter den Tabulator**.

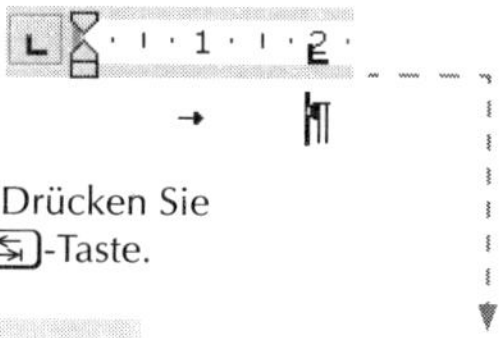

1 Drücken Sie die [Tab]-Taste.

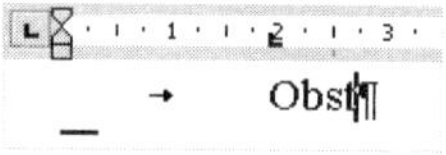

2 Schreiben Sie das Wort »Obst«.

Achtung

Diese Zeichen erkennen Sie nur, wenn die ***Formatierungszeichen*** *aktiviert sind (siehe auch Kapitel 2).*

Wenn Sie wieder auf das Symbol vor dem Lineal klicken, ändern sich die jeweiligen Tabulatoren.

1 Bewegen Sie den Mauszeiger auf die Fläche. Klicken Sie einmal. Die Tabulatorenart wechselt.

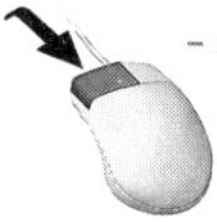

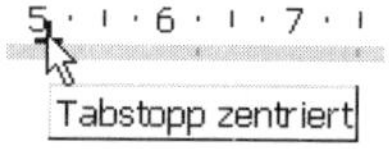

2 Setzen Sie den Tabulator.

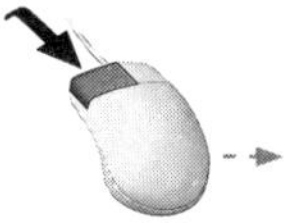

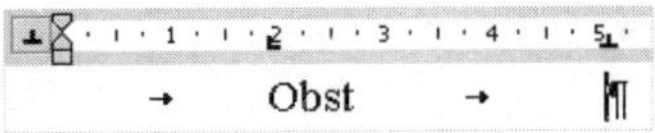

3 Drücken Sie die ⇆-Taste.

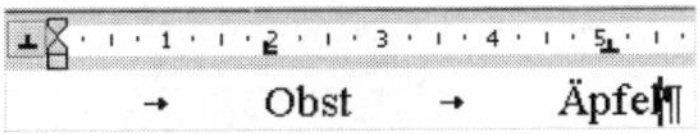

4 Geben Sie den Text ein.

Bei einem **zentrierten** Tabstopp richtet sich der Text jeweils nach der Mitte aus.

1 Wechseln Sie die Tabulatorenart.

2 Setzen Sie den Tabulator.

3 Schreiben Sie »Euro«.

Bei einem **rechtsbündigen** Tabstopp richtet der Text sich von rechts nach links.

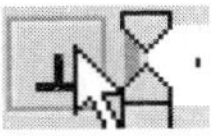

1 Ändern Sie die Tabulatorenart.

2 Setzen Sie den Tabulator.

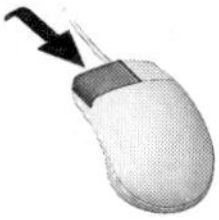

Hinweis

Haben Sie das Euro-Zeichen, so wie in Kapitel 10 dieses Buches beschrieben, angelegt, wird aus dem Wort »Euro« das Zeichen »€«.

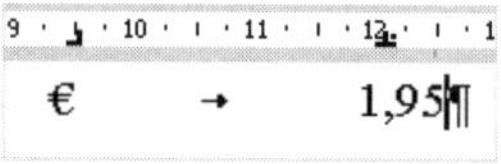

3 Drücken Sie die [Tab]-Taste. Tippen Sie die Zahl »1,95« ein.

Hinweis

Sie verwenden den dezimalen Tabstopp, um ***Zahlen mit Kommastellen*** *aufzulisten.*

Der **dezimale** Tabstoppwird häufig für **Zahlen** genutzt. Die Kommas der einzelnen Werte befinden sich dadurch exakt untereinander.

Wenn Sie danach die [Enter]-Taste drücken, werden die gesetzten Tabulatoren in die nächste Zeile übernommen.

1 Drücken Sie die [Enter]-Taste.

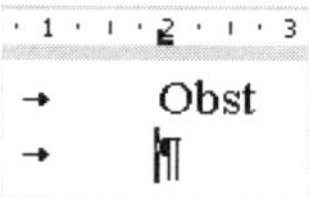

2 Aktivieren Sie die [Tab]-Taste.

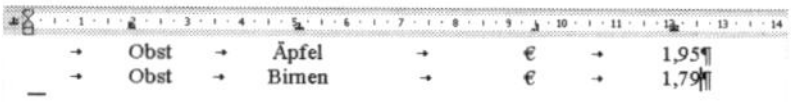

3 Übernehmen Sie die Angaben.

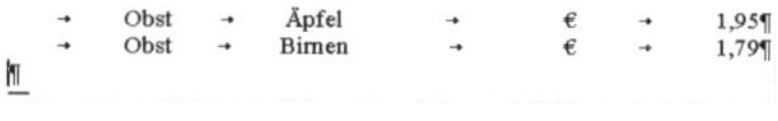

4 Betätigen Sie zum Schluss die [Enter]-Taste.

Einen Tabulator versetzen

Haben Sie bereits eine oder mehrere Zeilen mit Tabulatoren geschrieben? Bei **einer Zeile** müssen Sie die Tabstopps mit gedrückter Maustaste nur verschieben. Sind **mehrere Zeilen** betroffen, markieren Sie diese zuerst.

1 Positionieren Sie den Mauszeiger.

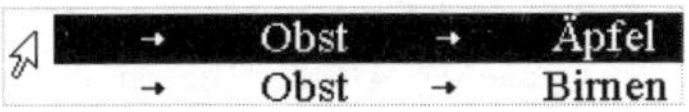

2 Klicken Sie mit der Maus. Die erste Zeile wurde markiert.

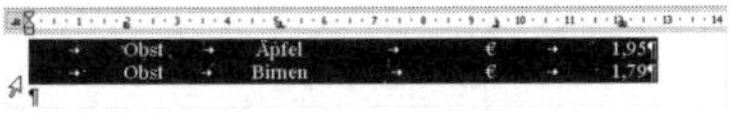

3 Markieren Sie die beiden Zeilen.

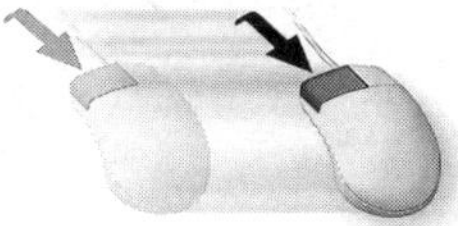

4 Klicken Sie auf das Tabulatorzeichen, und halten Sie die Maustaste gedrückt.

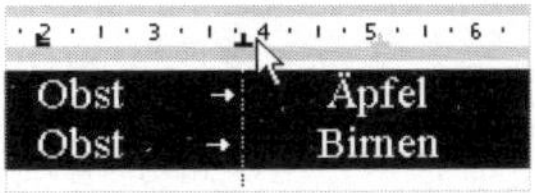

5 Verschieben Sie bei gedrückter Maustaste den Tabulator ...

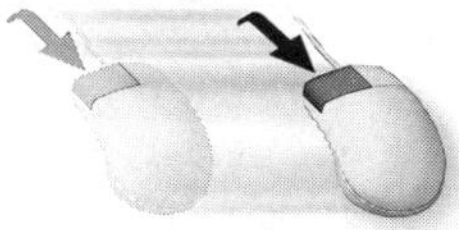

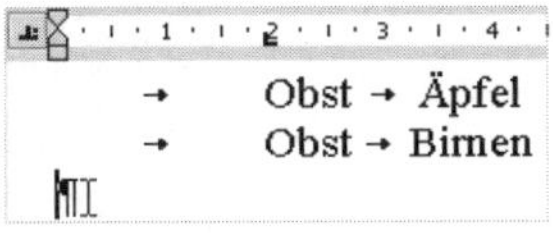

6 ... an eine neue Position im Lineal.

Einen Tabulator löschen

Das Entfernen eines Tabstopps ist denkbar einfach. Sie klicken diesen direkt im Lineal an, halten die Maustaste gedrückt und ziehen ihn nach oben oder unten aus dem Lineal heraus.

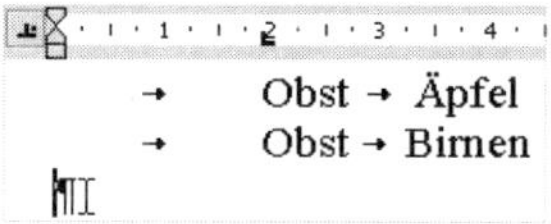

1 Klicken Sie in die dritte, »leer stehende« Zeile.

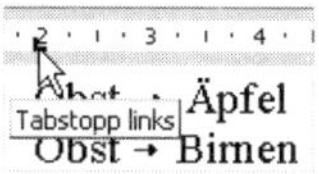

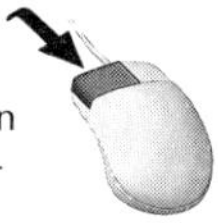

2 Klicken Sie auf das Tabulatorzeichen, und halten Sie die linke Maustaste gedrückt.

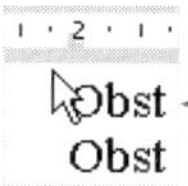

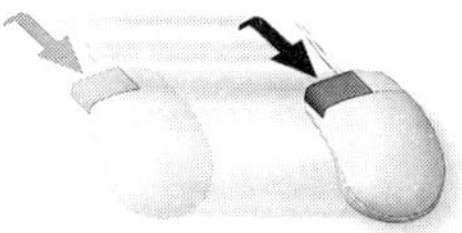

3 Ziehen Sie »nach unten«.

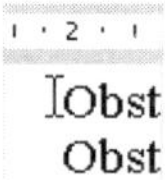

4 Sobald Sie die Maustaste loslassen, ist der Tabstopp verschwunden.

Tipps zum Kapitel

1. Eine Spalte in einer Tabelle mit Tabulatoren markieren Sie, indem Sie die [Alt]-Taste drücken und die entsprechende Spalte markieren.

2. Klicken Sie im Lineal **doppelt auf einen Tabulator**, können Sie in dem Dialogfeld neben anderen Angaben über die Schaltfläche *Alle löschen* sämtliche Tabstopps entfernen.

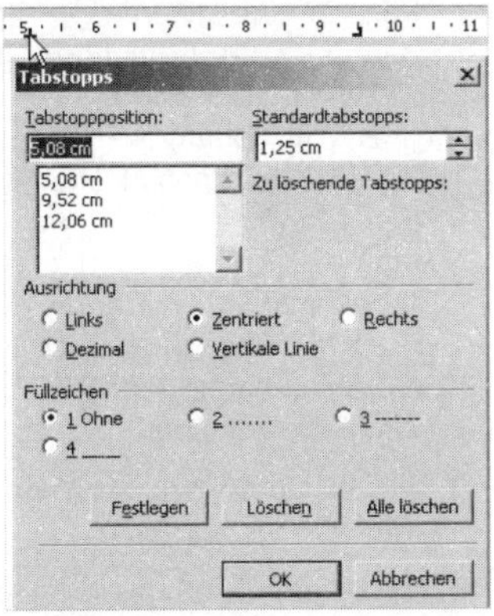

3. Eine markierte Tabelle mit Tabulatoren wandeln Sie in eine Tabelle mit Zellen über den Menüweg *Tabelle/Umwandeln/Text in Tabelle* um.

4. Über die Menüoption *Tabelle/AutoAnpassen* kann die Größe von Spalten und Zeilen automatisch bestimmt werden.

5. Bei besonders großen Tabellen können Sie unter der Menüoption *Datei/Seite einrichten* auf der Registerkarte *Seitenränder* das Querformat festlegen.

6. Starten Sie über den Menübefehl *Tabelle/Tabelleneigenschaften* das zugehörige Dialogfeld, können Sie über die Registerkarte *Tabelle* z. B. Tabellenzellen zentrieren.

7. Sie können Tabellen im Seitenlayout (*Ansicht/Seitenlayout*) mit gedrückter Maustaste im Dokument verschieben, indem Sie den Ziehpunkt verschieben.

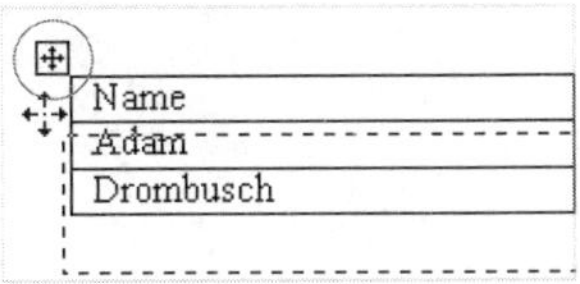

8. Sie können in Tabellen auch Zahlenwerte berechnen. Dazu müssen Sie unter *Extras/Anpassen* auf der Registerkarte *Befehle* den Befehl *Extras Berechnen* einbinden (siehe auch Kapitel 13). Sobald Sie den Befehl *Berechnen* aktivieren, summiert Word den Inhalt aller markierten Tabellenzellen. Sie fügen dann das Ergebnis über die Schaltfläche *Einfügen* in die Zielzelle ein.

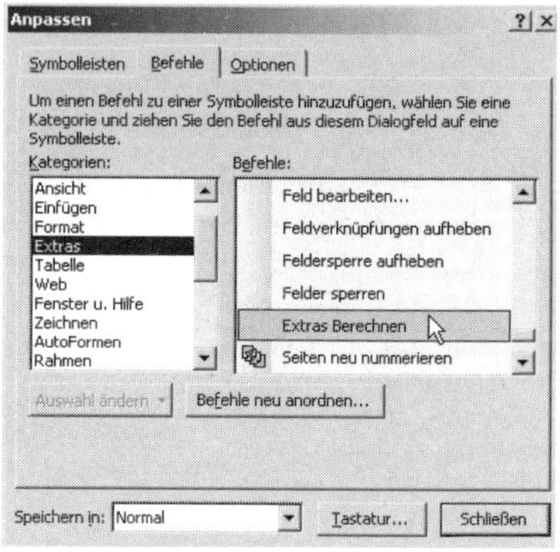

9. Sie sortieren markierte Wörter, die untereinander stehen, ebenfalls über *Tabelle/Sortieren*.

10. Sie können Symbole auch selbst erstellen. Dazu geben Sie in Windows über die Schaltfläche *Start* den Eintrag *Ausführen* an. Tippen Sie »eudcedit« ein und bestätigen über *OK*. Der **Sonderzeichen-Editor** öffnet sich auf dem Bildschirm. Dann kann man losmalen. Für die Bedienung des Programms verwenden Sie die Hilfe (*?*).

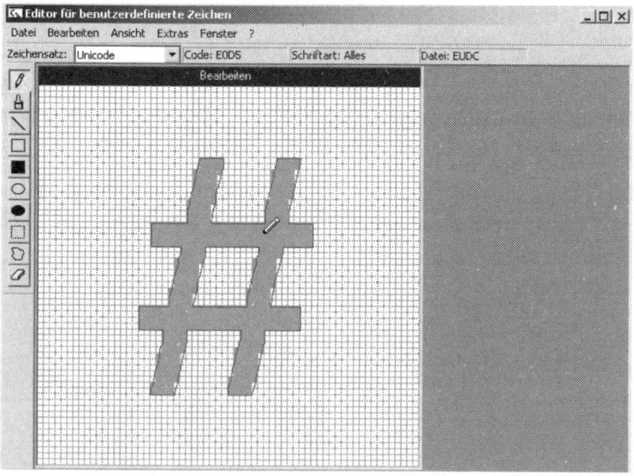

Der Word-Übungs-Trainer

1. Legen Sie die folgende Tabelle an:

Name	**Vorname**	**Punkte**
Rastlos	Petra	57
Müller	Max	59
Schmitz	Paul	65
Eifrig	Gisela	89
Raabe	Christoph	45

Sortieren Sie die Tabelle nach der höchsten Punktzahl.

2. Legen Sie die folgende Tabelle mit Tabstopps an: links, zentriert, dezimal.

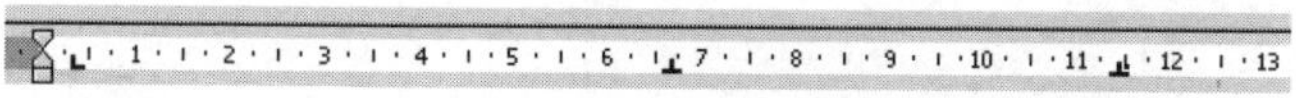

Vermögensgegenstand	Anschaffungsdatum	Betrag in €
Stereoanlage	20.08.01	875,00
Fernseher	27.04.02	549,00
Computer	28.03.03	799,00
Waschmaschine	25.10.03	499,00
Uhr	04.05.04	299,00

Wie stellen Sie anschließend »Betrag in €« zentriert über der entsprechenden Spalte dar?

Kapitel 13

Ihr persönliches Word

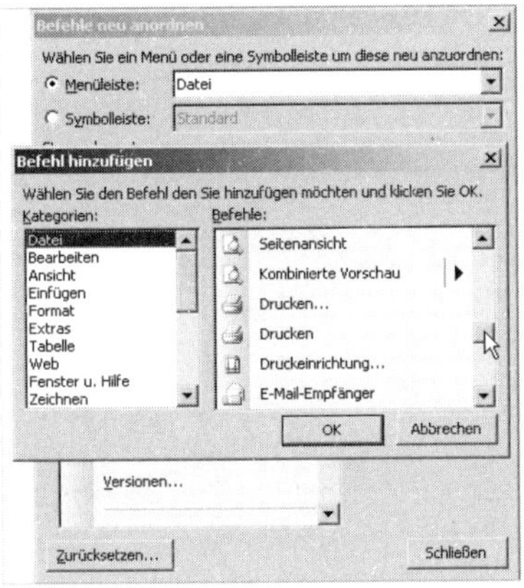

Sie können Word 2003 auf Ihre persönlichen Bedürfnisse beim Arbeiten abstimmen. Sie gestalten eigene Symbolleisten, Menüs, Menübefehle und legen Tastenkombinationen fest. Alles kann aber auch wieder entfernt und auf den Word-Standard zurückgesetzt werden! Gefällt Ihnen das Aussehen einer Schaltfläche nicht, geben Sie Ihr ein anderes Outfit. So wird das Word immer mehr zu »Ihrem« Word.

Das können Sie schon:

Das lernen Sie neu:

Eine Schaltfläche hinzufügen

In Word lassen sich eigene **Schaltflächen** anlegen. In der *Format-* und *Standard*-Symbolleiste erkennen Sie jeweils am rechten Bildschirmrand die Schaltfläche *Optionen für Symbolleisten.*

Wenn Sie darauf klicken, öffnet sich der Befehl *Schaltflächen hinzufügen oder entfernen.*

1 Klicken Sie in der Standardleiste auf die Schaltfläche *Optionen für Symbolleisten.*

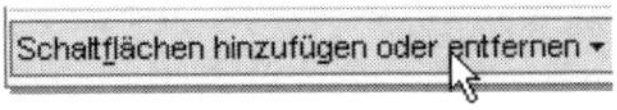

2 Bewegen Sie den Mauszeiger auf den Befehl *Schaltflächen hinzufügen oder entfernen.*

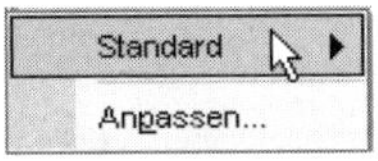

3 Platzieren Sie den Mauszeiger auf die Schaltfläche *Standard.*

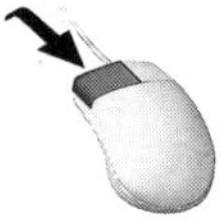

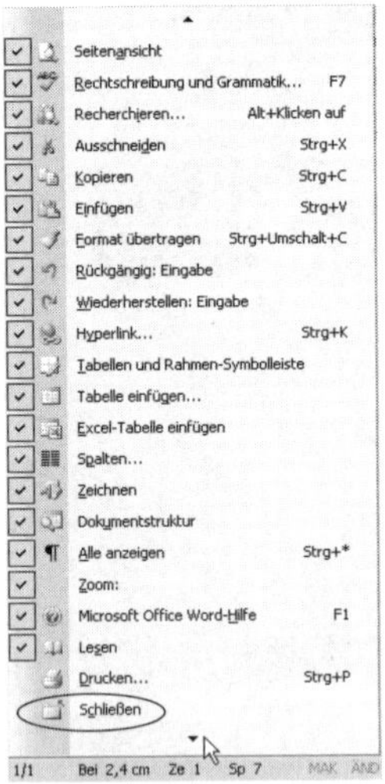

Ob Format oder Standard: Die Vorgehensweise ist gleich. Anhand dieser Einträge können Sie weitere Schaltflächen einbinden.

Befindet sich ein Häkchen vor einem Eintrag, sind die Schaltflächen in der Leiste bereits vorhanden.

Sie erkennen im Menü *Datei* den Befehl *Schließen.* Damit wird ein Dokument geschlossen, ohne dass Sie Word verlassen. Sie müssen aber jedes Mal die Menüoption anklicken.

Schneller würde das mit einer Schaltfläche gehen.

Es existiert dafür die Funktion *Schließen*, die Sie als Schaltfläche in die *Standard*-Symbolleiste einfügen können.

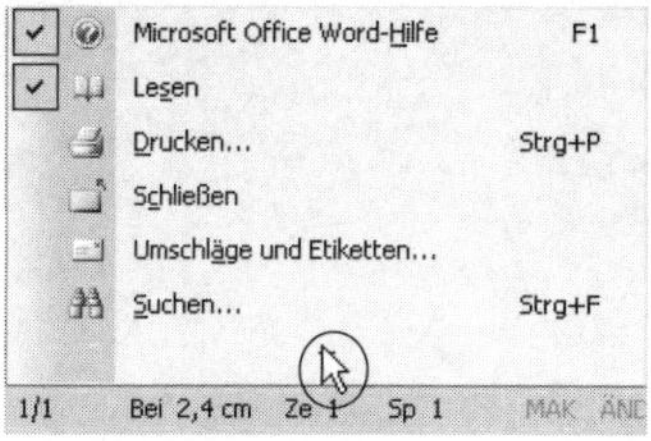

1 Falls nicht alle Befehle angezeigt werden, zeigen Sie mit dem Mauszeiger auf das kleine, nach unten weisende Dreieck.

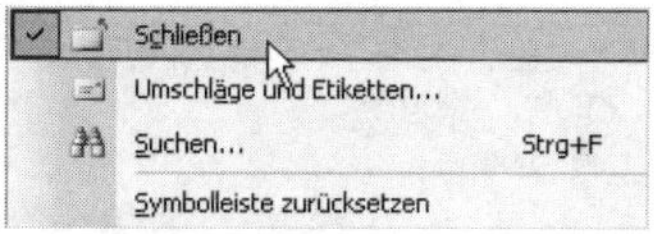

2 Klicken Sie auf *Schließen*.

3 Die Schaltfläche *Schließen* befindet sich nun in der **Standard-Symbolleiste**.

4 Klicken Sie beliebig in das Dokument.

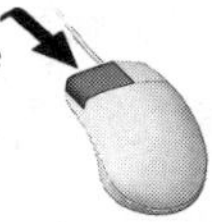

Über den gleichen Weg entfernen Sie die Schaltfläche wieder. So lassen sich natürlich auch andere Schaltflächen einbinden.

Schaltflächensymbole ändern

Sie können das Aussehen einer Schaltfläche eines **Schaltflächensymbols** auch anders gestalten. Dazu muss allerdings über die Menüoption *Extras/ Anpassen* das Dialogfeld *Anpassen* auf dem Bildschirm eingeblendet sein.

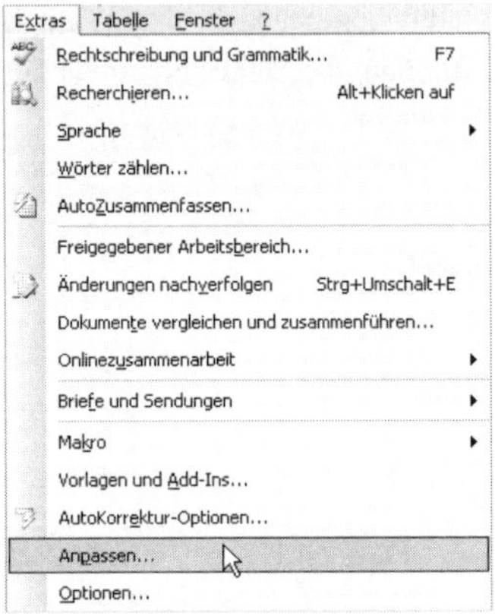

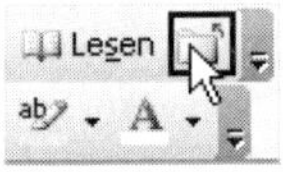

1 Wählen Sie die Menüoption *Extras/ Anpassen*. Das Dialogfeld *Anpassen* erscheint auf dem Bildschirm.

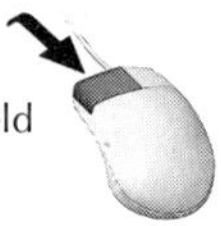

2 Klicken Sie auf die Schaltfläche *Schließen*.

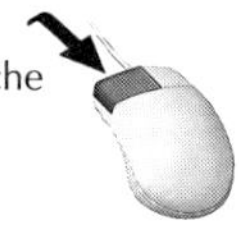

> **Hinweis**
>
> *Sie können die Schaltfläche auch direkt mit der rechten Maustaste anklicken. Auf jeden Fall muss das Dialogfeld* Anpassen *auf dem Bildschirm geöffnet sein!*

Mit einem Klick der **rechten Maustaste** öffnet sich ein Kontextmenü. Hier können Sie das **Aussehen von Schaltflächensymbolen** ändern.

Sie erkennen neben dem Namen der angeklickten Schaltfläche zahlreiche Befehle.

Über den Befehl *Löschen* können Sie übrigens auch eine Schaltfläche aus einer Symbolleiste **entfernen**.

Wählen Sie den Befehl *Schaltflächensymbol und Text,* wird dem Schaltflächensymbol ein Erläuterungstext hinzugefügt. Aktivieren Sie den Befehl *Standard,* erscheint das Schaltflächensymbol wieder im bekannten Aussehen.

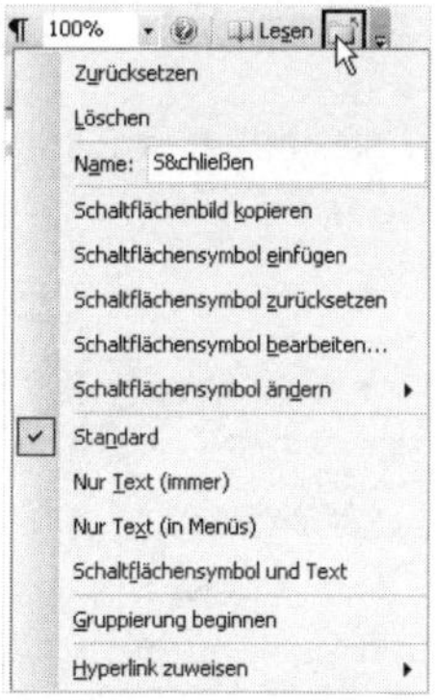

1 Mit einem rechten Mausklick öffnet sich dann ein Kontextmenü.

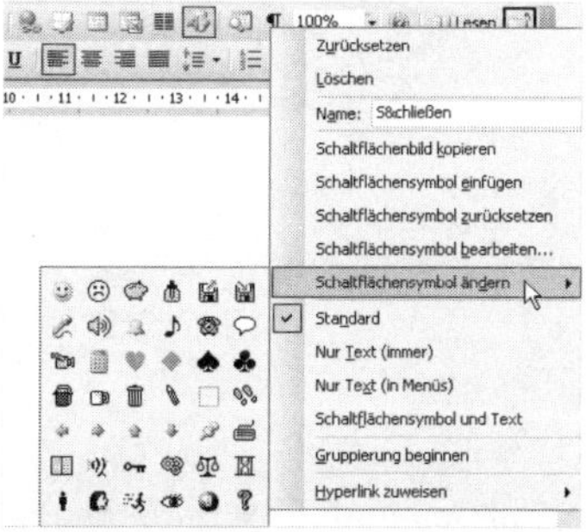

2 Bewegen Sie den Mauszeiger auf *Schaltflächensymbol ändern.*

Wenn Sie den Befehl *Zurücksetzen* wählen, erhält das Schaltflächensymbol wieder sein ursprüngliches Aussehen.

1 Klicken Sie auf das gewünschte Schaltflächensymbol.

2 Drücken Sie die [Esc]-Taste.

Sobald Sie das Dialogfeld *Anpassen* verlassen, verschwindet die schwarze Umrandung der Schaltfläche.

Es gibt einen Weg, der das Entfernen einer Schaltfläche ganz einfach macht: Dazu verwenden Sie die [Alt]-Taste.

1 Halten Sie die [Alt]-Taste gedrückt.

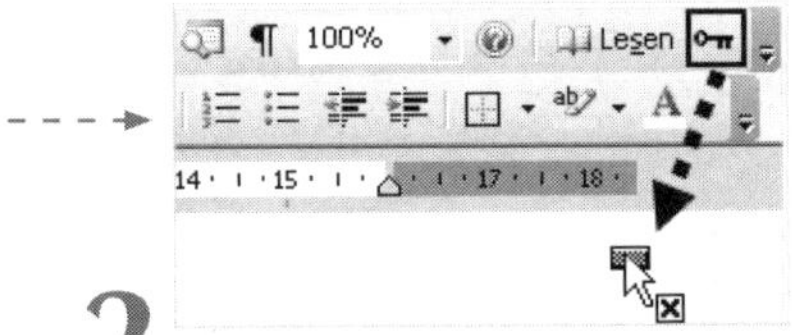

2 Ziehen Sie die Schaltfläche *Schließen* in den Bereich des Dokumentes.

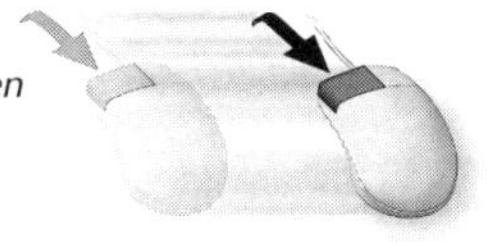

Schließen und *Alles schließen*?

Wo ist da der Unterschied? Mit dem Befehl *Schließen* können Sie jeweils nur ein Dokument auf dem Bildschirm schließen.

Über den Befehl *Alles schließen* schließen Sie sämtliche Dokumente.

Menüoption	Auswirkung
Datei/Schließen	Schließt das momentan aktivierte Dokument. Der Befehl muss jedes Mal neu angegeben werden.
Datei/Alles schließen	Schließt sämtliche aktuell geöffneten Dokumente. Der Befehl muss nur einmal angegeben werden.

Einen Menüeintrag erstellen

Sie finden die einzelnen Funktionen auf der Registerkarte *Befehle* unter der Menüoption *Extras/Anpassen*.

Im Dialogfeld sehen Sie auf der linken Seite mehrere *Kategorien*.

Die Funktion *Alles schließen* finden Sie in der Kategorie *Datei*.

Mit gedrückter Maustaste **ziehen** Sie die Funktion dorthin, wo Sie es wünschen. Das kann eine Symbolleiste oder ein geöffnetes Menü wie z. B. *Datei* sein.

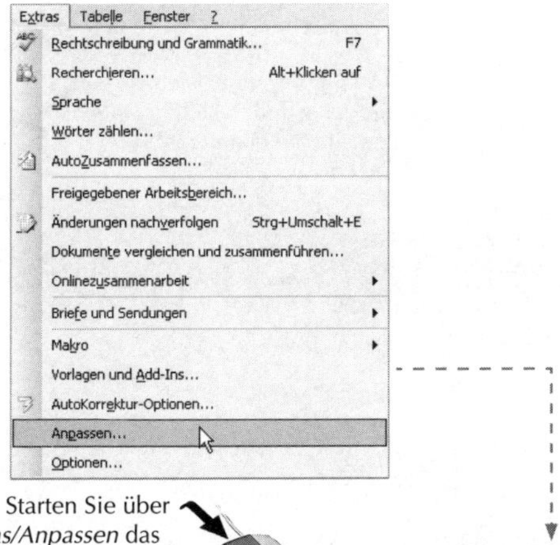

1 Starten Sie über *Extras/Anpassen* das Dialogfeld *Anpassen*.

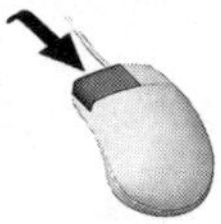

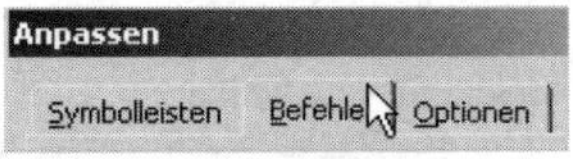

2 Holen Sie die Registerkarte *Befehle* in den Vordergrund.

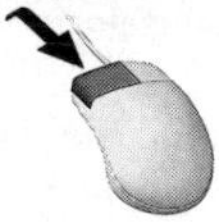

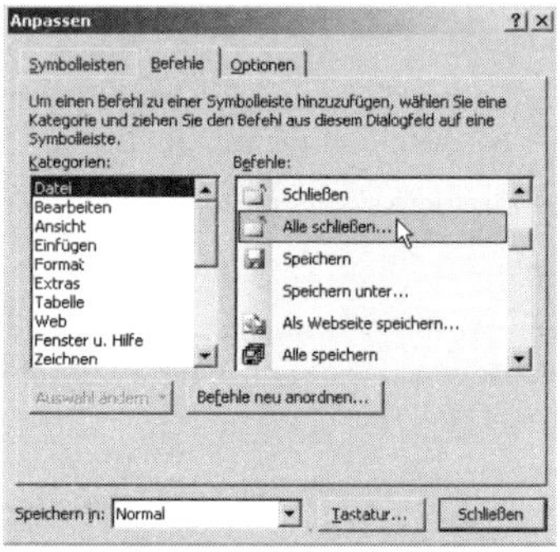

3 Wählen Sie im Listenfeld *Kategorien* ggf. den Eintrag *Datei*. Klicken Sie auf den Befehl *Alle schließen*.

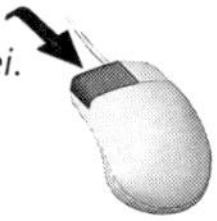

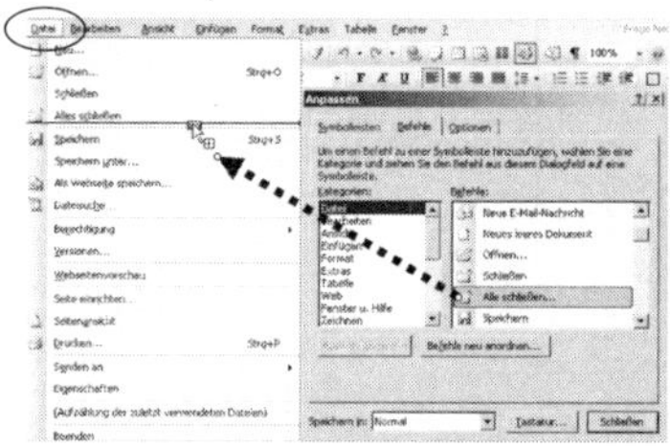

4 Öffnen Sie den Menüpunkt *Datei*. Halten Sie die linke Maustaste gedrückt, und ziehen Sie den Befehl *Alle schließen* in das geöffnete Menü.

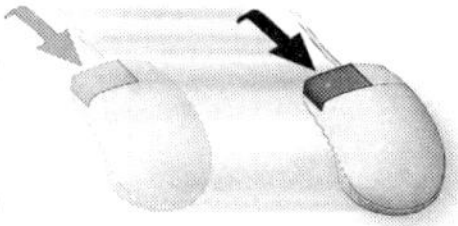

Möchten Sie wiederum eine Schaltfläche oder einen Menüeintrag löschen, aktivieren Sie die Menüoption *Extras/Anpassen*.

Es ist gleichgültig, welche Registerkarte im Vordergrund erscheint. Wichtig ist, dass das **Dialogfeld** *Anpassen* am Bildschirm geöffnet ist. Ziehen Sie dann die Schaltfläche in das Dialogfeld.

Befehle neu anordnen

Sie haben noch eine Alternative, Menüeinträge bzw. Schaltfläche in Symbolleisten nach Ihren Wünschen anzupassen. Wenn Sie auf die Schaltfläche *Befehle neu anordnen,* klicken, können Sie über die entsprechenden Schaltflächen sowohl Menüs als auch Symbolleisten per Mausklick verändern. Hier lassen sich Einträge bzw. Schaltflächen hinzufügen, löschen oder anders platzieren.

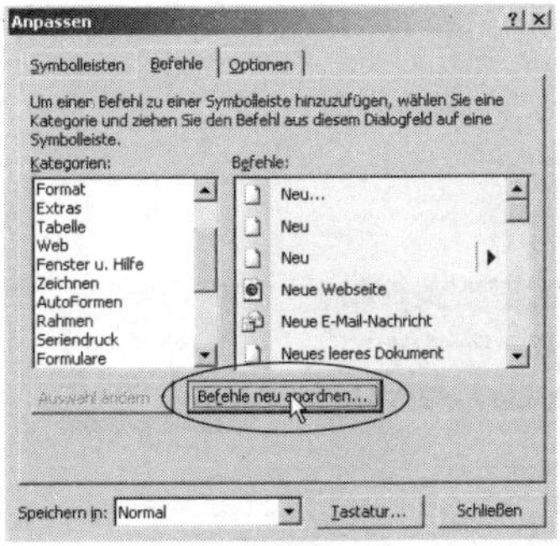

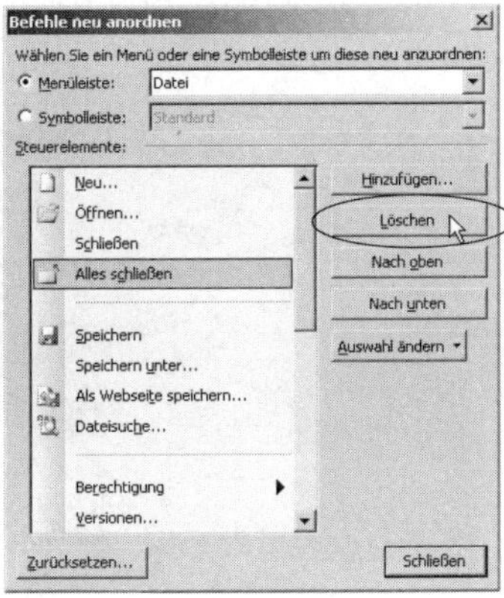

Eigene Tastenkombinationen festlegen

Exemplarisch nehmen Sie wieder den Befehl *Alles schließen.* Die einzelnen Befehle sind hier ebenfalls in Kategorien eingeteilt. Für das Beispiel benötigen Sie die Kategorie *Datei.*

Für den Befehl *DateiAllesSchließen* wählen Sie z. B. die Tastenkombination Alt+Strg+A.

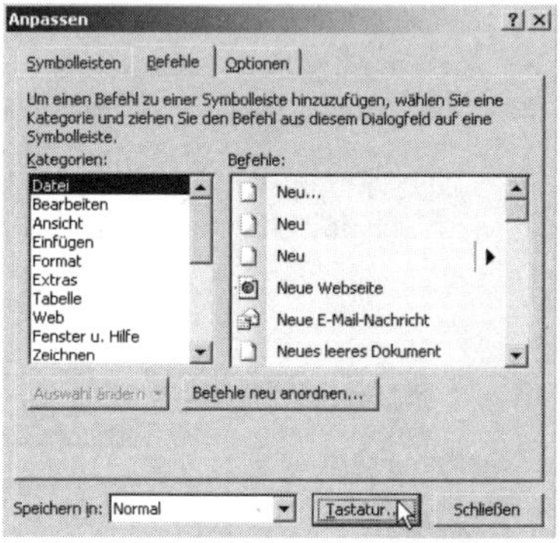

1 Klicken Sie im Dialogfeld *Anpassen* auf die Schaltfläche *Tastatur*.

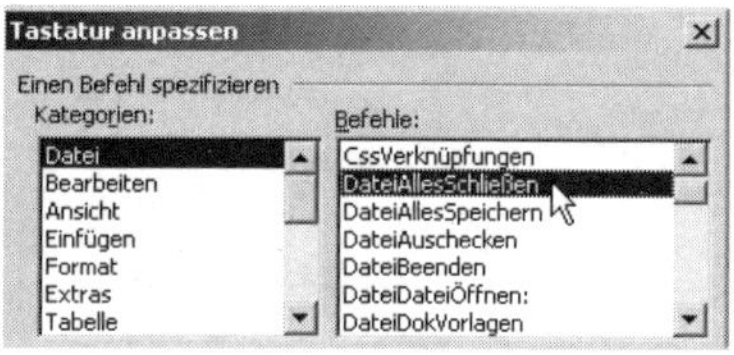

2 Wählen Sie den Befehl *DateiAlles Schließen* aus.

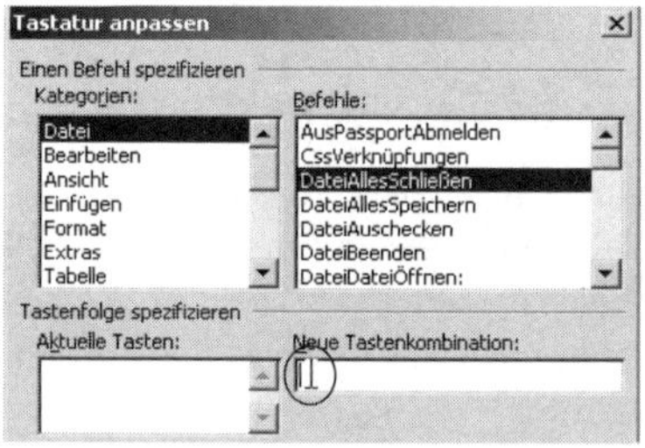

3 Klicken Sie in das Eingabefeld *Neue Tastenkombination*.

> **Hinweis**
>
> *Falls eine* ***Tastenkombination*** *für andere Befehle* ***bereits vergeben*** *ist, zeigt Word Ihnen das an.*

Sie drücken die Tasten Alt+Strg+A. Sobald Sie die Tasten loslassen, erscheinen diese anschließend im Feld. Sie klicken dann auf die Schaltfläche *Zuordnen*. Das bedeutet, die gewählte Tastenkombination wird dem Befehl *DateiAllesSchließen* zugewiesen.

1 Halten Sie die Tasten Alt+Strg gedrückt.

2 Drücken Sie zusätzlich die Taste A.

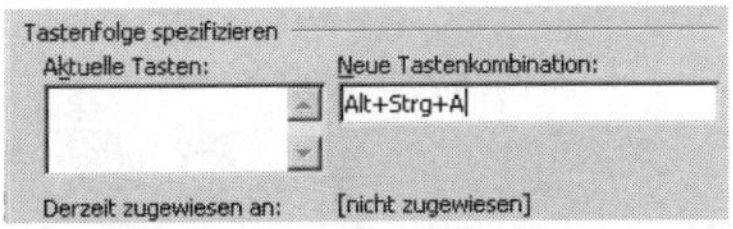

3 Lassen Sie die Tasten los. Die Tastenkombination erscheint im Feld.

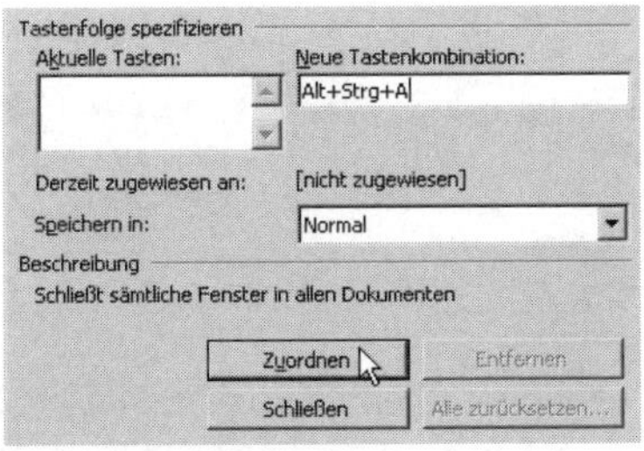

4 Bestätigen Sie über die Schaltfläche *Zuordnen*.

Bis Sie diese Tastenkombination ändern, gehören die gewählten Tasten zu diesem Befehl *DateiAllesSchließen* – so wie der passende Deckel zu einem Topf.

Um eine Tastenkombination zu **löschen,** klicken Sie jeweils auf den zugehörigen Befehl und die aktuelle Tastenkombination. Anschließend bestätigen Sie über die Schaltfläche *Entfernen.*

Nun müssen noch beide Dialogfelder, die sich auf dem Bildschirm befinden, geschlossen werden.

1 Schließen Sie zunächst das eine Dialogfeld ...

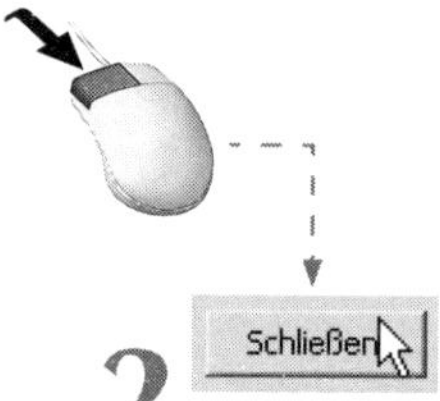

2 ... und dann das nächste.

Tipp

Statt zweimal die Schaltfläche Schließen *anzuklicken, können Sie auch zweimal die* [Esc]*-Taste drücken.*

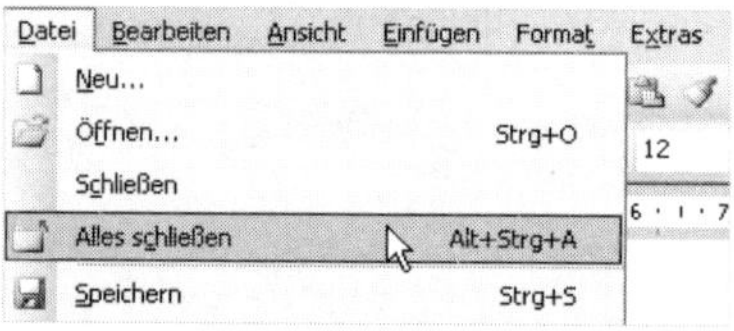

Jetzt können Sie die neue Tastenkombination gleich ausprobieren. Doch es geht auch ohne großen Arbeitsaufwand einfach zu kontrollieren, ob alles richtig ist.

Sie öffnen das Menü *Datei.* Hinter dem Befehl *Alles Schließen* erkennen Sie die zuvor von Ihnen angelegte Tastenkombination ([Alt]+[Strg]+[A]).

Menüleisten und Symbolleisten zurücksetzen

Im Dialogfeld *Anpassen* können Sie über die Schaltfläche *Befehle neu anordnen* Menüs oder Symbolleisten wieder in den **Urzustand** versetzen, so wie Sie diese beim ersten Start von Word vorgefunden haben.

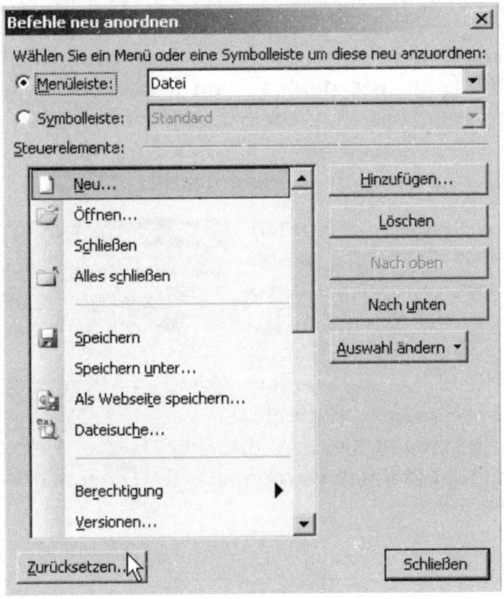

Dazu geben Sie das entsprechende Menü oder die Symbolleiste an und bestätigen über die Schaltfläche *Zurücksetzen*.

Tipps zum Kapitel

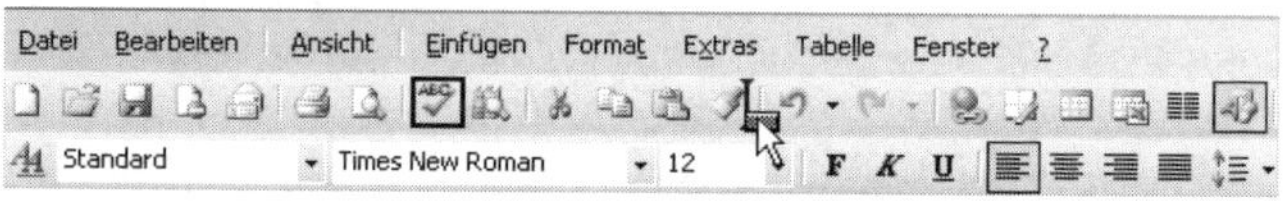

1. Menüpunkte und Schaltfläche verschieben Sie leicht, indem Sie zunächst die [Alt]-Taste drücken und festhalten. Ziehen Sie – wie oben bereits beschrieben – eine Schaltfläche in das Dokument, wird diese entfernt. Beachten Sie dazu unbedingt den obigen Abschnitt **Menüleisten und Symbolleisten zurücksetzen**.

2. Sämtliche Tastenkombinationen und Befehle in Word 2003 lassen sich anzeigen. Starten Sie dazu *Extras/Makro/Makros* ([Alt]+[F8]). Geben Sie beim Feld *Makros in:* »Word-Befehle« an. Wählen Sie unter *Makroname:* »Befehle Auflisten«. Bestätigen Sie über die Schaltfläche *Ausführen*. Die gewünschten Informationen werden über die Schaltfläche *OK* in einem Dokument angezeigt.

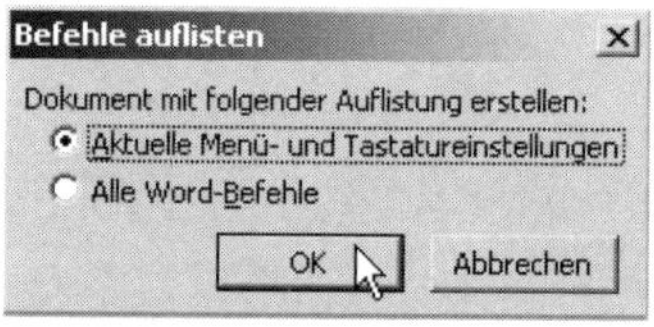

Der Word-Übungs-Trainer

1. Die Funktion **Wiederholen** (*Bearbeiten/Wiederholen*) wiederholt den letzten Befehl. Blenden Sie die Schaltfläche *Wiederholen* in die *Standard*-Symbolleiste ein.

2. Entfernen Sie ggf. die Schaltfläche *Wiederholen* wieder.

Kapitel 14

Am Rande erwähnt: Fußnoten und Seitenzahlen

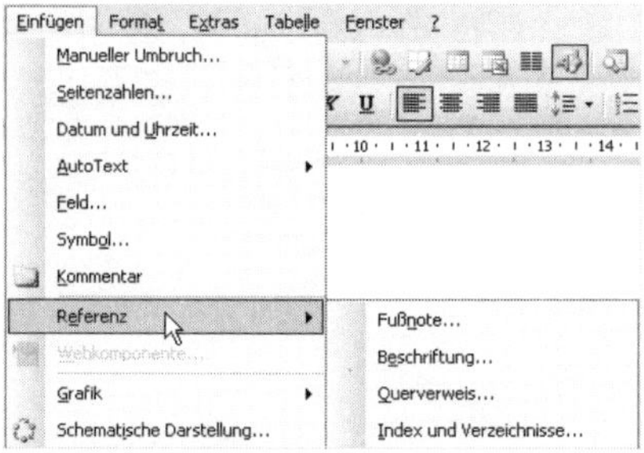

Besonders bei umfangreichen Dokumenten kommen Fußnoten zum Einsatz. Dabei handelt es sich um zusätzliche Bemerkungen bzw. Informationen am unteren Seitenrand, die chronologisch erfasst werden: 1, 2, 3, ...
Umfasst Ihr Dokument mehr als eine Seite, kann es durchaus Sinn machen, diese für den späteren Ausdruck zu nummerieren.
Ein Index ist ein Stichwortverzeichnis. Sie suchen einen bestimmten Begriff und finden die entsprechende Seitenzahl dazu – so wie im Anhang dieses Buches.

Das können Sie schon:

Das lernen Sie neu:

Fußnoten einfügen

Fußnoten werden häufig bei Büchern verwendet und erscheinen am **unteren Seitenrand**. Es sind Zusatzinformationen.

Was ist das?

Fußnoten *werden häufig in wissenschaftlichen Arbeiten oder in Berichten über Projekte oder Produkte von Unternehmen verwendet, um weitere Erläuterungen am unteren Seitenrand zu geben.*

Wenn die Zusatzinformationen gesammelt am Ende eines mehrseitigen Textes erscheinen, spricht man von ***Endnoten****.*

Um Fußnoten anzulegen, müssen Sie zunächst einen Text eingeben. Danach platzieren Sie die Einfügemarke hinter das Wort, zu dem Sie eine Ergänzung schreiben möchten. In diesem Beispiel schreiben Sie »Goethe«. Über eine Fußnote geben Sie an, dass er ein deutscher Dichter war.

Achtung

Um in den nächsten Schritten einheitlich vorzugehen, wählen Sie die ***Normalansicht****.*

Entscheidend für das Aussehen beim Erstellen der Fußnote ist die **Ansicht**, die Sie jeweils gewählt haben.

Im **Seitenlayout** würde die Eingabe der Fußnote so aussehen.

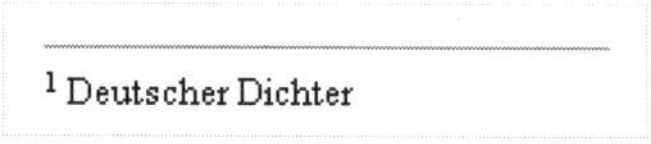

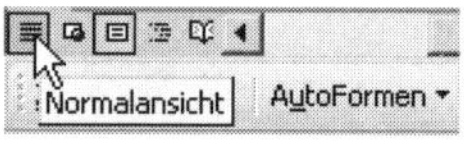

1 Schalten Sie am unteren Bildschirmrand auf die Ansicht *Normal*.

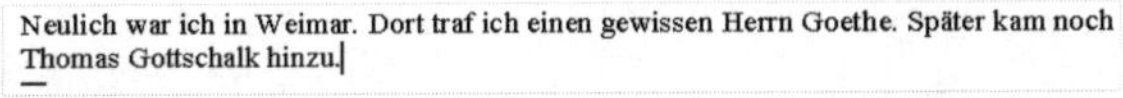

2 Geben Sie den Text ein:

»Neulich war ich in Weimar. Dort traf ich einen gewissen Herrn Goethe. Später kam noch Thomas Gottschalk hinzu.«

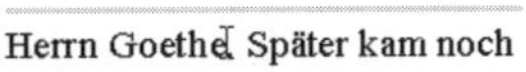

3 Setzen Sie die Einfügemarke **direkt hinter** »Goethe«.

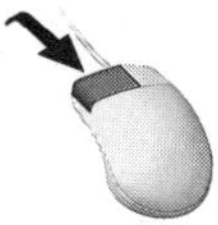

4 Öffnen Sie das Menü *Einfügen*.

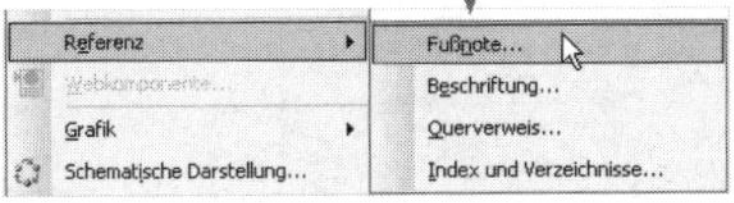

5 Wählen Sie den Eintrag *Referenz*, dann *Fussnote*.

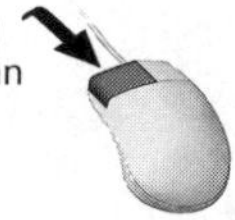

In dem geöffneten Dialogfeld *Fuß- und Endnote* könnten Sie noch einiges ändern.

In diesem Beispiel ist es aber nicht erforderlich.

Sie können unter *Speicherort* festlegen, ob die Ergänzungen auf der aktuellen Seite oder durch Aktivieren der Angabe *Endnote* am Ende des Dokuments – beispielsweise eines mehrseitigen Manuskriptes – erscheinen sollen.

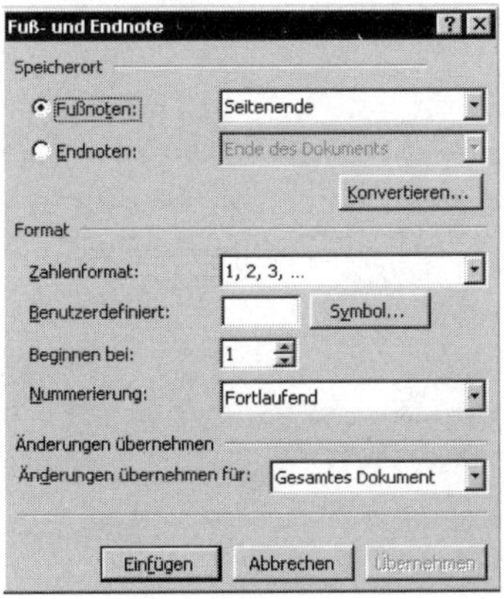

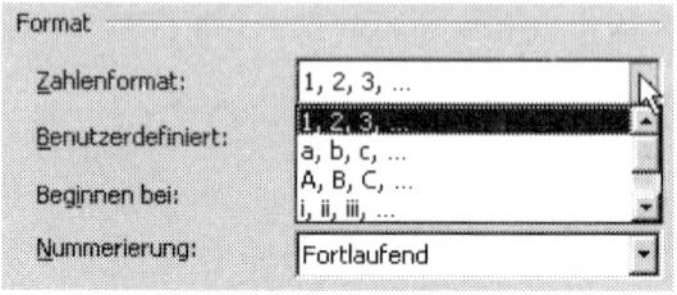

Bei *Zahlenformat* können Sie die fortlaufende Aufzählungsform der arabischen Zahlen 1, 2, 3, ... z.B. in »I, II, III, ...« oder »A, B, C, ...« umändern.

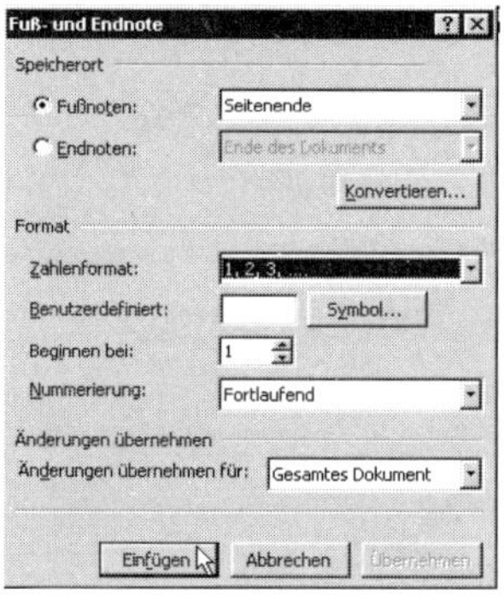

1 Klicken Sie im Dialogfeld *Fuß- und Endnote* auf die Schaltfläche *Einfügen*.

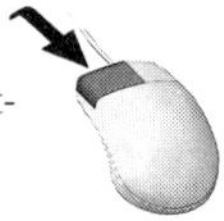

2 Am unteren Bildschirmrand öffnet sich ein Fußnotenfenster. Dort machen Sie die Eingaben.

Sie erkennen, dass hier bereits die Zahl »1«, stellvertretend für die Angabe der ersten Fußnote, steht. Sie brauchen also nur noch den Text zu schreiben.

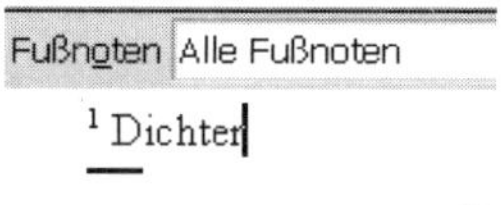

1 Geben Sie als erste Fußnote das Wort »Dichter« ein.

2 Schließen Sie über die Schaltfläche das Fußnotenfenster.

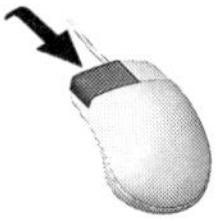

Das Fußnotenfenster verschwindet. Im Text befindet sich hinter »Goethe« eine kleine hochgestellte »1«. Das bedeutet: **Hier steht die erste Fußnote**.

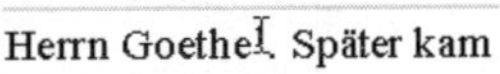

1 Bewegen Sie den Mauszeiger auf die Zahl »1«.

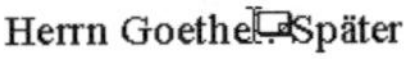

2 Der Inhalt wird Ihnen ...

3 ... in einem gelben Feld (auch »QuickInfo« genannt) angezeigt.

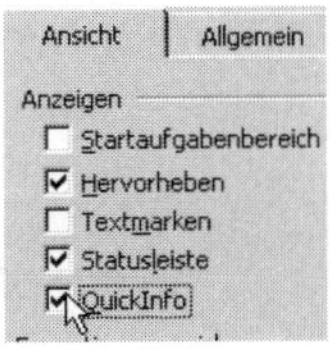

Sollte die QuickInfo nicht eingeblendet sein, müssen Sie diese aktivieren. Wählen Sie den Menüweg *Extras/ Optionen*, und holen Sie die Registerkarte *Ansicht* per Mausklick in den Vordergrund.

Fußnoten bearbeiten

In diesem Beispiel soll die erste Fußnote inhaltlich ergänzt werden. Bisher steht dort das Wort »Dichter«. Der Inhalt soll in »Deutscher Dichter« geändert werden.

Um eine bereits bestehende Fußnote nachträglich zu bearbeiten, wählen Sie den Menübefehl *Ansicht/Fußnoten*.

Noch schneller geht es mit einem **Doppelklick** auf die hochgestellte »1« hinter »Goethe«. Sie gelangen direkt in das Fußnotenfenster.

1 Platzieren Sie den Mauszeiger auf die Fußnote »1«.

2 Doppelklicken Sie auf die Fußnote.

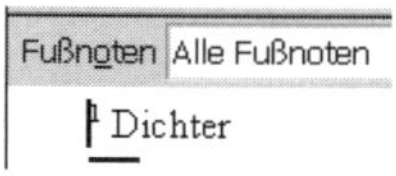

3 Das Fußnotenfenster erscheint am unteren Bildschirmrand.

4 Drücken Sie zweimal auf die [→]-Taste.

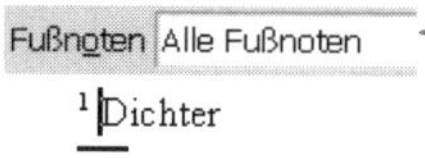

5 Die Schreibmarke blinkt vor dem Ausdruck »Dichter«.

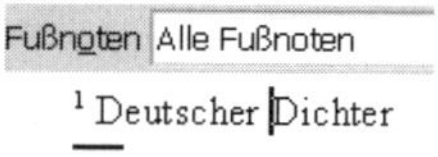

6 Tippen Sie das Wort »Deutscher« ein, und drücken Sie einmal auf die [ ]-Taste.

7 Schließen Sie über die Schaltfläche das Fußnotenfenster.

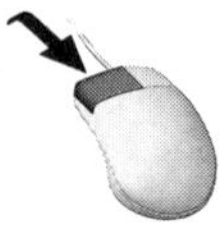

8 Bewegen Sie den Mauszeiger auf die Fußnote im Text.

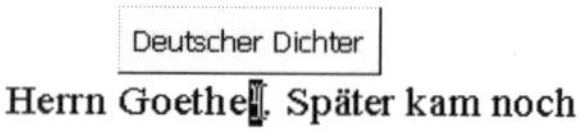

9 Der neue Inhalt wird angezeigt.

Schreiben Sie die zweite Fußnote. Sie gehen hier genauso vor wie bei der ersten. In diesem Beispiel setzen Sie die Einfügemarke hinter »Thomas Gottschalk«.

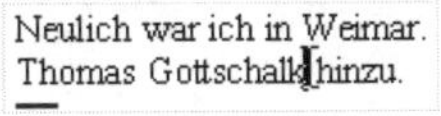

1 Platzieren Sie die Einfügemarke hinter »Gottschalk«.

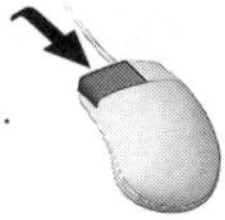

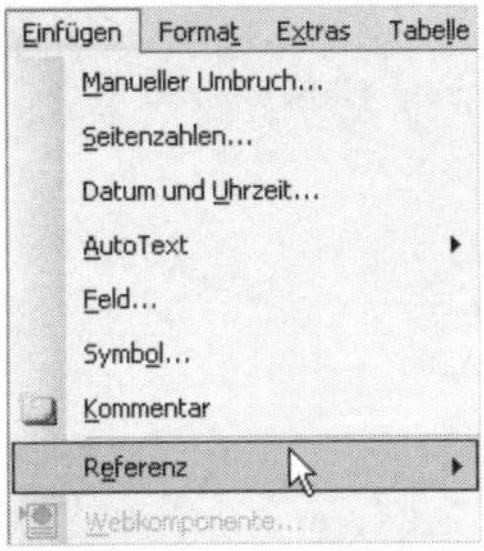

2 Rufen Sie den Menübefehl *Einfügen/ Referenz* auf.

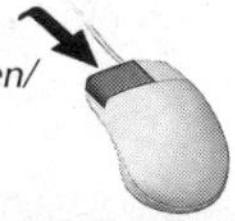

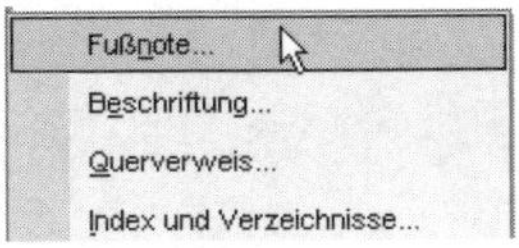

3 Wählen Sie den Eintrag *Fußnote*.

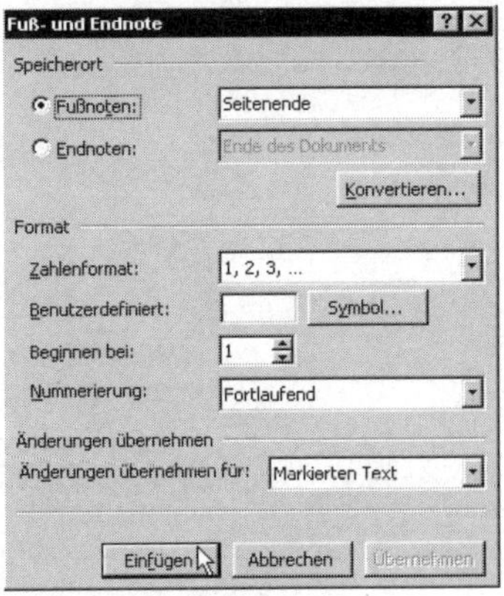

4 Bestätigen Sie die angegebenen Einträge über die Schaltfläche *Einfügen*.

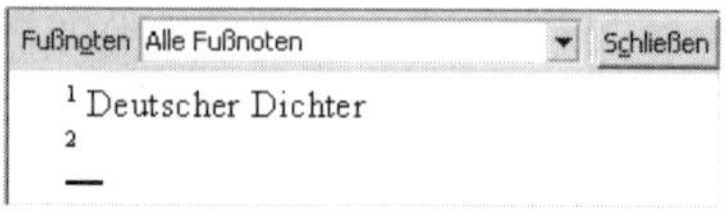

5 Das Fußnotenfenster erscheint am unteren Bildschirmrand.

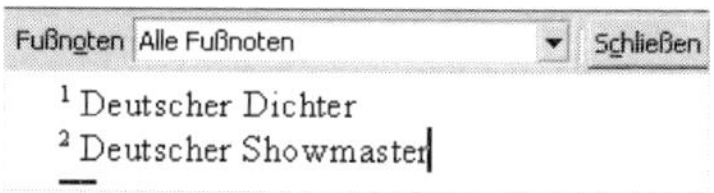

6 Geben Sie den Text für die zweite Fußnote ein.

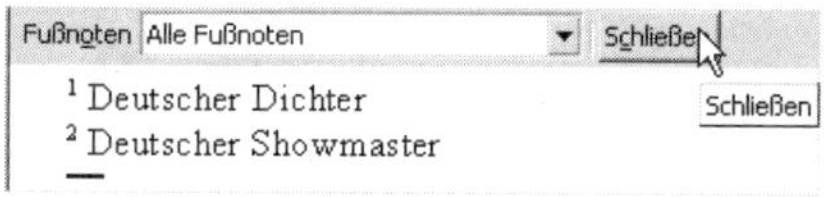

7 Schließen Sie das Fußnotenfenster über die Schaltfläche.

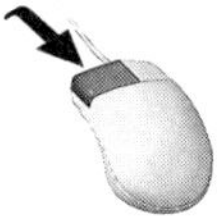

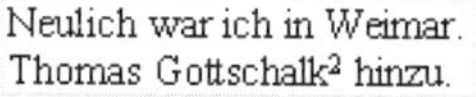

8 Bewegen Sie den Mauszeiger auf die zweite Fußnote im Text.

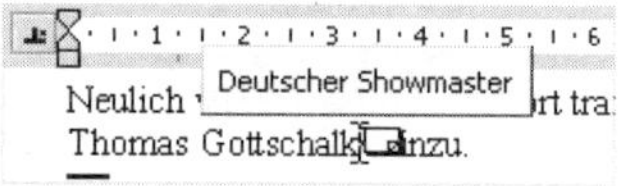

9 Der Inhalt der zweiten Fußnote wird aufgeführt.

Fußnoten löschen

Nichts ist leichter, als Fußnoten zu entfernen. Sie markieren die zu löschende Fußnote und drücken die Entf-Taste.

Es verschwindet nicht nur die Fußnote, gleichzeitig wurde der Inhalt gelöscht. Und nicht nur das: Sobald Sie eine Fußnote entfernen, nummeriert Word die restlichen Fußnoten in der korrekten Reihenfolge neu. Die zweite Fußnote wird also zur ersten.

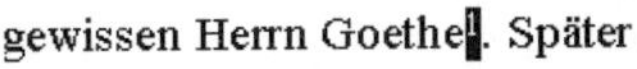

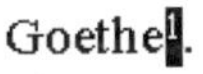

1 Markieren Sie die erste Fußnote.

2 Drücken Sie die Entf-Taste.

3 Die Fußnote wurde gelöscht.

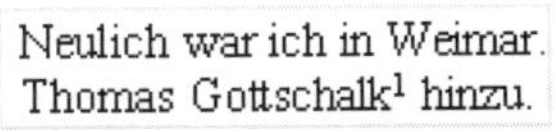

4 Die zweite Fußnote wurde zur ersten.

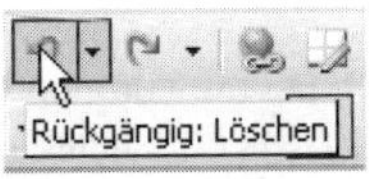

5 Mit dieser Schaltfläche machen Sie den letzten Befehl rückgängig ...

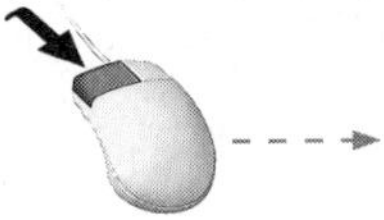

gewissen Herrn Goethe[1]. Später kam noch

6 ... und stellen die gelöschte Fußnote wieder her.

Herrn Goethe[1]. Später kam noch

7 Mit einem beliebigen Mausklick in das Dokument heben Sie die Markierung der Fußnote auf.

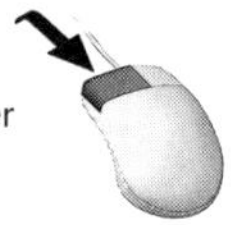

Fußnoten in der Seitenansicht

Im Text sind die Fußnoten nur schwer zu sehen. Außer den hochgestellten Zahlen erkennen Sie nichts.

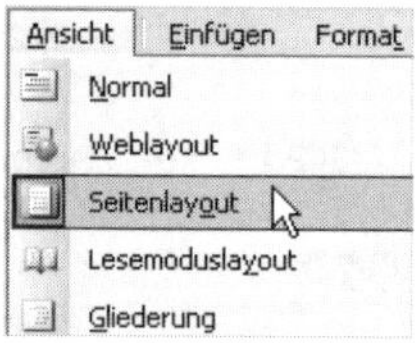

Sie befinden sich noch in der Normalansicht. Wechseln Sie die Ansicht und wählen das **Seitenlayout**, werden am Ende einer Seite – blättern Sie dazu mit der Bildlaufleiste – die Fußnoten angezeigt.

Wenn Sie zur Kontrolle die **Seitenansicht** öffnen, können Sie die Fußnoten ebenfalls erkennen.

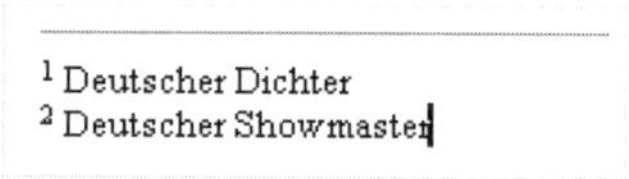

Sie bewegen die Lupe an den unteren Seitenrand und vergrößern die Ansicht. Nachdem Sie sich vergewissert haben, dass alles korrekt ist, verlassen Sie die Seitenansicht über die Schaltfläche *Schließen* oder durch Drücken der [Esc]-Taste.

Lupensymbol	Mit Mausklick wird die Ansicht ...
	... verkleinert.
	... vergrößert.

1 Klicken Sie auf die Schaltfläche *Seitenansicht*.

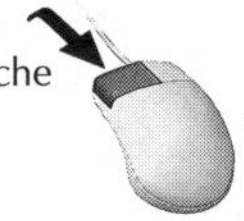

2 Bewegen Sie die **Lupe** auf die Fußnoten am unteren Seitenrand.

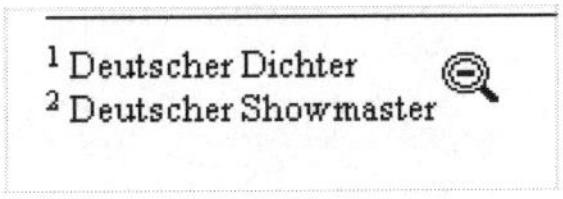

3 Vergrößern Sie per Mausklick die **Ansicht** (das Lupensymbol ändert daraufhin sein Aussehen).

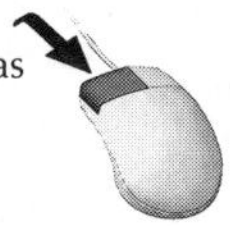

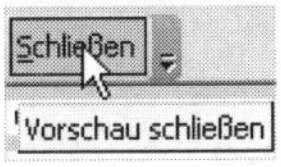

4 Verlassen Sie die Seitenansicht über die Schaltfläche *Schließen* oder über die Esc-Taste.

Seitenzahlen angeben

Sie verfügen in diesem Beispiel lediglich über eine Seite.

> Was ist das?
>
> ***Seitenzahlen*** *sind die fortlaufenden Nummerierungen von einer Seite zur nächsten.*

Seitenzahlen machen mehr Sinn, wenn Ihr Dokument mehrere Seiten umfasst.

Sie wählen im Menü *Einfügen* den Befehl *Seitenzahlen.*

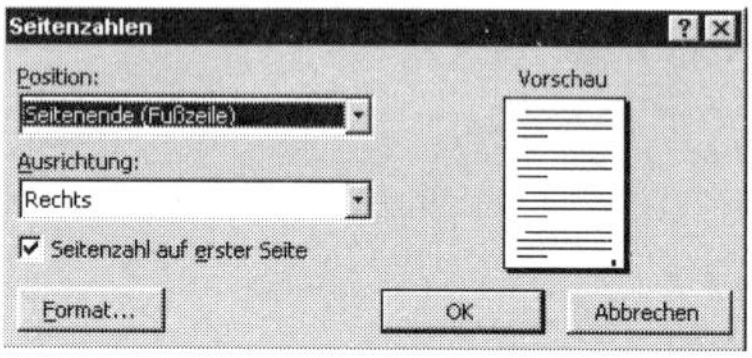

Hier legen Sie fest, wo die Zahl erscheinen soll: links, rechts oder zentriert.

Das braucht nicht nur am unteren Seitenrand zu sein, sondern kann auch am oberen erfolgen.

Der schwarze Punkt in der Vorschau zeigt Ihnen, wo die Zahl erscheint, sobald Sie über die Schaltfläche *OK* bestätigen.

Klicken Sie auf die Schaltfläche *Format,* können Sie auch andere Aufzählungsformen angeben.

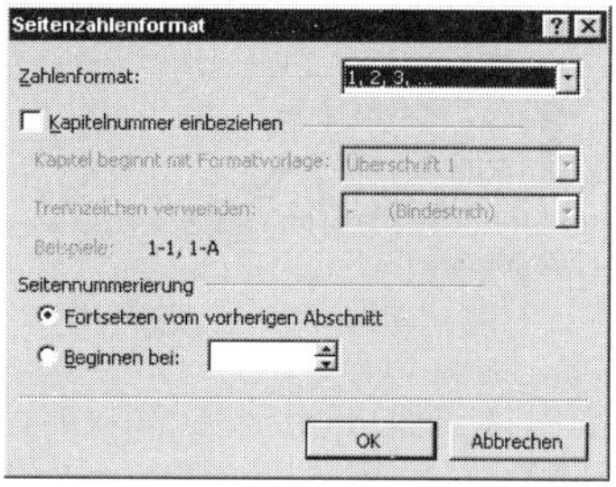

Hinweis

*Die **Seitennummerierung** kann mit einer beliebigen Zahl beginnen. Wählen Sie die Schaltfläche* Format. *Bei* Beginnen bei *geben Sie die gewünschte Zahl ein.*

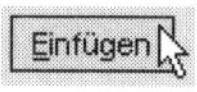

1 Öffnen Sie das Menü *Einfügen.*

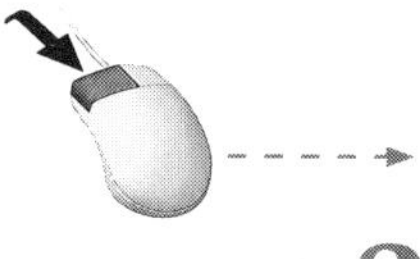

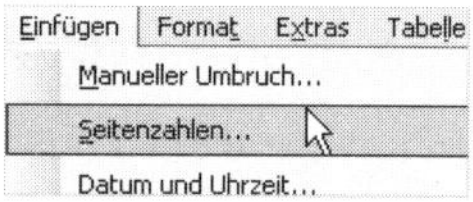

2 Wählen Sie den Befehl *Seitenzahlen.*

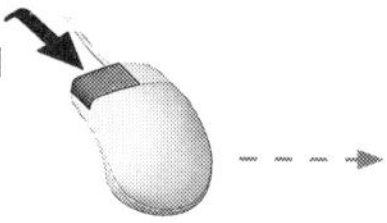

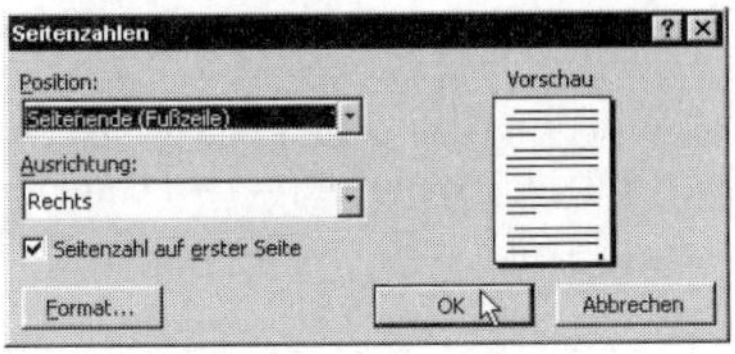

3 Bestätigen Sie über die Schaltfläche *OK*.

In der Normalansicht sehen Sie die Seitenzahlen überhaupt nicht. Im Seitenlayout befinden sie sich am unteren Seitenrand. Nützlich ist wiederum die **Seitenansicht**. Hier können Sie erkennen, ob die Seitenzahlen richtig platziert wurden. Mit der Lupe vergrößern Sie die Ansicht.

Tipps zum Kapitel

1. Seitenzahlen können auch in der **Seitenansicht** über *Einfügen/Seitenzahlen* eingefügt werden.
2. Im Seitenlayout (*Ansicht/Seitenlayout*) können Sie bequem zwischen Dokument und Fußnoten hin- und herschalten.
3. Sie können Wörter bzw. Zeichen von markierten Texten zählen. Dazu starten Sie das entsprechende Dialogfeld über den Menübefehl *Extras/Wörter zählen*. Über die Schaltfläche *Symbolleiste anzeigen* erscheint dazu eine kleine Symbolleiste auf dem Bildschirm.

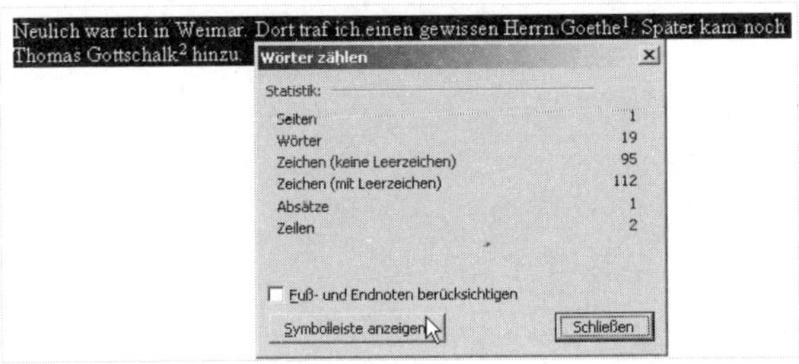

4. Einen **Index** (= ein Stichwortverzeichnis) erstellen Sie über den Menüpunkt *Einfügen/Referenz/Index und Verzeichnisse*. Entweder klicken Sie zuvor in den Begriff oder geben diesen später im Dialogfeld ein. Sie haben die Wahl zwischen Haupt- und Untereintrag.

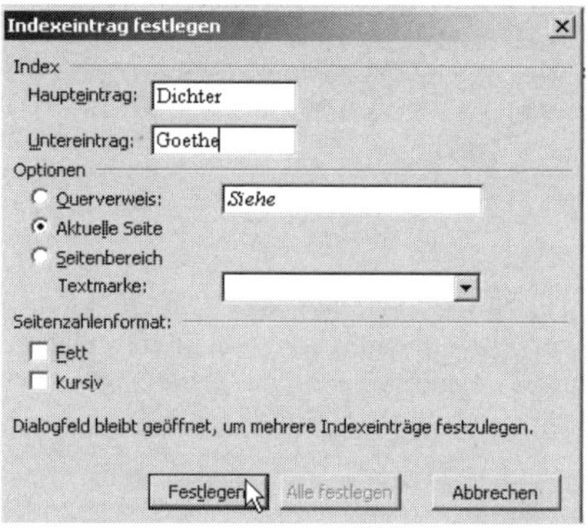

5. Rufen Sie den Menübefehl *Datei/Seite einrichten* auf, können Sie auf der Registerkarte *Layout* über die entsprechende Schaltfläche **Zeilennummern** festlegen. Über den gleichen Weg entfernen Sie diese wieder.

6. Mit der Tastenkombination Strg+Alt+F können Sie schnell Fußnoten einfügen.

Der Word-Übungs-Trainer

- Schreiben Sie den Satz, und fügen Sie die Fußnoten ein:

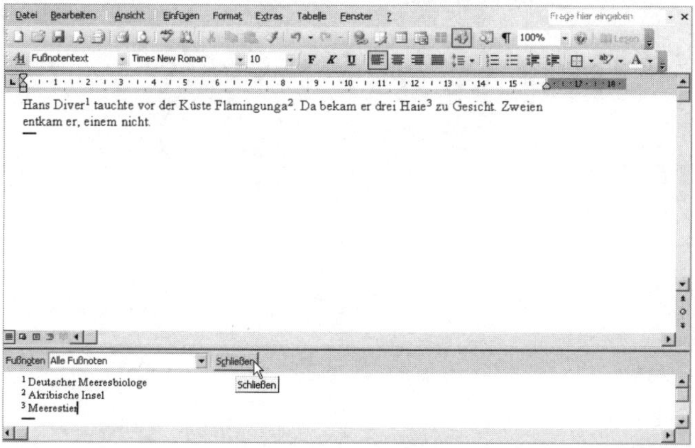

Kapitel 15

Hilfe wird groß geschrieben!

Sie brauchen Hilfe? Dann nehmen Sie doch das Fragenzeichen! Unter dem Menüpunkt ? finden Sie mehrere Möglichkeiten. Sie können den Office-Assistenten einschalten. So erhalten Sie während der Arbeit mit Word ständig Kommentare, mal mehr und mal weniger hilfreich. Verfügen Sie über einen Internetanschluss, bietet Ihnen die Firma Microsoft ebenfalls Unterstützung an. Und wenn Sie Fragen an den Autor diese Buches haben, wenden Sie sich einfach an ihn, er wird Ihnen bestimmt weiterhelfen!

Das können Sie schon:

Das lernen Sie neu:

Der Assistent – dein Freund und Helfer

Ein nettes Merkmal von Word sind die lustigen Animationen, die Ihnen zur Verfügung stehen. Klicken Sie auf die Schaltfläche *?* in der Standardleiste, blendet sich der **Assistent** ein.

1 Klicken Sie auf die Schaltfläche *?*.

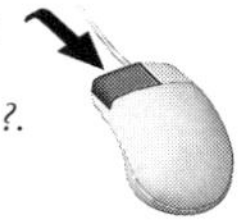

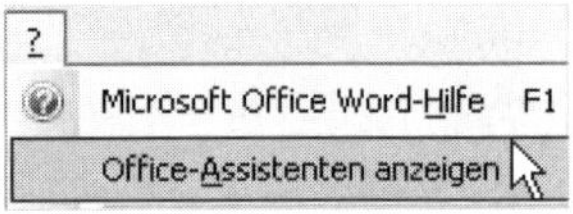

2 Geben Sie an, dass Sie den Office-Assistenten einblenden möchten.

Ein Assistent erscheint auf der Bildschirmoberfläche. Hier ist es »Karl Klammer«, die temperamentvolle Büroklammer. Ein beliebiger Klick in das Dokument, und die Sprechblase mit der Frage verschwindet. Mit gedrückter Maustaste verschieben Sie den Assistenten. Bewegen Sie den Mauszeiger auf den Assistenten und drücken die **rechte Maustaste**, erscheint ein Kontextmenü.

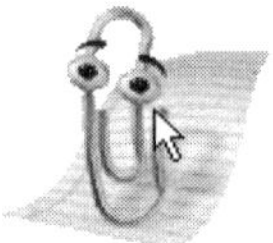

1 Bewegen Sie den Mauszeiger auf den Assistenten.

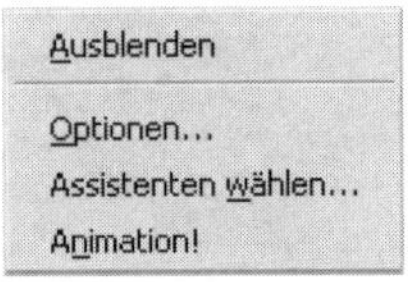

2 Klicken Sie mit der rechten Maustaste.

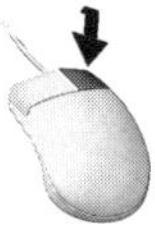

Hier können Sie wieder die unterschiedlichsten Punkte ansteuern.

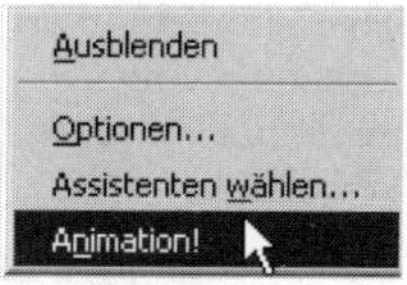

Über den Eintrag *Animation!* erhalten Sie eine kleine Temperamentsvorstellung. Aktivieren Sie diese ruhig einmal mit der linken Maustaste.

Wenn Sie auf *Assistenten wählen* klicken, erscheinen die unterschiedlichsten Helfer.

Über die Schaltflächen *Weiter* und *Zurück* erhalten Sie jeweils einen anderen zur Ansicht.

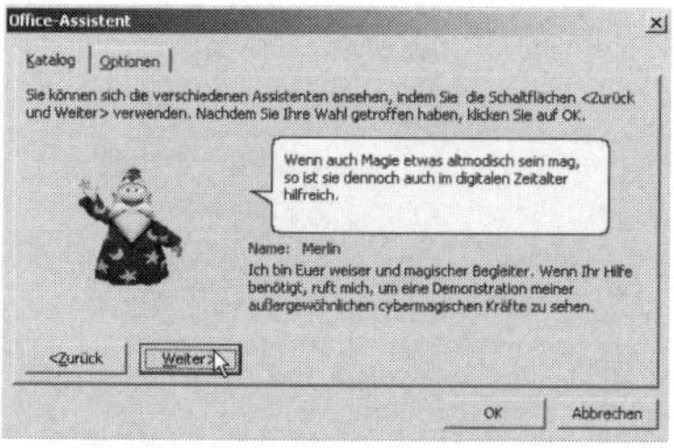

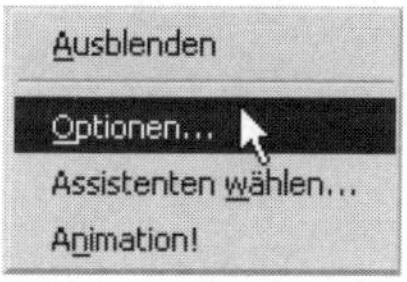

1 Klicken Sie auf den Eintrag *Optionen*.

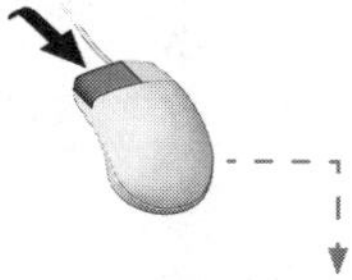

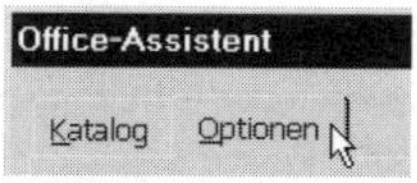

2 Durch das Anklicken des Kontextmenübefehls *Optionen* müsste die Registerkarte *Optionen* automatisch angezeigt werden. Falls nicht, aktivieren Sie diese.

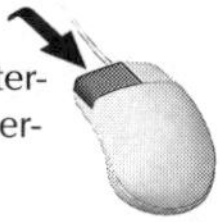

Hier können Sie festlegen, wie der Assistent seine Hilfe anbieten soll. Unter *Tipps anzeigen* lassen sich die Tipps erweitern. So können Sie den Assistenten über die Option *Tastenkombinationen* anweisen, Ihnen diese anzuzeigen.

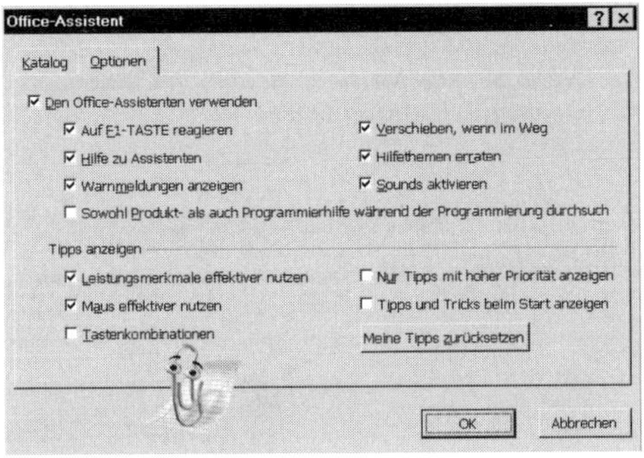

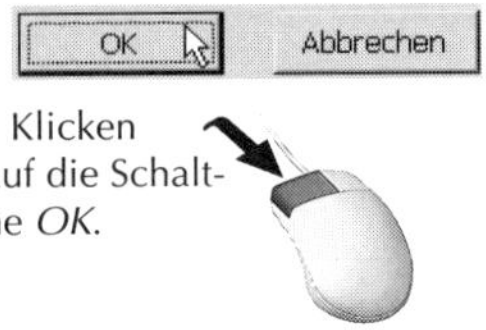

1 Klicken Sie auf die Schaltfläche *OK*.

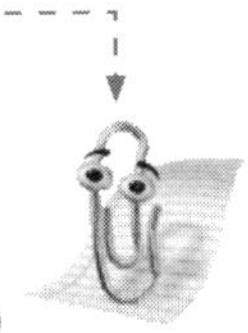

2 Sie gelangen in das Dokument zurück.

Die Hilfe in Word

Der Assistent steht Ihnen während der Arbeit zur Seite und unterbreitet Ihnen Vorschläge.

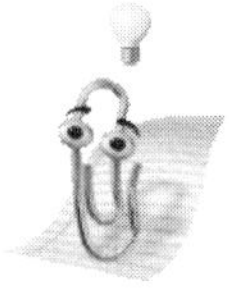

Haben Sie eine Frage zu Word 2003, klicken Sie einfach auf Ihren Assistenten. Geben Sie Ihr Anliegen ein, und wählen Sie *Suchen*. Während Sie Ihre Frage formulieren, macht sich Ihr Assistent eifrig Notizen. Ihr Anliegen muss nicht als Frage formuliert sein, jedoch verständlich für Ihren Assistenten eingegeben werden – **Stichwörter** genügen meistens.

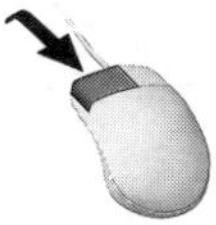

1 Klicken Sie auf den Assistenten.

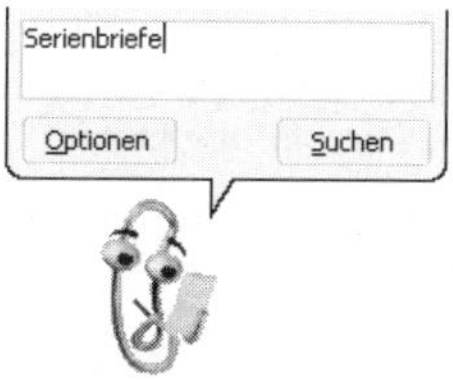

2 Geben Sie die Frage bzw. das Stichwort ein.

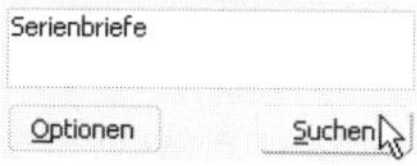

3 Klicken Sie auf die Schaltfläche *Suchen*.

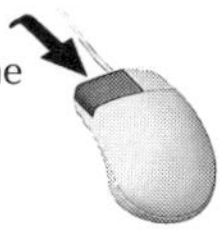

Natürlich geht's auch ohne Assistent, tippen Sie einfach in das Eingabefeld *Frage hier eingeben* oben rechts Ihre Frage bzw. Ihr Stichwort ein. Bestätigen Sie mit der (↵)-Taste. Suchen Sie sich den zutreffenden Bereich heraus. Word 2003 unterbreitet Ihnen direkt seine Informationen und Anleitungen zum Thema.

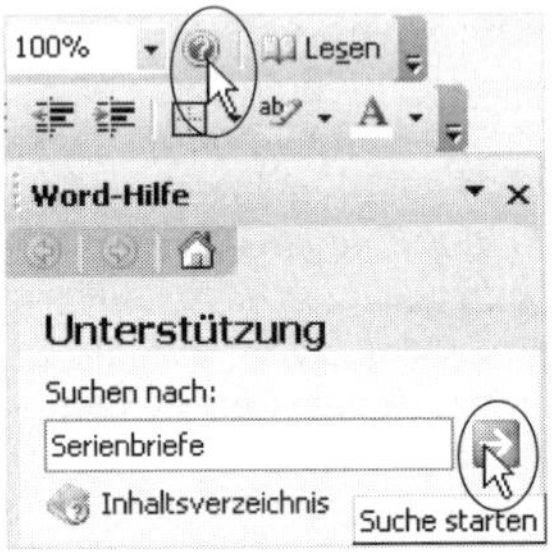

Die Microsoft-Office-Word-Hilfe können Sie auch über die Schaltfläche starten (ebenfalls F1-Taste, Menüweg *?/Microsoft Office-Word Hilfe*). Geben Sie hier den Suchbegriff ein, und bestätigen Sie über die Schaltfläche *Suche starten*.

Gleichgültig, welchen Weg Sie hier wählen, der entsprechende Aufgabenbereich öffnet sich für die Hilfe.

Es werden Ihnen mehrere Bereiche zur Lösung angeboten, die für Sie in Betracht kommen und per Mausklick aktiviert werden können.

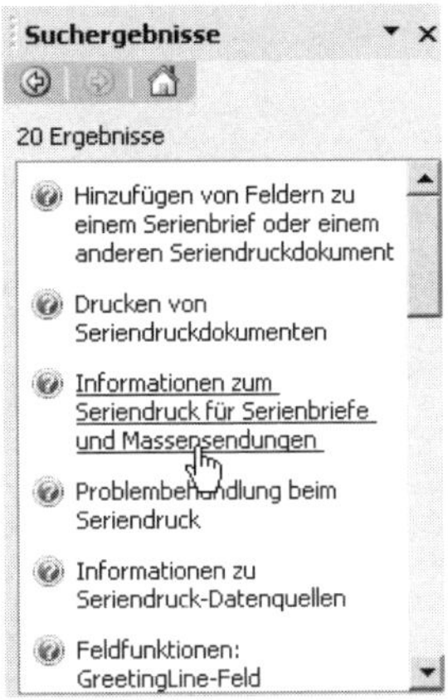

Hilfe für Word

Im Menüpunkt *?* stehen Ihnen einige Möglichkeiten zur Verfügung. Öffnen Sie diesen Menüpunkt, dann erklären sich die Einträge von selbst!

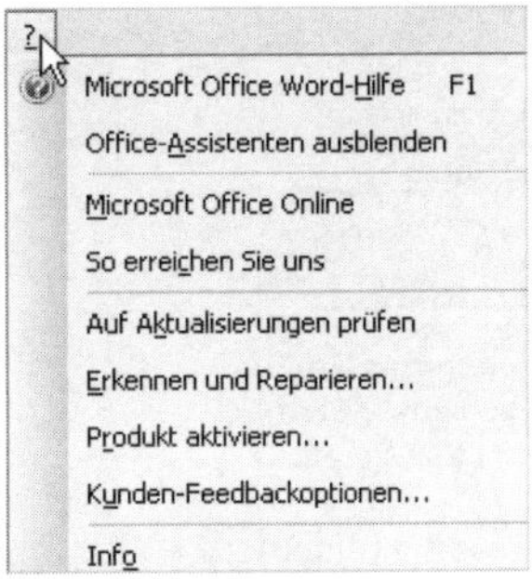

1 Öffnen Sie das Menü *?*.

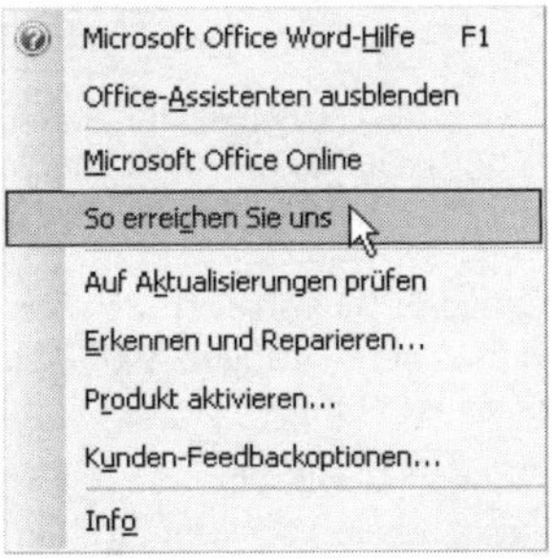

2 Entsprechend der Einträge erhalten Sie Informationen und Hilfe. Wählen Sie z. B. *So erreichen Sie uns*.

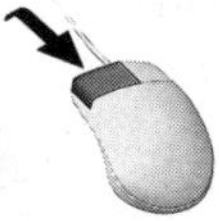

3 Geben Sie in der Hilfe einen Service an.

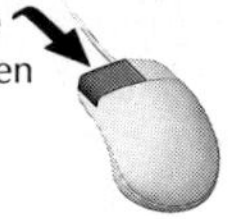

4 Haben Sie Ihre Internetverbindung gestartet, gelangen Sie direkt auf die Seite der Firma Microsoft und können sich entsprechend informieren.

Office 2003 wird von der Firma Microsoft im Internet aktualisiert (= upgedatet). Achten Sie ständig auf Updates von Office!

Öffnen Sie z. B. über die F1-Taste den Word-Hilfe-Aufgabenbereich. Geben Sie hier bei aktivierter Internetverbindung *Downloads* an.

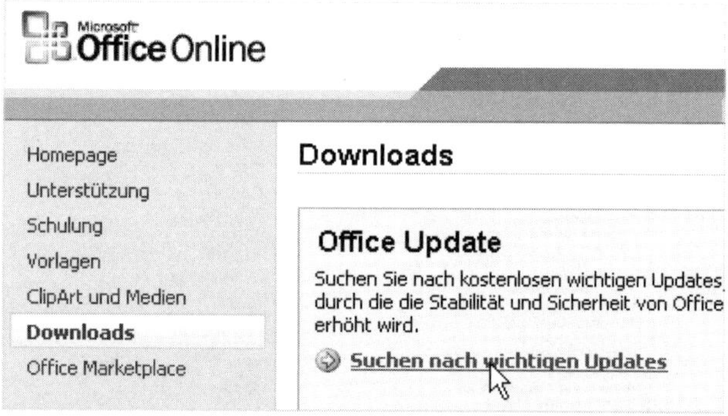

Lexikon

Absatz Kontinuierlicher Text, der inhaltlich als zusammengehörig empfunden wird und gewöhnlich durch einen Abstand (Leerzeile) vom vorherigen bzw. nachfolgenden Text abgesetzt wird.
(Kapitel 2)

Absatzmarke Durch Betätigen der [↵]-Taste erzeugen Sie in Word einen Absatz, der durch eine Absatzmarke (= Formatierungszeichen, nicht druckbares Zeichen) dargestellt wird.
(Kapitel 2)

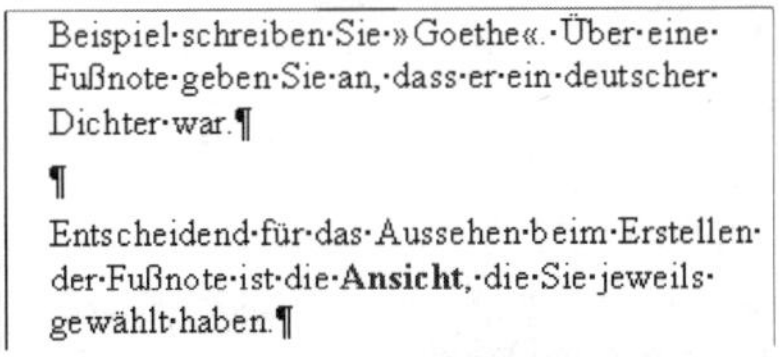

Animationen Das sind optische Effekte beim Anklicken der Menüleiste. Sie schalten diese unter dem Befehl *Ansicht/ Symbolleisten/Anpassen* auf der Registerkarte *Optionen* ein.

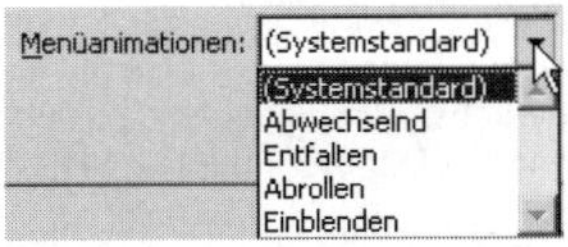

Assistent Die Assistenten helfen bei der Durchführung bestimmter Arbeitsschritte und unterstützen den Anwender dabei, ähnlich aufgebaute Aufgaben zu lösen. Die Arbeitsschritte werden ähnlich wie bei einer Gebrauchsanweisung einzeln angegeben.
(Kapitel 8)

Ausschneiden Ausschneiden transportiert den Inhalt der markierten Zellen oder die markierten Objekte in die Zwischenablage, von wo aus er in andere Zellen oder Zellbereiche, aber auch auf andere Programmfenster geholt werden kann. Im Gegensatz zu Kopieren wird das Original dabei gelöscht.
(Kapitel 7)

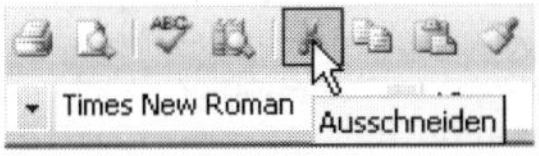

AutoText Häufig wiederkehrende Formulierungen in Texten werden einmal als AutoText abgespeichert und können in unterschiedlichen Dokumenten, u.a. durch ein Kürzel und die [F3]-Taste, wieder aufgerufen werden.
(Kapitel 10)

Berechtigung Mit Hilfe der Funktion können Sie (= der Dokumentautor) das unberechtigte Weiterleiten, Kopieren und Bearbeiten von Dokumenten und E-Mail-Nachrichten verhindern.
(Kapitel 6)

Bildlaufleiste Um innerhalb eines Arbeitsblattes schneller zu blättern (scrollen, rollen), bedient man sich der Bildlaufleisten am rechten und unteren Bildschirmrand.

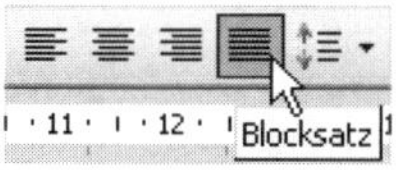

Blocksatz Text, der links und rechts gleichzeitig ausgerichtet ist. Die Wortzwischenräume werden so variabel angepasst, dass weder rechts noch links ein so genannter Flatterrand entsteht. Nachteil: Besonders bei kleiner Zeilenlänge können unansehnliche Lücken im Text entstehen.
(Kapitel 4)

Browser Ein Programm, mit dem Sie das WWW (World Wide Web) nutzen und die Daten und Verweise (Links) des Internets auf Ihrem Bildschirm darstellen. Diese Software liefert der Internetanbieter beziehungsweise der Betreiber des Datendienstes. Sie ist aber auch direkt im Internet erhältlich oder bereits in das Betriebssystem integriert. Zu den Standard-Browsern gehören u.a. der Microsoft Internet Explorer oder der Netscape Navigator.

Clipart Word verfügt über eine kleine Bibliothek vorgefertigter Grafiken, die Clip-Art Gallery.
(Kapitel 11)

CPI Abkürzung für »characters per inch«, auf Deutsch: Zeichen pro Zoll (1 Zoll = 2,54 cm). Es ist die Maßeinheit für die Zeichendichte bei Druckern.

Cursor Positionsanzeiger auf dem Bildschirm in der Form eines blinkenden Lichtflecks oder eines Pfeils. Er markiert die Stelle, an der die nächste Ein- bzw. Angabe des Benutzers erscheinen wird.
(Kapitel 2)

Datei Setzt sich aus allen Daten (Ziffern und Buchstaben) zusammen, die unter einem Dateinamen auf dem Datenträger (Festplatte oder Diskette) gespeichert sind. Um mit Word Dateien anzulegen, verwenden Sie die Schaltfläche *Speichern* oder die Befehle *Datei/Speichern* oder *Datei/Speichen unter.*
(Kapitel 5)

Datenträger Als Datenträger bezeichnet man ein Speichermedium, auf dem Sie Ihr Dokument dauerhaft abspeichern können, z. B. eine Diskette, eine Festplatte oder eine Compact Disk (CD).
(Kapitel 5)

Datum Das aktuelle Datum bezieht das Programm aus der Systemuhr Ihres Rechners bzw. aus der Datumseinstellung der Windows-Systemsteuerung.
(Kapitel 8)

Dialer-Programme Mit allen möglichen Tricks (wie unseriöse Gewinnspiele im Internet) wird versucht, Dialer-Programme auf Rechnern von Kunden zu installieren. Dort erstellt diese Software – meist ohne Wissen des Nutzers – neue und vor allem kostenpflichtige Verbindungen ins Internet.

Dialer sind Programme, mit denen sich ein Rechner automatisch ins Internet einwählen kann. Zunehmend werden diese Programme von unseriösen Anbietern genutzt. Hilfe und Informationen finden Sie im Internet unter: www.dialerschutz.de, www.polizei.propk.de/service/sicher/dialer.xhtml

Dialogfelder Sie dienen für die Eingabe von Daten und für die Auswahl von Befehlen. Es findet also zwischen Ihnen – dem Anwender – und Word ein Dialog statt.
(Kapitel 4)

Disketten Diese Datenträger können mit Hilfe eines Diskettenlaufwerks Computerdaten aufnehmen, dauerhaft speichern und bei Bedarf wieder an den Rechner zum Lesen gegeben werden.
(Kapitel 5)

Download Das Herunterladen einer Datei oder eines Programms vom Internet auf den PC.

Drag & Drop Englische Bezeichnung für »Ziehen und Ablegen«. Grafische Benutzeroberflächen wie Windows bieten dieses Verfahren an, das es ermöglicht, den Mauszeiger auf ein Symbol zu bewegen, die linke Maustaste zu drücken und so lange zu halten, bis das Symbol an eine andere Stelle bewegt und abgelegt wird.
(Kapitel 7)

Druckbereich Wird für ein Dokument – ohne Angabe eines Druckbereichs – ein Druckauftrag erteilt, druckt Word alle beschriebenen Seiten.

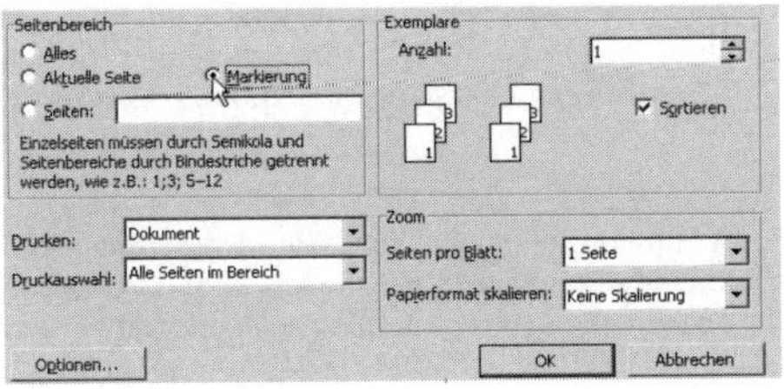

Um einen bestimmten Bereich zu drucken, markieren Sie diesen Bereich und wählen die Menüoption *Datei/Drucken* (Strg+P). Danach muss die Option *Markierung* angeklickt werden,
(Kapitel 5)

Drucken Die Druckausgabe eines Dokumentes erfolgt auf dem über Windows eingerichteten Drucker. Unter Word legen Sie im Dialogfeld *Datei/Drucken* vorher beispielsweise fest, welche Seiten, und wie viele Kopien Sie drucken wollen.
(Kapitel 5)

Einfügemodus Zeichen, die Sie an einer Textstelle eintippen, werden eingeschoben, der Rest des Textes nach rechts verschoben. Der Modus wird mit der Einfg-Taste ein- bzw. ausgeschaltet.
(Kapitel 3)

F1 Funktionstaste, aktiviert die Hilfe
(Kapitel 15)

Farbpalette Die Farbpalette stellt Ihnen in Form von kleinen Farbkästchen eine Auswahl verschiedener Farben zur Verfügung. Ein einfacher Mausklick auf ein Kästchen genügt, um eine Farbe auszuwählen.

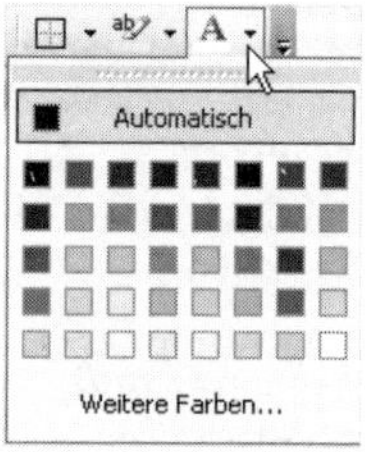

Fehlermeldung Eine Meldung des Computers, dass eine bestimmte Aktion nicht ausgeführt werden kann oder dass mit den Vorgängen, die auf Ihrem Computer ablaufen, etwas nicht in Ordnung ist.

Festplatte Die Festplatte ist (in der Regel) ein im Computer eingebautes Speichermedium, das es erlaubt, größere Datenmengen auch dann zu verwahren, wenn der Computer nicht mehr mit Strom versorgt wird. Eine Festplatte ist ein dauerhafter Speicher (im Gegensatz zum Arbeitsspeicher, der ein temporärer Speicher ist, d.h. beim Ausschalten des Computers werden die Daten gelöscht).
(Kapitel 5)

Formatleiste Mit Hilfe dieser Leiste führen Sie so genannte »Formatierungen« durch, d.h. Sie können beispielsweise eine andere Schriftart wählen, Ihre Zahlen in Prozentwerte **oder** Texte in Fettschrift oder unterstrichen hervorheben.
(Kapitel 1und 4)

Formatierung Bestimmt das Aussehen (u. a. fett, kursiv, Schriftart) eines Textes auf dem Bildschirm und beim Drucken.
(Kapitel 4)

Formatvorlage Eine Folge von Formatierungen, die unter einem bestimmten Namen mit einer Dokumentvorlage verknüpft wird.
(Kapitel 4)

Fremdformate Alle Dateien, die nicht im Word-Format gespeichert werden, werden als Fremdformate bezeichnet. Dabei handelt es sich in der Regel um Dateiformate, die andere Anwendungen benutzen.

Um Daten, die in Fremdformaten gespeichert wurden, dennoch in Word verarbeiten zu können, müssen sie zuerst konvertiert werden. Word benutzt dazu Konvertierungsfilter.

Füllzeichen Zeichen wie Punkte oder durchgezogene Striche, die den Platz zwischen den einzelnen Tabulatoren ausfüllen.
(Kapitel 12)

Fußnoten Erläuterungen bzw. Ergänzungen, die zu einem bestimmten Text am unteren Seitenrand wiedergegeben werden.
(Kapitel 14)

Funktionstasten Oberhalb des Schreibblocks der Tastatur liegen die Funktionstasten [F1] bis [F12]. Diese erzeugen keine Zeichen auf dem Bildschirm, sondern lösen eine Funktion oder einen Ablauf aus. Was durch das Drücken einer Funktionstaste passiert, hängt vom gerade benutzten Programm ab.

HTML Steht für »Hypertext Markup Language«. Mit diesem Computercode werden alle Dokumente fürs WWW geschrieben. Browser verstehen diese Verschlüsselung.

Inch Maßeinheit, auf Deutsch: Zoll (1 Zoll = 2,54 cm)

Internet Offenes, weltweites System zum Austausch von Informationen und Daten. Jeder kann mitmachen. Unzählige Computersysteme auf der ganzen Welt sind zusammengeschlossen.

Joker Stellvertreterzeichen, die für Teile eines Dateinamens stehen und es dadurch ermöglichen, eine Gruppe von Dateien gemeinsam aufzulisten. Die beiden am häufigsten verwendeten Joker sind »?« für ein einzelnes Zeichen und »*« für einen ganzen Dateinamen oder Teile davon.

Kommentar Ein Kommentar ist eine Anmerkung, die über *Einfügen/Kommentar* eingefügt wird.

Kommentare lassen sich mit dem Befehl *Ansicht/Markup* ein- und ausblenden.

Kontextmenü Wird die rechte Maustaste gedrückt, öffnet sich ein Kontextmenü. Der Name besagt, dass die Zusammenstellung der einzelnen Menüpunkte davon abhängig ist, in welchem Kontext bzw. in welcher Arbeitssituation die Taste angeklickt wird.
(Kapitel 2)

Kopf- und Fußzeile Bezeichnet die Anzeige von Text, der sich am oberen (in der Kopfzeile) bzw. am unteren Seitenrand (in der Fußzeile) befindet.
(Kapitel 8)

Kursiv Als kursiv bezeichnet man eine leicht *nach rechts geneigte Schrift.*
(Kapitel 4)

Laden Ausdruck für das Öffnen eines Dokuments
(Kapitel 6)

Layout Die komplette Gestaltung der Seite, beispielsweise durch die Anordnung einzelner Seitenelemente und die Wahl von Schriftart, Schriftgröße und Seitenrändern
(Kapitel 6)

Lineal Am oberen Bildschirmrand sichtbare Maßeinteilung
(Kapitel 12)

Link(s) Verbindung(en) (Querverweis(e)) zu anderen Dokumenten oder Rechnern

Makro Aufeinanderfolge aufgezeichneter oder geschriebener Befehle, die Aktionen auslösen und durch den Aufruf nacheinander abgearbeitet werden.

Manueller Seitenwechsel Um die Seite vor dem physikalischen Ende zu wechseln, markieren Sie die erste Zeile der neuen Seite und fügen über *Einfügen/Manueller Umbruch* (Strg+↵) einen solchen ein.

Über den gleichen Menüweg werden einzelne oder – wenn das ganze Dokument markiert ist – alle Seitenwechsel wieder entfernt.

Markup Kommentare lassen sich mit dem Befehl *Ansicht/Markup* ein- und ausblenden.

Menüleiste Hier führen Sie Befehle wie etwa »Speichern«, »Drucken« oder »Beenden des Programms« aus, indem Sie mit der linken Maustaste darauf klicken.
(Kapitel 1)

Option Verändert die Einstellungen von Word 2003. Meistens wird sie über eine Registerkarte aktiviert.
(Kapitel 2)

Ordner Festplatten, Disketten und CD-ROMs sind in Ordner unterteilt, die wiederum Unterordner enthalten können.

Der Windows-Explorer und das Dialogfeld unter *Datei/Speichern* stellen diese mit Ordnersymbolen dar.

Um beim Speichern einer Datei auf einen anderen Ordner zu wechseln, klicken Sie dessen Ordnersymbol doppelt an, bevor Sie den Dateinamen eintragen und bestätigen.
(Kapitel 6)

Passwort Kennung zur Nutzung einer Software oder Dienstleistung
(Kapitel 6)

Pica Maßeinheit aus der Typographie, 1 Pica = 12 Point (abgekürzt pt), das sind etwa 4,2 mm.
(Kapitel 4)

Proportionalschrift Eine Schriftart, in der jedem Zeichen eine individuelle Druckbreite zugeordnet wird.

Punkt Punkt ist eine ältere Maßeinheit für die Größe von Schriftzeichen. Ein Punkt entspricht 0,35 Millimeter Schrifthöhe.
(Kapitel 4)

QuickInfo Gibt Auskunft, was sich hinter den zahlreichen Symbolen von Word verbirgt. Bleibt der Mauszeiger länger als eine Sekunde auf einer Schaltfläche stehen, folgt augenblicklich die Erklärung dazu.
(Kapitel 2)

Real Player Laden Sie sich den Real Player unter der Internetadresse www.real.com auf Ihren PC, um z. B. Videos zu sehen und Audiodateien zu hören.

Registerkarten Um ein Eingabefeld einigermaßen übersichtlich zu gestalten, sind viele Register als eine Art »Karteikasten« dargestellt, der verschiedene Karten enthält.

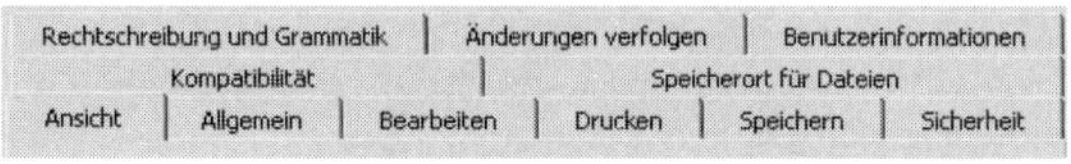

RTF Abkürzung für Rich Text Format; dient zum Datenaustausch mit anderen Programmen und wird als Dateityp beim Speichern festgelegt.
(Kapitel 5)

Rückgängig Diese Schaltfläche macht den letzten Arbeitsschritt, den Sie zuletzt getätigt haben, rückgängig. Mit jedem Anklicken wird ein weiterer Arbeitsschritt aufgehoben.
(Kapitel 7)

Schreibschutz von Disketten Disketten verfügen über die Möglichkeit eines Schreibschutzes. Ist der kleine schwarze Schalter in der oberen Position, so kann man nur von der Diskette lesen, sie aber nicht überschreiben.

Auf diese Weise schützen Sie Ihre Daten auf der Diskette vor einem unbeabsichtigten Löschen. Schiebt man den Schalter nach unten, so können die Daten überschrieben werden.
(Kapitel 5)

Schreibschutzempfehlung Eine Schreibschutzempfehlung kann von jedem Anwender ausgeschaltet werden. Beim Öffnen eines Dokumentes, dem Sie eine Schreibschutzempfehlung zugewiesen haben, wird jedes Mal gefragt, ob das Dokument schreibgeschützt oder ungeschützt bearbeitet werden soll.
(Kapitel 6)

Scrollbar Bildlaufleiste, Bestandteil eines Dokumentenfensters, dient zum schnelleren Blättern (= scrollen, rollen) in Dokumenten.

Seitenansicht Bevor der Druck zu Papier gebracht wird, sollten Sie sich das Ergebnis in der Seitenansicht (*Datei/Seitenansicht* oder Schaltfläche *Seitenansicht*) ansehen. Diese zeigt nämlich das Druckergebnis exakt so an, wie es den Drucker verlassen wird. Word »druckt« praktisch auf den Bildschirm aus und verwendet dazu alle auf dem angeschlossenen Drucker verfügbaren Schriften und Formatiermöglichkeiten.
(Kapitel 5)

Seitenumbruch Die Stelle in einem Dokument, an der eine Seite endet und eine neue Seite beginnt.

Seitenzahl Durchgehende Nummerierungen können nur in der Kopf- oder Fußzeile untergebracht werden (*Einfügen/Seitenzahlen*).
(Kapitel 14)

Serienbrief Rundschreiben oder Massenschreiben, bei dem die meisten Textpassagen gleich sind und nur manche Bestandteile des Briefes wie Adresse oder Anrede für jeden Empfänger geändert werden muss.
(Kapitel 9)

Silbentrennung Die automatische Silbentrennung bewirkt, dass bereits während des Schreibens von Texten automatisch die Trennfunktion durchgeführt wird.
(Kapitel 3)

Smarttags Mit Smarttags erhalten Sie einen Überblick über alle möglichen Aktionen. Ein Smarttag macht Sie aufgabenorientiert auf Funktionen in Word 2003 aufmerksam.
(Kapitel 7)

Speicherplatz Die Anzahl der Bytes (= Zeichen), die auf einer Festplatte oder einer Diskette für die Speicherung von Daten oder Programmen zur Verfügung steht. Ein Byte enthält acht Bits, die kleinsten Recheneinheiten.
(Kapitel 5)

Standardleiste In der Standardleiste befinden sich die Schaltflächen. Sie symbolisieren Befehle, die Sie auch über die Menüleiste ausführen können.
(Kapitel 1)

Statusleiste Hier erhalten Sie Informationen, z. B. auf welcher Seite Sie sich momentan im Dokument befinden.
(Kapitel 1)

Tabellen Texte und Zahlen werden in einer Tabelle in Zeilen und Spalten angeordnet. Die einzelnen Felder, die durch die Schnittpunkte entstehen, heißen Zellen.
(Kapitel 12)

Tabulator Ein gesetzter Tabulator (u. a. linksbündig, rechtsbündig, dezimal, zentriert) im Lineal legt die Halteposition der Schreibmarke nach Drücken der [⇥]-Taste fest. Diese Taste löst einen Sprung der Schreibmarke aus.
(Kapitel 12)

Tastenkombinationen Sie drücken erst die eine Taste, halten sie fest und betätigen dann die zweite Taste. Dadurch wird eine bestimmte Funktion ausgeführt.
(Kapitel 1)

Textbaustein Frühere Bezeichnung für »AutoText«
(Kapitel 10)

Thesaurus Griechischer Begriff, auf Deutsch: Schatz, Sprachschatz, auch Synonymwörterbuch. Hier werden für nachgeschlagenen Wörter andere Wörter mit gleicher oder ähnlicher Bedeutung angeboten (Beispiel: Gebäude statt Haus).
(Kapitel 7)

TIFF Abkürzung für Tagged Image File Format, ein Grafikformat.

Times Schriftart, die zur großen Gruppe der „Barock-Antiqua“ gehört. Times ist einer der meistverwendeten Schriften.
(Kapitel 4)

Titelleiste Hier steht immer, in welchem Dokument Sie sich gerade befinden. Anders ausgedrückt: mit welchem Titel (Namen) Sie gerade arbeiten.
(Kapitel 5)

TrueType-Schriften Bezeichnung für die Bildschirm- und Druckerschriften, die in Word zur Verfügung stehen.
(Kapitel 4)

Typographie Lehre von der Gestaltung von Buchstaben, Schriften und ihrer Anwendung.
(Kapitel 4)

ÜB Abkürzung für Überschreibmodus
(Kapitel 3)

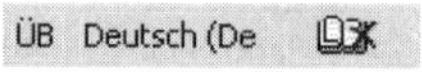

Überschreibmodus Neu getippte Zeichen werden über bereits vorhandene Zeichen geschrieben. Der Modus wird mit der [Einfg]-Taste ein- und ausgeschaltet.
(Kapitel 3)

XML »Extensible Markup Language« (= erweiterbare Auszeichnungssprache)

Ist ein Text bzw. Dokument als Dateityp im XML-Format gespeichert, können Sie die Datei in vielen anderen Programmen öffnen und damit weiterarbeiten. Informationen wie Texteinrückungen, Formatierungen, Tabellen oder integrierte Grafiken bleiben dabei erhalten.
(Kapitel 5)

Verzeichnis Verzeichnisse sind wie die Schubladen eines Schrankes (=Festplatte). Alle Dateien, die zusammengehören, kommen in dieselbe Schublade (= Verzeichnis).
(Kapitel 5)

Virus Ein Computerprogramm, das sich an andere Programme oder an Systemdateien anhängt und sich z. B. beim Kopieren, beim Öffnen von Daten oder beim Ausführen eines Programms auf Ihrem Computer einschleicht, wo es dann unerlaubte und zum Teil schädliche Aktionen ausführt. Zum Schutz dienen Antivirenprogramme. Unter der Internetadresse www.free-av.de erhalten Sie beispielsweise das kostenlose Programm AntiVir für den privaten Gebrauch, um sich gegen Viren zu schützen. Achten Sie hier auf regelmäßige Updates!

Webseite Webseite, Dachbegriff für alle Inhaltsseiten, die ein Anbieter im WWW veröffentlicht.

Wiederherstellen Wenn Sie eine rückgängig gemachte Aktion erneut ausführen möchten, klicken Sie auf die Schaltfläche *Wiederherstellen*.

Windows Grafische Benutzeroberfläche, bei der durch Mausklick auf Fenster und Schaltflächen Befehle ausgeführt werden.
(Kapitel 1)

Wingdings Im Lieferumfang von Windows enthaltene TrueType-Schrift, die eine Reihe von Pfeilen und Symbolen enthält.
(Kapitel 8 und 12)

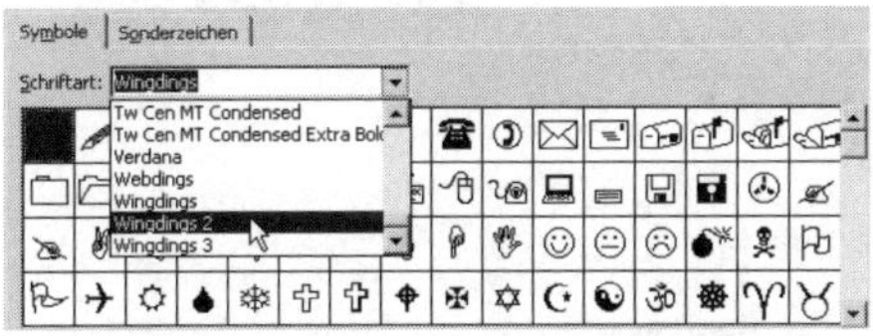

WordArt Ein Zusatzprogramm zum Erzeugen besonderer Schrifteffekte.
(Kapitel 11)

WWW World Wide Web, (englisch für: weltweites Gewebe)

Zoom Mit der Zoom-Funktion von Word vergrößern oder verkleinern Sie die Draufsicht auf ein Dokument.
(Kapitel 2)

Zugriffsschutz Ein Schutz, der das Öffnen von Dokumenten nur solchen Anwendern ermöglicht, die in Besitz des Schreib-Lese-Kennwortes sind.

Sie können einen Zugriffsschutz zuweisen oder ändern, wenn Sie ein Dokument mit *Datei/Speichern unter* speichern und die Schaltfläche *Optionen* aktivieren.
(Kapitel 6)

Zwischenablage Um Texte von einer Stelle im Dokument an eine andere Stelle zu verschieben bzw. zu kopieren, wird üblicherweise die Zwischenablage (auch temporärer Speicher genannt) von Windows genutzt. Durch die Befehle *Kopieren* oder *Ausschneiden* wird der Text hier aufgenommen und kann bei Bedarf (durch den Befehl *Einfügen*) wieder eingefügt werden.
(Kapitel 7)

Lösungen

Kapitel 1

			1	S	T	A	T	U	S	**L**	E	I	S	T	E					
2	R	E	G	I	S	T	E	R	K	**A**	R	T	E							
3	S	T	A	N	D	A	R	D	S	**Y**	M	B	O	L	L	E	I	S	T	E
	4	Q	U	I	C	K	I	N	F	**O**										
								5	C	**U**	R	S	O	R						
		6	D	O	K	U	M	E	N	**T**										

Mit welcher Taste können Sie ebenfalls die Menüleiste aktivieren?

Alt

Kapitel 2

			1	F	O	R	M	A	T	I	E	R	U	N	G	S	Z	E	I	C	H	E	N
2	A	B	S	A	T	Z	M	A	R	K	E												
									3	L	E	E	R	T	A	S	T	E					
									4	L	E	E	R	Z	E	I	C	H	E	N			

Kapitel 3

					1	d	e	l	i	v	e	r	y
		2	G	n	a	d	e						
					3	r	e	b	a	t	e		
4	G	u	t	s	c	h	e	i	n				

4. Starten Sie das Dialogfeld *Rechtschreibung und Grammatik* (z. B. über die Taste **F7**), aktivieren die Sie Schaltfläche *Optionen* und dann die Schaltfläche *Benutzerwörterbücher*. Nun können Sie über die Schaltfläche *Ändern* den Ausdruck entfernen oder noch andere Wörter hinzufügen.

   Achtung: Der hier beschriebene Lösungsweg funktioniert nicht, wenn Sie kurz vorher eine Rechtschreibprüfung durchgeführt und keine weiteren Textänderungen getätigt haben! Sie gelangen sonst nicht in das Dialogfeld *Rechtschreibung*!

Kapitel 4

2./3. Rufen Sie den Menübefehl *Format/Zeichen* auf. Über die Schaltfläche *Standard* im Dialogfeld *Zeichen* können Sie die **Standardschrift** wechseln.

4. [Strg]+[ ]

Kapitel 5

1. Alles, was Sie mit einem Windows-Programm wie Word oder Excel erstellen und abspeichern, wird zu einer Datei.

   Textpassage markieren – *Datei/Drucken* ([Strg]+[P]) – *Markierung* – *OK*

2. Sie möchten ein Dokument speichern:

   Sie legen eine neues Dokument an, schreiben und möchten Ihre Arbeit speichern. (b + c)

   Sie arbeiten mit einem bereits gespeicherten Dokument und möchten die Änderungen speichern. (c)

   Sie arbeiten mit einem bereits gespeicherten Dokument und möchten Ihre neue Arbeit unter einem anderen Dateinamen speichern. (b)

Kapitel 6

Frage1: Nein!

Frage2: Verzeichnisse sind wie die Schubladen eines Schrankes (=Festplatte). Alle Dateien, die zusammengehören, kommen in dieselbe Schublade (=Verzeichnis).

1. Schaltfläche *Öffnen* – Verzeichnis *A:* – Datei doppelt anklicken – *Datei/Speichern unter* – *Eigene Dateien* – Schaltfläche *Speichern*.
2. *Datei/Schließen* – Schaltfläche *Öffnen* –*Eigene Dateien* – Datei »Familie Müller auf Diskette« anklicken – Dateinamen nochmals anklicken – Dateinamen überschreiben – Schaltfläche *Abrechen*.
3. Schaltfläche *Öffnen* – Datei »Einladung Müller« anklicken – [Entf]-Taste drücken – Schaltfläche *Abrechen*.
4. Starten Sie in Windows den Papierkorb – »Einladung Müller« anklicken – Schaltfläche *Wiederherstellen*.

Kapitel 7

1. *Format/Nummerierung und Aufzählungszeichen* – Registerkarte *Aufzählungszeichen* – beliebige Aufzählungsform anklicken – Schaltfläche *Anpassen* – Schaltfläche *Zeichen* – *Schriftart:* Wingdings – Symbol anklicken – *OK* – *OK*
2. *Format/Nummerierung und Aufzählungszeichen* – Registerkarte *Aufzählungszeichen* – Schaltfläche *Zurücksetzen*
3. Beim Ausschneiden verschwindet, beim Kopieren bleibt das Original bestehen. Über z. B. die Schaltfläche *Einfügen* fügen Sie aus der Zwischenablage wieder ein.

4. Thesaurus

			1	A	B	L	A	U	F						
			2	A	U	F	F	O	R	D	E	R	U	N	G
3	S	T	R	A	S	S	E	N	K	R	E	U	Z	E	R
4	G	E	M	A	H	L	I	N							

Kapitel 8

1. *Datei/Neu/Auf meinem Computer...*
2. Die Assistenten helfen bei der Durchführung bestimmter Arbeitsschritte. Sie unterstützen den Anwender dabei, ähnlich aufgebaute Aufgaben zu lösen. Die Arbeitsschritte werden ähnlich wie bei einer Gebrauchsanweisung einzeln angegeben.
3. Dokumentvorlage/Assistent/Dokument

	a) Dokumentvorlage
	c) Assistent
	b) Dokument

Kapitel 10

F3

Kapitel 11

1. a) ClipArt (*Sport/Golf*) einfügen – Doppelklick in den ClipArt – Registerkarte *Layout* Umbruchart *Hinter den Text* festlegen – ClipArt anhand der Ziehpunkte anpassen und platzieren – ClipArt (*Sport/Autos*) einfügen – Doppelklick in den ClipArt – in der Registerkarte *Layout* Umbruchart *Vor den Text festlegen* – ClipArt anhand der Ziehpunkte anpassen und platzieren

1. b) ClipArt (*Computer*) einfügen – Doppelklick in den ClipArt – in der Registerkarte *Layout* Umbruchart *Hinter den Text* festlegen – ClipArt anhand der Ziehpunkte anpassen und platzieren – ClipArt (*Berufe*) einfügen – Doppelklick in den ClipArt – Registerkarte *Layout* Umbruchart *Vor den Text festlegen* – ClipArt anhand der Ziehpunkte anpassen und platzieren

2. ClipArt (*Sport/Golf*) einfügen – Doppelklick in den ClipArt – Registerkarte *Layout* Umbruchart *Hinter den Text* festlegen – ClipArt anhand der Ziehpunkte anpassen und platzieren – ClipArt (*Tiere/Kaninchen* (*Eier*!)) einfügen – Doppelklick in den ClipArt – in der Registerkarte *Layout* Umbruchart *Vor den Text festlegen* – ClipArt anhand der Ziehpunkte anpassen und platzieren – einen beliebigen ClipArt aktivieren – Schaltfläche *AutoFormen* in der Zeichnen-Symbolleiste – Legende auswählen – Text in Legende schreiben – Legende anpassen und platzieren

Kapitel 12

1. In Tabellenkopf klicken – *Tabelle/Überschriftenzeilen wiederholden* – in die Tabelle klicken – *Tabelle/Sortieren – 1.Sortierschlüssel:* »Punkte« – *Absteigend – OK.*

Name	Vorname	Punkte
Eifrig	Gisela	89
Schmitz	Paul	65
Müller	Max	59
Rastlos	Petra	57
Raabe	Christoph	45

2. Wie stellen Sie anschließend »Betrag in €« zentriert über der entsprechenden Spalte dar?

   Klicken Sie in die Zeile, in welcher der Ausdruck »Betrag in €« steht. Platzieren Sie den Mauszeiger auf den zentrierten Tabstopp. Löschen Sie diesen, indem Sie den Tabstopp mit gedrückter linker Maustaste aus dem Lineal ziehen. Wechseln Sie die Tabulatorenart auf *Zentriert.* Klicken Sie den zentrierten Tabstopp an der entsprechenden Stelle in das Lineal.

Kapitel 13

1. *Extras/Anpassen* – Registerkarte *Befehle* – Kategorie *Bearbeiten* – zweiter Befehl *Wiederholen* mit gedrückter Maustaste in die Standardleiste ziehen und platzieren

2.) [Alt]-Taste gedrückt halten – Schaltfläche *Wiederholen* in das Dokument ziehen

Schnelles Markieren mit der Maus

Guten Morgen!

Der Toaster klingelt. Ich reibe mir die Augen aus dem Schlaf, werde langsam wach und dusche. Autsch, ist das Wasser heiß! Die Eier kochen. Wo ist das Handtuch? Ich setze den Kaffee auf und wecke die Kinder. Ich bringe sie zur Schule. Verflucht! Ich habe gar keine Kinder. Meine Frau nimmt doch die Pille. Ich fahre zurück, ziehe mich an, esse den Kaffee und trinke den Toast. Die Butter ist steinhart. Keine Marmelade im Kühlschrank. Die war doch gestern noch da. Ich krame eine Schokolade vom letzten Weihnachten hervor. Schokolade auf Toast: Nervennahrung. Ich möchte mir die Zähne putzen, doch womit? Ich kann die Zahnbürste nicht finden. Ein Mundspray reicht heute aus. Immer dieses Tohuwabohu am frühen Morgen. Egal! Ich fahr' mit dem Wagen zur Arbeit! Doch ich habe gar kein Auto! Dann muss halt der Nachbar mal mit der Bahn fahren. Ich bin der Erste im Büro, das war ich noch nie. Als ich nach einer Stunde immer noch alleine bin, werde ich stutzig. Irgendetwas stimmt nicht! Ich blicke auf den Kalender! Heute ist Freitag, ein normaler Arbeitstag. Frage beim Pförtner nach. Die ganze Belegschaft sei auf einem Betriebsausflug, sagt er. Zum Grillen am See! Ich sehe aus dem Fenster. Es ist Winter. Ich rase zum See und fahre dabei über eine rote Ampel. Ein Blitz lässt meine Augen erleuchten. Am See angekommen, ist niemand da, nur ein paar Enten, die lebendig und nicht gegrillt sind. Ich fahre zurück zur Arbeit und sprenge das Firmengebäude in die Luft. Wieder zu Hause, warte ich auf die Polizei. Doch sie kommt nicht! Ich entschließe mich, bis zu meiner Festnahme ein paar Stunden zu schlafen, um frisch für die Vernehmung zu sein.
Der Wecker klingelt. Meine Frau neben mir im Bett gibt mir einen Kuss. »Guten Morgen, Liebling, heute ist Sonntag, wir können ausschlafen!«
»Ja!« sage ich und schalte den Wecker aus. Es war alles nur ein Traum!
Ich recke und strecke mich, während unten die Polizei vorfährt.

Achtung

Mit einem beliebigen Mausklick in das Dokument ***heben Sie eine Markierung wieder auf****.*

Das Markieren von Zeichen, Textbereichen oder des gesamten Dokuments erfolgt mit der Maus häufig schneller. Man muss nur wissen, wie es geht!

Ein Wort markieren

1 Setzen Sie den Mauszeiger auf ein Wort.

2 Klicken Sie mit der linken Maustaste doppelt.

Eine ganze Zeile markieren

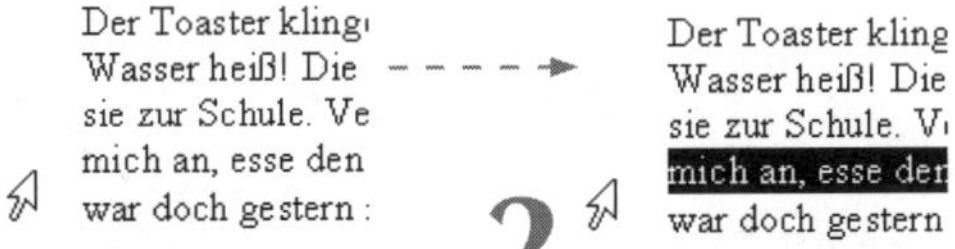

1 Positionieren Sie den Mauszeiger **vor einer Zeile**, bis er sich als Pfeil nach rechts neigt.

2 Klicken Sie einmal mit der linken Maustaste.

Mehrere Zeilen gleichzeitig markieren

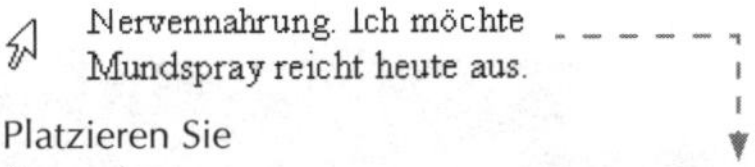

1 Platzieren Sie den Mauszeiger vor einer Zeile.

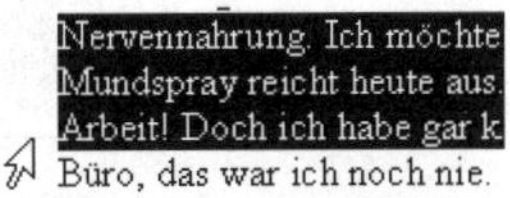

2 Ziehen Sie mit gedrückter linker Maustaste, um mehrere Zeilen zu markieren.

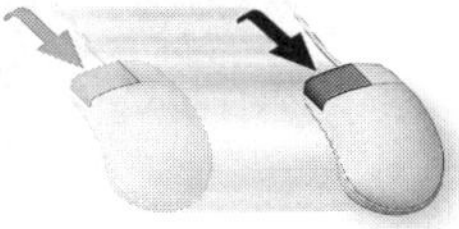

Einen Satz markieren

1 Halten Sie die [Strg]-Taste gedrückt.

2 Die Butter ist steinhart.

Klicken **Sie innerhalb eines Satzes**.

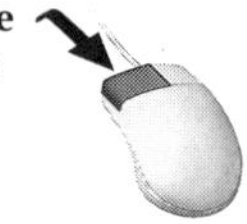

3 Die Butter ist steinhart.

Der Satz ist markiert.

Einen Absatz markieren

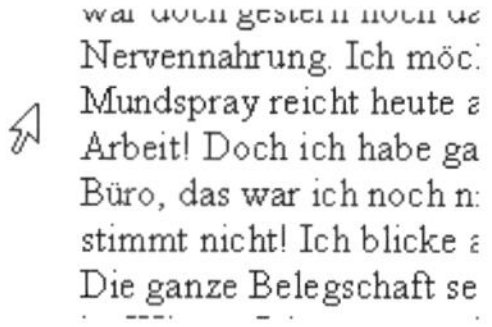

1 Platzieren Sie den Mauszeiger **vor einer beliebigen Zeile innerhalb des Absatzes**.

Guten Morgen!

Der Toaster klingelt. Ich reibe mir die Augen aus den Schlaf, werde langsam wach und dusche. Autsch, ist das Wasser heiß! Die Eier kochen. Wo ist das Handtuch? Ich setze den Kaffee auf und wecke die Kinder. Ich bringe sie zur Schule. Verflucht! Ich habe gar keine Kinder. Meine Frau nimmt doch die Pille. Ich fahre zurück, ziehe mich an, esse den Kaffee und trinke den Toast. Die Butter ist steinhart. Keine Marmelade im Kühlschrank. Die war doch gestern noch da. Ich krame eine Schokolade vom letzten Weihnachten hervor. Schokolade auf Toast: Nervennahrung. Ich möchte mir die Zähne putzen, doch womit? Ich kann die Zahnbürste nicht finden. Ein Mundspray reicht heute aus. Immer dieses Tohuwabohu am frühen Morgen. Egal! Ich fahr' mit dem Wagen zur Arbeit! Doch ich habe gar kein Auto! Dann muß halt der Nachbar mal mit der Bahn fahren. Ich bin der erste im Büro, das war ich noch nie. Als ich nach einer Stunde immer noch alleine bin, werde ich stutzig. Irgend etwas stimmt nicht! Ich blicke auf den Kalender! Heute ist Freitag, ein normaler Arbeitstag. Frage beim Pförtner nach. Die ganze Belegschaft sei auf einem Betriebsausflug, sagt er. Zum Grillen am See! Ich sehe aus dem Fenster. Es ist Winter. Ich rase zum See und fahre dabei über eine rote Ampel. Ein Blitz läßt meine Augen erleuchten. Am See angekommen, ist niemand da, nur ein paar Enten, die lebendig und nicht gegrillt sind. Ich fahre zurück zur Arbeit und sprenge das Firmengebäude in die Luft. Wieder zu Hause, warte ich auf die Polizei. Doch sie kommt nicht! Ich entschließe mich, bis zu meiner Festnahme ein paar Stunden zu schlafen, um frisch für die Vernehmung zu sein.

Der Wecker klingelt. Meine Frau neben mir im Bett gibt mit einen Kuß. »Guten Morgen, Liebling, heute ist Sonntag, wir können ausschlafen!«
»Ja!« sage ich und schalte den Wecker aus. Es war alles nur ein Traum!
Ich recke und strecke mich, während unten die Polizei vorfährt.

2 Klicken Sie doppelt.

Einen umfangreichen Text markieren

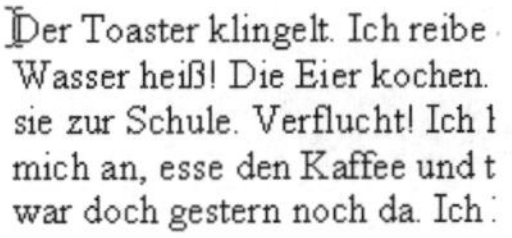

1 Klicken Sie an die Stelle, an der die **Markierung beginnen** soll.

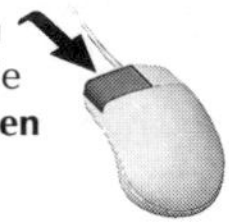

2 Halten Sie die (⇧)-Taste gedrückt.

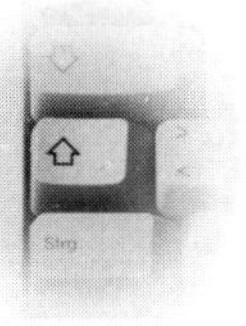

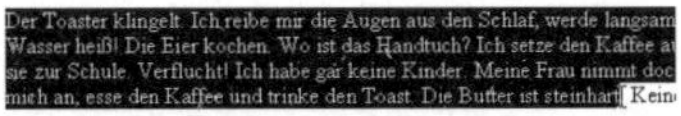

3 Klicken Sie auf das gewünschte **Ende der Markierung**.

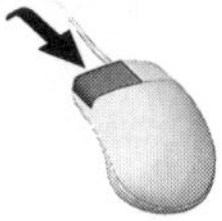

Ein ganzes Dokument markieren

1 Öffnen Sie das Menü *Bearbeiten*.

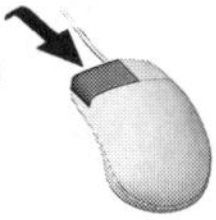

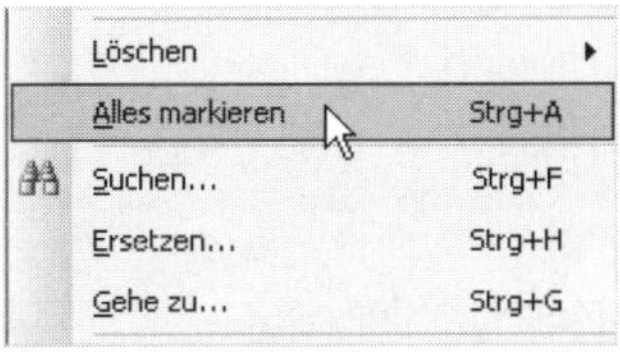

2 Klicken Sie auf den Eintrag *Alles markieren* ((Strg)+(A)).

Tastenkombinationen

Statt Menüpunkte auszuführen oder Schaltflächen anzuklicken, können in Word Tastenkombinationen dieselben Befehle ausführen. Man muss sie nur kennen, dann ist es ganz EASY. Hier eine ausführliche Übersicht.

Sämtliche Tastenkombinationen und Befehle in Word 2003 lassen sich anzeigen. Beachten Sie dazu die Anleitungen unter Tipps im Kapitel 13.

Befehlsname	**Tastenkombination**
Abbrechen	Esc
Absatz Block	Strg+B
Absatz links	Strg+R
Absatz zentriert	Strg+L
Alles markieren	Strg+A
Alles markieren	Strg+Num 5
Alles schließen	Alt+Strg+A
Ausschneiden	Strg+X
Ausschneiden	⇧+Entf
Auto Text	F3
Auto Text	Alt+Strg+V
Auto Text erstellen	Alt+F3
Beginn Dokument	Strg+Pos 1
Beginn Spalte	Alt+Bild ↑
Beginn Spalte	Alt+⇧+Bild ↑
Beginn Tabellenzeile	Alt+Pos 1
Beginn Tabellenzeile	Alt+⇧+Pos 1
Beginn Zeile	Pos 1

Befehlsname	Tastenkombination
Dokument schließen	Strg+W
Dokument schließen	Strg+F4
Dokument wiederherstellen	Strg+F5
Doppelt unterstreichen	Strg T R G+⇧+D
Drucken	Strg+P
Drucken	Strg+⇧+F12
Durchsuchen Markierung	Alt+Strg+Pos 1
Durchsuchen Weiter	Strg+Bild ↓
Durchsuchen Zurück	Strg+Bild ↑
Einfügen	Strg+⇧+V
Einfügen	Strg+V
Einfügen	⇧+Einfg
Einzug	Strg+M
Ende Dokument	Strg+Ende
Ende Dokument erweitern	Strg+⇧+Ende
Ende Spalte	Alt+Bild ↓
Ende Spalte	Alt+⇧+Bild ↓
Ende Tabellenzeile	Alt+Ende
Ende Tabellenzeile	Alt+⇧+Ende
Ende Zeile	Ende
Ersetzen	Strg+H
Feld Zeit	Alt+⇧+7
Felder aktualisieren	F9
Felder aktualisieren	Alt+⇧+U
Feldfunktionen	Alt+F9
Feldzeichen	Strg+F9
Fett	Strg+⇧+U
Fett	Strg+⇧+U
Formatvorlage	Strg+⇧+S
Fußnote einfügen	Alt+Strg+F
Gehe Zu	Strg+G

Befehlsname	Tastenkombination
Gehe Zu	F5
Gliederung	Alt+Strg+G
Groß- und Kleinschreibung ändern	⇧+F3
Großbuchstaben	Strg+⇧+G
Hängender Einzug	Strg+T
Hilfe	F1
Hochgestellt	Strg++
Hyperlink	Strg+K
Index Eintrag festlegen	Alt+⇧+X
Kapitälchen	Strg+⇧+Q
Kopieren	Strg+C
Kopieren	Strg+Einfg
Kopieren	Strg+⇧+C
Kursiv	Strg+⇧+K
Kursiv	Strg+⇧+K
Layout	Alt+Strg+L
Letztes Wort löschen	Strg+⇐
Löschen	Entf
Makro	Alt+F8
Markierung erweitern	F8
Markierung verkleinern	⇧+F8
Menü Modus	F10
Nächster Rechtschreibfehler	Alt+F7
Neues leeres Dokument	Strg+N
Normalansicht	Alt+Strg+N
Öffnen	Strg+O
Öffnen	Strg+F12
Öffnen	Alt+Strg+F2
Recherche nachschlagen	Strg+⇧+O
Rückgängig	Strg+Z
Rückgängig	Alt+⇐

Befehlsname	Tastenkombination
Schließen oder Beenden	Alt+F4
Schrift vergrößern	Strg+⇧+<
Schrift vergrößern Ein Punkt	Strg+9
Schrift verkleinern	Strg+<
Schrift verkleinern Ein Punkt	Strg+8
Schriftart	Strg+⇧+A
Schriftgradauswahl	Strg+⇧+P
Seitenansicht	Strg+F2
Seitenansicht	Alt+Strg+I
Seitenwechsel	Strg+↵
Seriendruck an Drucker	Alt+⇧+M
Seriendruck Datenquelle bearbeiten	Alt+⇧+E
Seriendruck Feld	Alt+⇧+F
Seriendruck in Dokument	Alt+⇧+N
Seriendruck prüfen	Alt+⇧+K
Spalte markieren	Strg+⇧+F8
Spaltenwechsel	Strg+⇧+↵
Speichern	Strg+Strg
Speichern	⇧+F12
Speichern	Alt+⇧+F2
Speichern unter	F12
Suchen	Strg+F
Suchen wiederholen	⇧+F4
Suchen wiederholen	Alt+Strg+Y
Symbol Schriftart	Strg+⇧+B
Text kopieren	⇧+F2
Text verschieben	F2
Textmarke	Strg+⇧+F5
Thesaurus	⇧+F7
Tiefgestellt	Strg+#
Überschreiben	Einfg

Befehlsname	**Tastenkombination**
Übersetzungsfenster	Alt+⇧+F7
Unterstrichen	Strg+⇧+U
Unterstrichen	Strg+⇧+U
Wiederholen	Strg+F4
Wiederholen	F4
Wiederholen	Alt+↵
Wort links	Strg+←
Wort links erweitern	Strg+⇧+← S
Wort löschen	Strg+Entf
Wort rechts	Strg+→
Wort rechts erweitern	Strg+⇧+→
Wort unterstreichen	Strg+⇧+W
Zeichen Dialogfeld	Strg+D
Zeilenabstand 1,5	Strg+5
Zeilenabstand1	Strg+1
Zeilenabstand2	Strg+2
Zitat Festlegen	Alt+⇧+I
Zuweisen Überschrift1	Alt+1
Zuweisen Überschrift2	Alt+2
Zuweisen Überschrift3	Alt+3

Liebe Leserin, lieber Leser,

herzlichen Glückwunsch, Sie haben es geschafft. Word 2003 ist Ihnen nun vertraut. Ist es Ihnen nicht viel leichter gefallen, als Sie am Anfang dachten? Genau das ist das Ziel unserer Bücher aus der easy-Reihe. Sie sollen helfen, erfolgreich die ersten Schritte zu gehen, und den Leser auf keinen Fall mit unverständlichem Fachchinesisch überhäufen.

Als Lektorin hoffe ich, dass Sie durch das Buch die richtige Unterstützung bekommen haben. Denn für Ihre Zufriedenheit stehen alle Beteiligten mit ihrem Namen: der Verlag, die Autoren, die Druckerei.

Aber niemand ist perfekt. Wenn Sie Fragen haben: Fragen Sie. Wenn Sie Anregungen zum Konzept haben: Schreiben Sie uns. Und wenn Sie uns kritisieren wollen: Kritisieren Sie uns.

Ich verspreche Ihnen, dass Sie Antwort erhalten.

Denn nur durch Sie werden wir noch besser.

Ich freue mich auf Ihr Schreiben!

Birgit Ellissen
Lektorin Markt + Technik
Pearson Education Deutschland GmbH
Martin-Kollar-Str. 10-12
81829 München

E-Mail: *bellissen@pearson.de*
Internet: http://www.mut.de

Stichwortverzeichnis

D

E

F

M

N

O

P

Q

R

S

T

Schnäppchen ohne Ende!

Von Joe Betz
ISBN 3-827**2-6633**-5, 320 Seiten
€ 16,95 [D]

Sie brauchen ein weiteres Computerbuch, das Ihnen den Einstieg leicht macht? Easy erklärt alle Arbeitschritte mit leicht verständlichen Texten und vielen Abbildungen.
Unter **www.mut.de** finden Sie das Angebot von Markt+Technik.

Markt+Technik

InformIT™
CHECK IT

... aktuelles Fachwissen rund um die Uhr – zum Probelesen, Downloaden oder auch auf Papier.

www.InformIT.de

InformIT.de, Partner von **Markt+Technik**, ist unsere Antwort auf alle Fragen der IT-Branche.

In Zusammenarbeit mit den Top-Autoren von Markt+Technik, absoluten Spezialisten ihres Fachgebiets, bieten wir Ihnen ständig hochinteressante, brandaktuelle Informationen und kompetente Lösungen zu nahezu allen IT-Themen.

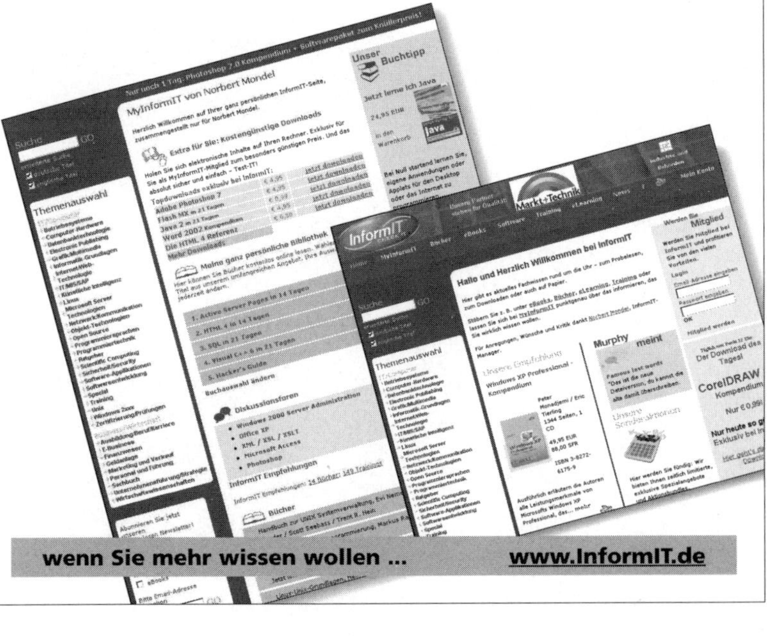

wenn Sie mehr wissen wollen ... **www.InformIT.de**

Für die ganze Familie

Ein großes EASY-Buch für Jung und Alt, das alles bietet, was man mit dem PC machen will: Grundlagen, Internet, E-Mail, Website, Homebanking, Sicherheit, Grundschritte in Word, Excel, PowerPoint etc., Spielen, digitale Fotografie, Scannen, Bildbearbeitung, Video, CDs/DVDs brennen, Systempflege, Handy und PC, Heim-Netzwerk u.v.a.m. Jeder wird darin fündig, egal von welcher Interessenslage er ausgeht. Der Einsteiger kann Grundschritte lernen für die wichtigsten Programme, wer schon weiter ist, kann sich Zusatzwissen aneignen, wer einfach nur mitreden möchte, kann darin schmökern. Mit umfangreichem Lexikon!

Von Günter Born
ISBN 3-827**2-6558**-4, 500 Seiten
€ 19,95 [D]

Unter **www.mut.de** finden Sie das Angebot von Markt+Technik.

Markt+Technik

Erste Hilfe für Ihren PC

Mit Pflasteretui

Dieses Buch begleitet Sie bei Installationsproblemen und bei den wichtigsten Leser-Fragen (Wieso komme ich einfach nicht ins Internet? Warum wird mein Computer immer langsamer?). Darüber hinaus beinhaltet es einen ganzen Erste-Hilfe-Workshop zum Thema Absturz u.v.a.m. Das Wichtigste: Es hilft dem Leser Schritt für Schritt sich selbst zu helfen.

Von Hendric Wehr
ISBN 3-8272-**6712**-9, 320 Seiten
€ 16,95 [D]

Sie brauchen ein weiteres Computerbuch, das Ihnen den Einstieg leicht macht?
Easy erklärt alle Arbeitschritte mit leicht verständlichen Texten und vielen Abbildungen.
Unter **www.mut.de** finden Sie das Angebot von Markt+Technik.

Markt+Technik

Bildschön starten

Komplett vierfarbig

Blitzschnell die schönsten Bilder mit Ihrer digitalen Kamera. Norbert Debes zeigt Ihnen den Umgang mit der digitalen Kamera und auch, wie Sie Bilder nachbearbeiten können, um besonders schöne Effekte zu erzielen.

Von Norbert Debes
ISBN 3-827**2-6469-3**, 304 Seiten
€ 16,95 [D] / € 17,50 [A] / sFr 27,50

Sie brauchen ein weiteres Computerbuch, das Ihnen den Einstieg leicht macht? Easy erklärt alle Arbeitschritte mit leicht verständlichen Texten und vielen Abbildungen.
Unter **www.mut.de** finden Sie das Angebot von Markt+Technik.

Markt+Technik

leicht, klar, sofort

Von Rainer Walter Schwabe
ISBN 3-827**2-6584**-3, 320 Seiten
€ 16,95 [D]

Office ist keine Problem – mit dem richtigen Buch. Texte mit Word, Tabellen mit Excel, Präsentationen mit PowerPoint, Datenbanken mit Access – bei Markt+Technik gibt's alles von A bis Z.
Unter **www.mut.de** finden Sie das Angebot von Markt+Technik.

Markt+Technik

Jetzt lerne ich

Start ohne Vorwissen

Von Said Baloui
ISBN 3-8272-**6586**-X, 336 Seiten
€ 24,95 [D]

Von Said Baloui
ISBN 3-8272-**6587**-8, 416 Seiten
€ 29,95 [D]

Sie wollen sich Neuland in der Computerwelt erschließen? Sind gespannt auf neue Software, neue Themen, neues Wissen? Hier ist die Reihe für Sie: der praktische und verständliche Einstieg in professionelle Computerthemen. Keine Vorkenntnisse erforderlich!
Unter **www.mut.de** finden Sie das Angebot von Markt+Technik.

Markt+Technik

Gezielte Abwehr spart Kosten

Vermeiden Sie im Internet Dinge von sich preiszugeben, die Sie lieber für sich behalten möchten: Ihre Online-Banking-Daten, den Inhalt Ihrer Festplatte oder ganz einfach Ihre E-Mail-Adresse. Sie lernen, was Ihre Office-Dokumente über Sie verraten, wie Sie Ihre Privatsphäre mit Hilfe von Verschlüsselungsverfahren schützen und wie Sie Ihren Rechner gegen Online-Angriffe »dicht machen«.

Von Hagen Graf
ISBN 3-827**2-6493**-6 280 Seiten, 1 CD
€ 19,95 [D]

Sie wollen Software schnell und effizient einsetzen?
M+T Werkstatt bietet einfache, knackige Workshops.
Und prall gefüllte CD-ROMs. Einfach loslegen!
Unter **www.mut.de** finden Sie das Angebot von Markt+Technik.

Markt+Technik